María Teresa Miaja de la Peña (coord.)

Del alba al anochecer

La escritura en Reinaldo Arenas

americana eystettensia

Editores: Karl Kohut y Hans-Joachim König

**Publikationen des Zentralinstitus für Lateinamerika-
Studien der Katholischen Universität Eichstätt-Ingolstadt
Serie B: Monographien, Studien, Essays, 13**

*Publicaciones del Centro de Estudios Latinoamericanos
de la Universidad Católica de Eichstätt-Ingolstadt
Serie B: Monografías, estudios, ensayos, 13*

Publicações do Centro de Estudios Latino-Americanos da
Universidade Católica de Eichstätt-Ingolstadt
Série B: Monografias, estudos, ensaios, 13

aey

María Teresa Miaja de la Peña (coord.)

Del alba al anochecer

La escritura en Reinaldo Arenas

Frankfurt/Main · Madrid · México · 2008

Bibliographic information published by Die Deutsche Nationalbibliothek.
Die Deutsche Nationalbibliothek lists this publication in the Deutsche Nationalbibliografie;
detailed bibliographic data are available on the Internet at <http://dnb.ddb.de>.

Coedición: Universidad Nacional Autónoma de México (Facultad de Filosofía y Letras)/
Iberoamericana Editorial Vervuert, Madrid/Vervuert Verlagsgesellschaft, Frankfurt

ISBN 978-84-8489-409-4 (Iberoamericana)
ISBN 978-3-86527-431-1 (Vervuert)
ISBN 978-970-32-5194-0 (UNAM)

Depósito Legal:

Ilustración de la cubierta: El Morro, La Habana. Fotografía de Beatriz Flores (2007)
Cubierta: Marcelo Alfaro
Impreso en España por
The paper on which this book is printed meets the requirements of ISO 9706

Índice

Introducción

El libro *Del alba al anochecer. La escritura en Reinaldo Arenas* es resultado de un largo camino en el tiempo y en el espacio de quienes participamos en él. Para unos implicó un reencuentro, para otros un descubrimiento, y sin duda para todos, una lectura intensa y gozosa de la obra de uno de los más controvertidos escritores de la segunda mitad del siglo XX por su gran valor literario aunado a sus posturas de vida y pensamiento político.

Acercarse a Reinaldo Arenas es y será siempre un reto, tanto de lectura y escritura como vivencial, ya que en él su vida y su obra van siempre de la mano, por lo que es difícil, si no imposible, separar una de otra.

En mi caso personal esta etapa constituye un reencuentro con Arenas y su obra. La primera fue a finales de los años setenta, cuando su trabajo era apenas conocido fuera de Cuba donde había estado a punto de ganar el premio UNEAC por su primera novela, *Celestino antes del alba* (1964)[1] y había escrito *El mundo alucinante* (1966). Fue con esta segunda novela que se dio el inicio de mi aventura areniana y a la que dediqué varios años y una tesis doctoral en El Colegio de México. La segunda etapa, a la que corresponde este libro, se dio en la Facultad de Filosofía y Letras de la UNAM, a la luz de un magnífico curso sobre literatura cubana impartido en 2002 por la Dra. Celina Manzoni de la Universidad de Buenos Aires, titulado «Escritos con el cuerpo: de Martí a Reinaldo Arenas», en el marco de la Cátedra Extraordinaria «Maestros del exilio español». Para quienes asistimos al curso de la Dra. Manzoni la lectura por ella dirigida fue una revelación y un auténtico gozo. Ver la escritura desde la perspectiva del cuerpo, en especial la cubana, tan plena de placer y de dolor, nos hizo leer cada uno de los textos elegidos de otra manera. Al término de curso la propia Celina Manzoni y algunos de los alumnos me propusieron que impartiera uno dedicado sólo a la obra de Reinaldo Arenas, dado que habían leído con ella únicamente su autobiografía, *Antes que anochezca,* la cual se dio a conocer más que nada a raíz de la película del mismo nombre. A esa segunda Cátedra Extraordinaria le di por título «Reinaldo Arenas. Lectura de su obra: del alba al anochecer». En ella leímos completa la narrativa del autor, y de las discusiones y trabajos compartidos surgió la idea de conformar un seminario sobre Reinaldo Arenas y su obra. Este seminario ha sido desde entonces de carácter extra-

---

[1] Publicadas en Francia por la editorial Le Seuil, la primera bajo el título de *Les Puits* en 1973 y la segunda como *Le monde hallucinant* en 1968.

curricular y de él ha surgido este libro, además de cinco tesis, cuatro de ellas de alumnos de la licenciatura en Lengua y literaturas hispánicas de la Facultad.

Dichas investigaciones aparecen en el libro al lado de las de connotados especialistas sobre literatura cubana y sobre Arenas y su obra como son Otmar Ette (Universität Potsdam), Celina Manzoni (Universidad de Buenos Aires), Christopher Winks (City University of New York) y Kart Kohut (Katholische Universität Eichstätt-Ingolstadt), titular de la Cátedra Guillermo y Alejandro von Humboldt desde octubre de 2004 hasta diciembre de 2007, quien nos honra con su esclarecedor artículo «Arenas desde Sartre», epílogo de este libro y con su generoso apoyo para la coedición dentro de la colección que dirige en el Centro de Estudios Latinoamericanos de la Katholische Universität Eichstätt-Ingolstadt. Con estos últimos quedan, asimismo, dignamente representadas, literalmente, en el libro dos de las Cátedras Extraordinarias de la Facultad: «Maestros del exilio español» y «Guillermo y Alejandro von Humboldt».

Nuestro reconocimiento y agradecimiento a Ute Seydel y a Adriana González Mateos por su excelente trabajo de traducción en los ensayos escritos por Ottmar Ette y por Christopher Winks, respectivamente. A Brenda Franco Valdés por todo su apoyo en la edición de las distintas versiones del libro. Por último, aunque siempre, a Alfonso N. García Aldrete por sus múltiples lecturas y puntuales observaciones sobre el contenido del libro, las cuales tuvieron mucho que ver con el resultado y destino final del presente volumen.

La experiencia de la lectura compartida y las discusiones durante más de cuatro años entre profesores y alumnos ha sido invaluable y enriquecedora para todos y juntos hemos descubierto el universo escritural de Reinaldo Arenas desde *Celestino antes del alba* hasta *Antes que anochezca,* y de ahí el título de este libro, que pretende ser un aporte y un homenaje a un gran escritor del que aún nos queda mucho por conocer y analizar desde lo literario y lejos del anecdotario que ha conformado la leyenda sobre su azarosa vida.

El libro está dividido en tres partes: «La escritura intertextual», «La escritura en la Pentágona» y «La escritura de la memoria» y concluye con un Epílogo.

La primera, «La escritura intertextual», incluye tres artículos. El de Ottmar Ette, «Leer, vivir, amar: sobre la escritura en y de un mundo alucinante», el de Emiliano Mastache, «*La Loma del Ángel*: el carnaval de la escritura», y el mío «La escritura como reencuentro: *El mundo alucinante*».

En su ensayo «Leer, vivir, amar: sobre la escritura en y de un mundo alucinante» Ottmar Ette nos acerca a lo que él llama el «proyecto escriturario» de Reinaldo Arenas equiparándolo a su definición de Cuba, su país y su pasión, como «una isla abierta por todos lados donde lo mismo viene un viento, que un sol, que un rayo, que el mar». Con ello nos prepara para enfrentarnos a la nada convencional obra literaria de uno de los escritores cubanos más destacados de la última mitad del siglo XX, cuya «escritura incesante y ecléctica» es resultado de una intensa «relación entre la lectura, el amor y la vida». El estudioso elige para su análisis la novela *La Loma del Ángel*, recreación y reescritura de *Cecilia*

Valdés de Cirilo Villaverde, obra emblemática de la literatura cubana, que deviene en una aparente «versión herética» plena de nuevos significados e interpretaciones, que van de la mano de lo literario, lo político y lo social que impera en la naciente nación cubana.

Sobre la misma novela trabaja Emiliano Mastache en su ensayo «*La Loma del Ángel*: el carnaval de la escritura», en el cual se acerca a la obra desde la propuesta bajtiniana de lo carnavalesco. Para él la parodia, la hipérbole, la ironía y la polifonía constituyen los reales andamiajes de la reescritura con la que Arenas recrea la historia de Cecilia Valdés gracias a su «voluntad trasgresora», y añadiríamos por ello, innovadora. «Voluntad transgresora» conformada según Mastache en tres dimensiones: la formal, «por la hiperbolización de la historia, de sus personajes y acciones»; la estructural, por la inversión del mundo narrativo; y la simbólica, por la presencia del motivo del incesto. Con ello el autor nos ofrece su muy formal versión carnavalesca en la que imperan lo lúdico y lo paródico teniendo como telón de fondo la obra canónica, inmersa en el romanticismo y el realismo.

Algo semejante ocurre con su segunda novela, de la cual me ocupo en «La escritura como reencuentro: *El mundo alucinante*», obra de fuerte contenido inter e intratextual a la vez que autobiográfica, en la que la historia y la literatura, la «verdad» y la «verosimilitud», van de la mano gracias al manejo discursivo que logra el autor a través del uso de la hipérbole y de otros recursos retóricos.

La segunda parte, «La escritura en la Pentagonía», está dedicada al análisis de este grupo de novelas que constituyeron una auténtica «agonía» al final de la existencia del autor, cuando, enfermo terminal de SIDA se obsesionó por completar el ciclo, llegando incluso a pactar con Virgilio Piñeira, ya muerto y ante su retrato, que le concediera tres años más de vida para concluirlo, según relata en *Antes que anochezca*. En este apartado colabora Martha E. Patraca Ruiz con su artículo «El espejo duplicado al infinito: *Celestino antes del alba*», la primera y más lírica novela del autor; Julio César Cervantes López, «La polifonía en *El palacio de las blanquísimas mofetas*»; Jovita Franco García y Beatriz Flores, «Desdoblamiento y dualidad en *Otra vez el mar*»; Christopher Winks, «La isla a la deriva, con sus caras y sus culos. Lo tardío transgresor en *El color del verano*»; y por último, «*El asalto*. La agonía de un final o el final de una persecución», ensayo en el que colaboraron Christopher Winks, Julio César Cervantes López, Beatriz Flores y Jovita Franco García, con un artículo preparado «al alimón», en el más puro estilo polifónico de Arenas. Gracias a todos ellos tenemos una visión completa del ciclo en este volumen.

Sobre *Celestino antes del alba*, Martha E. Patraca Ruiz nos ofrece una muestra no sólo del lirismo y frescura de esta primera novela de Reinaldo Arenas sino, además, de los elementos, recursos, tópicos y motivos que van a ser constantes en su obra: desde la imaginación desbordada del protagonista, su obsesiva búsqueda de *alter egos*, las relaciones familiares, el incesto, la sexualidad, la pobreza, los fantasmas, la muerte. Todo ello envuelto en lo que Bachelard relacionaría con la «poética de la ensoñación», es decir, la creación de un mundo imaginario propio en el que la soledad no existe gracias a la fantasía; misma que en el caso de Celestino va de la mano de la escritura. Es en ella y gracias a ella que el protagonista se libera de toda la absurda y opresiva realidad que lo rodea física, psicológica y familiarmente y es con ella que él crea y recrea su propio espacio que equivale a un «espejismo duplicado al infinito», pleno de lirismo e imaginación.

El ensayo de Julio César Cervantes López, «La polifonía en *El palacio de las blanquísimas mofetas*», se ocupa de la tercera novela escrita por Arenas, segunda de su Pentagonía.[2] En él trabaja con uno de los aspectos bajtinianos de mayor complejidad: la polifonía. Es precisamente, según Bajtín, desde la «pluralidad de voces y de conciencias independientes e inconfundibles» que se construye una «auténtica polifonía de voces autónomas». Sin duda alguna en toda la obra de Reinaldo Arenas la voz única pareciera ser la del narrador-autor-personaje que él mismo construye y deconstruye a lo largo de sus relatos. Sin embargo, en el caso particular de *El palacio de las blanquísimas mofetas* el protagonista Fortunato, *alter ego* de Celestino niño, ahora adolescente, se enfrenta a esa etapa de su vida conviviendo con los muertos de la familia, quienes representan las otras voces dialógicas en las que los pensamientos y conversaciones se mezclan y pierden sentido. La soledad es la misma para todos, vivos y muertos, sufren de las mismas carencias afectivas, materiales, anímicas. Se desdoblan para terminar reencontrándose en la muerte que, como colofón de su angustia y desesperación, no puede darse sino en el suicidio. De éste surgen, igualmente, las diferentes voces en defensa cada una de su versión sobre lo ocurrido, la cual resulta ser una y la misma.

La fundamental presencia del desdoblamiento y la dualidad es estudiada por Jovita Franco García en su artículo dedicado a la novela *Otra vez el mar*. Obra de un solo protagonista identificado por su nombre, Héctor, quien nos remite al texto homérico,[3] a la vez que se mueve en un mundo real, tedioso y cotidiano (familiar-burocrático) y un mundo imaginario, relaciones afectivas propias y ajenas (esposa-hijo, vecino-madre). Dos mundos que implican una dualidad y un desdoblamiento al estar conectados en el discurso. En ellos, Héctor es él y «ella», su esposa y la narradora del relato, pero también es él quien busca al «muchacho», su vecino, y con él su homosexualidad. La lectura y el mar parecen ser las únicas constantes en la soledad que permea a los personajes. Todos viven aislados, en silencio, sin nada que decir o comunicar, sólo reflejándose en el otro, lo mismo que sucede con el «Sistema» del que forman parte.

Christopher Winks en su ensayo «La isla a la deriva, con sus caras y sus culos. Lo tardío transgresor en *El color del verano*» nos acerca al último y complejo

---

[2] Escrita en Cuba en 1960 y publicada por primera vez en Francia por Le Seuil en 1980.

[3] En la novela «Ella», la esposa es lectora de un único libro, *La vida de Helena de Troya* (Arenas 1982a: 23).

texto narrativo de Arenas. Esto quizá por ser un libro que, como afirma el estudioso, fue «terminado bajo las sombras crecientes de la muerte» y refleja su
«decisiva recapitulación» y sus «preocupaciones temáticas y existenciales» con
«excesiva urgencia». La obra funciona en sí como *alter ego* de su autobiografía,
Antes que anochezca, en tanto ambas fueron escritas simultáneamente y siguen
la misma estructura al componerse de fragmentos o viñetas independientes. Una
escrita como ficción y otra como real a la vez que comparte con *Otra vez el mar*
el motivo de la isla y su aislamiento y el mar como elemento de encierro o de
liberación. Nuevamente el juego de la dualidad, el espejo, la verosimilitud, la
imaginación, la inter y la intratextualidad, en fin, las constantes en la escritura
areniana. Aspectos que demarca y relaciona el autor del ensayo en su puntual
análisis de la obra.

Por último, en este apartado tenemos el ensayo sobre *El asalto,* novela que
cierra el ciclo de la llamada «Pentagonía» dedicada a «la historia secreta de
Cuba», según el autor. Ciclo que se sostiene como tal, más por las constantes
obsesivas de Arenas, tanto retóricas como temáticas, que por tener a la «Isla»
como hilo conductor. Cierto que ésta está presente en todos los textos de la
«Pentagonía» pero no en todos es el motivo central, sino uno más de los muchos
que, como hemos comentado, son recurrentes en el discurso areniano. En *El
asalto* la nación cubana y el incesto son una sola cosa, que queda representada
en el deseo de matar a la madre (*alter ego* del «Reprimerísimo»), es decir, el
origen.

«La escritura de la memoria» es la tercera y última parte del libro y en ella aparecen el trabajo de Beatriz Flores, «La retórica de la autobiografía en *Antes que
anochezca*» y el ensayo de Celina Manzoni, «Nocturno cubano», broche de oro de
quien fuera eslabón de nuestro encuentro y reencuentro con la obra areniana.

En el primero, la autora revisa el sentido autobiográfico de *Antes que anochezca* desde la perspectiva retórica, lo que la lleva a afirmar que pese a que el
núcleo central del texto (69 capítulos) se apega al canon establecido del género,
la «Introducción» y la «Carta final» constituyen claves fundamentales de escritura significativas para la lectura y comprensión de la obra.

Para Celina Manzoni *Antes que anochezca* es, sin duda, una demostración
de la «relación vida-obra» en la escritura areniana, pese a que ésta ha sido, en
ocasiones, negada por la crítica. Para ella la autobiografía de Arenas muestra
«las complejas conexiones entre experiencia y escritura de la experiencia». El
acertado título «Nocturno Cubano» remite con nostalgia al Modernismo, a la
vez que refleja todo lo que connota la «Isla» en la obra areniana.

Julio César Cervantes López afirma:

> Las novelas con que el escritor caribeño inició su creación literaria poseen una
> fuerte carga sexual y constituyen una fuerte crítica contra la situación política pre y
> post revolucionaria, sin embargo, estos elementos no agotan los relatos, sino que
> guardan equilibrio con otros asuntos, como la violencia ejercida en el seno de la
> familia, la relación odio-amor que se da con la madre, el incesto incesante, la pobre-

za extrema, etcétera. Esto permite que se aprecien con mayor claridad las virtudes artísticas y estéticas de la prosa que las sustenta, pues en los escritos posteriores es tal la vivacidad de la postura política y sexual de Arenas, que al lector no le queda más remedio que entablar una polémica con el autor, descuidando así la apreciación de los valores literarios.

En una palabra, un autor intenso en todos los sentidos que nos deslumbra con su literatura y nos compromete con ella.

Concluye el libro con el magnífico «Epílogo» escrito por Karl Kohut, «Arenas desde Sartre», en el que el estudioso confronta la obra de nuestro autor con la de Jean Genet a la luz del ensayo sartreano *Saint Genet, comédien et martyr*, con el que nos descubre una más de las felices coincidencias escriturales que ligan a Reinaldo Arenas con las letras galas, que tan bien lo entendieron y acogieron desde sus primeras obras, muchas de ellas publicadas por la editorial Le Seuil antes que en el ámbito hispánico. Las coincidencias y aciertos son dignos de ser considerados y el ensayo del crítico nos alienta a hacerlo marcándonos claramente el camino a seguir.

Del alba al anochecer. La escritura en la obra de Reinaldo Arenas es, pues, un libro que reflexiona sobre su pasión por la escritura y la lectura, sobre su dominio del arte de la fuga y el desdoblamiento, sobre el sentido de la memoria y el olvido, sobre la obsesión, la angustia y el miedo, sobre el hedonismo y la tortura, sobre el juego de la intertextualidad, la intratextualidad y, sobre todo, la textualidad. Quedaron, como siempre sucede, en el tintero otros de sus textos, algunas novelas, sus cuentos, su poesía y sus ensayos, sin olvidar todo lo que está pendiente de revisar de sus originales e inéditos en los archivos en la Biblioteca Firestone de la Universidad de Princeton. Ojalá que a partir del generoso y entusiasta esfuerzo iniciado por estos colegas y alumnos con este libro surjan nuevas revisiones y análisis sobre su obra. Arenas recorrió un largo y azaroso camino desde Holguín hasta Nueva York, espacios del amanecer y ocaso en su vida. Su pasión por la lectura, que en él se convirtió siempre en texto, en escritura, le permitió sobrevivir y soportar las muchas adversidades reales e imaginarias que hubo de enfrentar en el trayecto. Nunca fue un conformista ni en su obra literaria ni en su pensamiento ontológico o político, por eso su escritura constituye un aporte, un reto, una lección y un legado invaluable.

María Teresa Miaja de la Peña

I

LA ESCRITURA INTERTEXTUAL

Leer, vivir y amar: sobre la escritura de y en un mundo alucinante[1]

Ottmar Ette
Universität Potsdam

Una literatura sobre el vivir, contra viento y marea

> Entonces, ¿qué es lo que tenemos? El aire, la sabana, el viento, la lluvia, por lo tanto, nuestra literatura está un poco a la intemperie. Mis obras son obras que están un poco a la intemperie. No las protege una gran verborrea. El lector puede adentrarse como se adentra en una sabana, por cualquier lugar. Puede empezar lo mismo por el principio del libro que por el final (Arenas en Rozencvaig 1981: 43).

Pocos meses después de haber huido a los Estados Unidos, Reinaldo Arenas, que nació en 1943 en un pequeño lugar en el oriente de Cuba, describió con estas palabras concisas las condiciones de la literatura de su país, en general, y de su propio proyecto escriturario, en particular. Entrevistado por Perla Rozencvaig en 1981, Arenas afirmó que Cuba es «una isla abierta por todos lados donde lo mismo viene un viento, que un sol, que un rayo, que el mar». Según él, lo característico para los habitantes de la isla es «lo ecléctico»: «Esa cosa diversa, abierta, incesante». Sin duda, con estas palabras Arenas se refirió no sólo a una permeabilidad climática, sino también cultural. Cuatro décadas antes, el teórico cultural y antropólogo cubano, Fernando Ortiz, había descrito la cultura cubana con el término de la transculturación. Por ello, no es una coincidencia que en *La Loma del Ángel* aparezca el nombre de la heredera de Ortiz, la antropóloga y narradora Lydia Cabrera, que vivió en el exilio hasta su muerte. Sin embargo, la apertura a la que se refiere la cita mencionada es, a ojos vistas, una categoría ambivalente, ya que la atmósfera en una isla puede cambiar bruscamente, y esto no sólo se refiere a los cambios climáticos.

Reinaldo Arenas, este isleño apasionado, sabía de lo que estaba hablando cuando mencionó al sol, al relámpago, al viento y al mar. Poco después de la victoria de la revolución encabezada por Fidel Castro, Che Guevara y Camilo Cienfuegos, el *enfant terrible* de la literatura cubana había llegado a La Habana para estudiar. Inicialmente había vivido con euforia los años resplandecientes de la revolución de 1959 y había conocido el mundo literario y amoroso (mundos que para él estaban a menudo estrechamente ligados). En los años sesenta, la animada capital cubana se convirtió en el centro de su vida y pronto también

---

[1] Traducción del original en alemán de Ute Seydel.

de su escritura: al poco tiempo escribió los primeros relatos y las novelas experimentales que en breve darían a conocer el nombre de Arenas en el ámbito internacional. Son años de experimentación, de desarrollo personal y de una búsqueda incesante e intensiva, tal como se manifiestan en numerosos textos e incluso también en su autobiografía *Antes que anochezca*, que se publicó de manera póstuma en 1992 y fue llevada al cine en el año 2000. Simultáneamente, son años de un anhelo insaciable por la vida, el amor y la lectura: Arenas recuperaba lo que no había podido leer ni experimentar en los años en los que había vivido en el campo.

El sol aún brillaba cuando el viento empezó a cambiar y las nubes se formaron, de modo amenazante, en el horizonte. En 1967, en la editorial de la Unión Nacional de Escritores y Artistas de Cuba se había publicado su primera novela *Celestino antes del alba*, que atrajo la atención de un público amplio. A partir de este momento se consideraba que Arenas era un escritor joven de gran talento. Sin embargo, en 1968, cuando apareció en París su segunda novela, *El mundo alucinante*, traducida al francés, y que fuera premiada, junto con *Cien años de soledad* de Gabriel García Márquez, como mejor novela extranjera, este libro ya no se podía publicar en Cuba. Pareciera que repentinamente, y como si un dios del tiempo lo hubiese decidido, la atmósfera había cambiado: un viento helado empezó a soplar para Arenas.

No obstante, no habían faltado los presagios atmosféricos. Desde hacía tiempo, se había ya agotado en la isla el ímpetu revolucionario de los primeros años, y al poco tiempo se había iniciado el control sobre los intelectuales, y no se hizo esperar la cacería de brujas en contra de cualquier disidencia. Desde entonces existían opiniones encontradas en cuanto a la situación política en Cuba. Empero, lo que a partir de la pregunta «¿dime qué opinas de Cuba?» se convirtió en el nivel internacional en una línea divisoria más bien abstracta e intelectual se manifestó en el nivel nacional por medio de vivencias directas: el simulacro de proceso en contra del poeta rebelde Heberto Padilla, así como la fase siguiente del llamado «quinquenio gris» que, por cierto, casi duró una década. Desde entonces, ningún libro de Reinaldo Arenas se publicó en la isla. ¿Por cuánto tiempo más?

Las consecuencias para el joven autor cubano que se declaró públicamente homosexual se conocen de sobra: marginalización, campo de reeducación, más tarde arresto y prisión, temporalmente clandestinidad, pero sobre todo el ninguneo. Sin embargo, simultáneamente, esto significaba para Arenas escribir, escribir y escribir: tratar sin parar de llevar clandestinamente lo escrito en la isla al extranjero para ser publicado allá. Entonces es cuando inicia una lucha por la supervivencia (como escritor). Surge una literatura contra viento y marea porque, expuesta a circunstancias adversas, se escribe en los lugares más inverosímiles. Pese a que los manuscritos de varios volúmenes hayan acabado en las manos del servicio de Seguridad del Estado, infatigablemente, Arenas volvió a escribir muchos de los textos para escapar así, costara lo que costara, del ninguneo.

Si en este mundo cada vez más alucinante la segunda novela era aún una reescritura de las «aventuras» del monje dominico novohispano y Fray Servando Teresa de Mier, uno de los precursores de la independencia política de la Nueva España, durante los años setenta, la reescritura de Reinaldo Arenas se refiere más bien a sus propios textos. Para entonces el autor ya había conocido por dentro la prisión de Fray Servando, el temido Morro de La Habana y a partir de entonces, su reescritura ya no es un procedimiento escritural con fines estéticos, al contrario, es una forma desesperada de afirmación de sí mismo: reescribo, luego sigo existiendo.

Al rayo de sol de la revolución que había puesto fin al tiempo sofocante y oscuro del dictador Fulgencio Batista, siguió el relámpago que alcanzó a Arenas, aunque sin paralizarlo. Pese a que, desde entonces, en Cuba no se ha impreso línea alguna escrita por él, en el extranjero Arenas no cayó en el olvido. Durante el éxodo masivo desde Mariel, en el que más de 125000 cubanos abandonaron la isla en 1980, Arenas llegó con mucha suerte a tierra firme de los Estados Unidos. En aquel momento pudo tener la esperanza de que el viento lo hubiese llevado a través del mar hacia la seguridad. Su literatura obtuvo una nueva oportunidad. No se estableció en el Miami «cubano», sino en un departamento pequeño en el corazón de Nueva York y escribió sin cesar como un endemoniado. En el exilio neoyorquino escribió entre 1983 y 1985, entre otros, la novela *La Loma del Ángel*.

Son años de gran productividad, en los que se publicaron novelas, novelas cortas, relatos, poemarios, obras de teatro, ensayos, panfletos y una revista combativa: *Mariel*. Arenas construye una obra que en el fondo es un solo libro, su único libro: aquel libro al que uno entra como si fuera una sabana de grandes extensiones o como si fuera una sábana. El cambio en la acentuación es indicio del cambio de significado, ya que la cama fue para Arenas el lugar de la lectura así como del amor, de la literatura y del deseo. Como en el caso de la obra del poeta y novelista José Lezama Lima, al que admiraba mucho, en su tejido textual todo debía relacionarse entre sí y tener una sola textura. También *La Loma del Ángel* forma parte de este tejido extenso que se divide en diversos ciclos. Así, a partir de esta novela uno puede acceder a la obra total del cubano. Por un tiempo, en los Estados Unidos donde la escribió, Arenas podía sentirse seguro. Empero, simultáneamente, el autor era consciente de su condición de exiliado: estaba muy lejos de aquella isla que la de Manhattan no pudo reemplazar, ya que era una de las islas de la metrópoli del norte de las que se queja uno de los narradores de *La Loma del Ángel*. Tanto la literatura como el ámbito de los homosexuales de los Estados Unidos le serán siempre extraños; más aún, no sólo se sintió como extraño, al contrario, se escenificó incluso como tal. La literatura en castellano, que ya se había convertido en La Habana en el alimento más importante para Arenas, fue en el ambiente predominantemente anglófono su verdadero medio de supervivencia. Nuevos impulsos reanimaron su escritura. Hasta que el diagnóstico del SIDA le confrontó con el fin ineludible e inmi-

nente de su vida. Tras haber finalizado febrilmente su autobiografía y antes de
que hubiese anochecido para siempre, aún en las últimas semanas desafió con
audacia a la muerte por medio de aquel tipo de humor que caracteriza también
sus textos. Incluso su suicidio en el diciembre neoyorquino de 1990 representó
un último acto escritural, una anotación y al mismo tiempo un grito, en cuya
denuncia del régimen de Fidel Castro se manifestó con rebeldía la afirmación
de su propia libertad: «Cuba será libre. Yo ya lo soy». Y la obra de Reinaldo
Arenas seguirá resistiéndose contra viento y marea.

Una Literatura que se resiste a la literatura

Dentro de la historia literaria cubana, rica en tradiciones y leyendas, la hermosa
mulata Cecilia Valdés es el único personaje novelesco que llegó a ser un mito
literario. La protagonista, cuyo nombre aparece en el título de la novela *Cecilia
Valdés o La Loma del Ángel*, de Cirilo Villaverde, publicada en 1882 en el exilio neoyorquino –antecedida por una primera versión concluida y publicada aun
en Cuba– se convirtió en una figura simbólica de Cuba mucho más allá de los
límites geográficos del Caribe. En ella se concentran etapas históricas esenciales de la historia y sociedad cubanas. Pese a la independencia política de las
repúblicas vecinas de Hispanoamérica, la isla más grande de las Antillas había
permanecido –junto con Puerto Rico– bajo el dominio colonial español; finalmente entró en una fase de largas guerras de liberación, que apenas en 1898 con
la entrada de los Estados Unidos –país ávido de obtener ganancias territoriales–
a la guerra entre España y Cuba dio un giro inesperado. Sin embargo, ¿cómo era
posible que, siendo una mulata y *femme fatale*, una heroína de novela se hubiese convertido en una especie de pantalla sobre la que se proyectaban las ideas
acerca de la comunidad nacional anhelada?

Desde inicios del siglo XIX, la literatura cubana puede entenderse como uno
de los medios esenciales que impulsaron la formación de la nación y Cecilia
Valdés como figura que se ha grabado profundamente en la memoria cultural
cubana, ya que ella encarna las relaciones de desigualdad socioeconómica, étni-
ca y política en un régimen colonial explotador. Ocuparse de la hermosa mulata
Cecilia Valdés, que no comparte por casualidad las mismas iniciales con su creador Cirilo Villaverde, significa entonces analizar la búsqueda de identidad de
la isla, así como los elementos en los que los cubanos basan el entendimiento de
sí mismos.

Es lo que hizo Reinaldo Arenas en 1987, cuando se publicó en Miami su
novela *La Loma del Ángel*; los conocedores de la historia y literatura cubanas
sabían que este cubano, que entretanto ya se había instalado al igual que Villaverde en el exilio en Nueva York, había tenido el valor de acercarse a la novela
más importante y significativa del siglo XIX. Debido a ello, las expectativas eran
sumamente grandes.

Arenas estuvo consciente de esta circunstancia. Su prólogo escueto es muestra de que sabía a lo que se estaba lanzando, pues subrayó la importancia sobresaliente del texto de referencia; al mismo tiempo se distanció de interpretaciones simplistas que veían en la novela un espejo o reflejo de la situación sociopolítica del medio colonial esclavista. Simultáneamente indagaba en las condiciones y líneas de continuidad de la recreación y reescritura de esta novela cubana por excelencia.

En el prólogo ya se vislumbra claramente la intención del proyecto de Arenas. Con un guiño no se mencionan sólo como autores de modelos comparables los nombres de Esquilo, Sófocles y Eurípides, así como los de Shakespeare y Racine; al contrario, las referencias al ensayista y poeta mexicano Alfonso Reyes, al dramaturgo y narrador cubano Virgilio Piñera y al novelista y ensayista peruano Mario Vargas Llosa sirven para poner al lado de los autores clásicos de la tradición occidental de modo equitativo a los representantes latinoamericanos que abordaron los mitos de la antigüedad o –en el caso del autor peruano– la exploración literaria de los sucesos históricos en el contexto del proceso de la constitución de las naciones latinoamericanas. El hecho de que se cite nada menos que al argentino Jorge Luis Borges en tanto garante de la propia empresa, tal vez compruebe que Arenas coloca no sólo las literaturas latinoamericanas, como si se sobreentendiera, en el mismo nivel que las de Occidente. Simultáneamente subraya las líneas transatlánticas que las vinculan. Pone también de relieve que el mito de Cecilia Valdés, en tanto texto de referencia, no sólo puede compararse con Ifigenia o Electra; al contrario, como figura nacional, se encuentra en el mismo nivel que otros procesos de la auto-imaginación y el auto-encuentro nacionales. Por lo tanto, no se trata de un personaje novelesco provinciano de una literatura periférica; más bien, al abordar la figura mítica de Cecilia Valdés, Reinaldo Arenas se atreve a acercarse a una de las creaciones más plurifacéticas del siglo XIX.

Legitimada de este modo, esta obra consagrada –cuya traducción al alemán urge– se convierte en objeto de una parodia sibilina (o como Arenas lo expresa en el primer capítulo de su autobiografía, de «una parodia sarcástica y cariñosa»), pues, a pesar de su respeto por su precursor en el exilio neoyorquino, Arenas no se propone realizar un homenaje ni acercarse respetuosamente, al contrario, intenta continuar con la escritura de este texto en el sentido de un disimulo y de un traslado: expone a Cecilia Valdés –y junto con ella a su creador– a un juego de enredo alegre e insolente, que da rienda suelta a la fantasía del autor (así como a la del lector); ésta, a su vez, tiene un efecto liberador. Con los recursos de la ficción, en una «versión herética» –designada así por medio del subtítulo que aún existía en el manuscrito de la novela de Arenas, que fuera posteriormente borrado– Arenas logra extraer de una obra canonizada significaciones e interpretaciones nuevas. Pero ¿cómo se caracteriza el nuevo texto literario que surge de aquella obra?

Del mismo modo que Reyes y Piñera, Arenas se propone tratar «su» mito de la manera más libre posible, sin que la sacralización del mismo lo limite. Sin embargo, a diferencia de sus predecesores latinoamericanos, no tiene que trasla-

dar su personaje femenino a América Latina, ya que es oriunda de este continente. Según el prólogo, el traslado y la apropiación que realiza Arenas son más
bien una «traición» y una burla de las intenciones originales de Villaverde. Esta
sustracción lúdica, difícil de desentrañar, se lleva a cabo con el propósito de una
dislocación que al mismo tiempo representa una profanación, esto es, se saca un
mito literario de su contexto original y se expone al lector con humor.

¿Se trata de una loca empresa? En todo caso es típica de la escritura de Arenas desde *El mundo alucinante*. En esta empresa, ambos textos, es decir, el propio y el apropiado, se mantienen en una relación lúdica: la «nueva» Cecilia no
debe ocupar el lugar de la «antigua», ni la «nueva» novela el de la «antigua».
Inicia un diálogo o, para ser más preciso, un altercado. Mucho está en juego: la
rebeldía cariñosa, pero a veces también violenta y siempre placentera contra el
«clásico» apunta a la imagen y auto-imagen de la nación cubana.

Para ello, por medio de la rebeldía tan típica para Arenas y mediante la irre-
verencia, surge del texto literario anterior un texto nuevo, pues, en el transcurso
de una historia larga de recepción, *Cecilia Valdés* se convirtió en el ejemplo de
un realismo literario que, sin duda, un siglo más tarde y en el contexto de debates inoportunos en la isla sobre el realismo, no le interesaba a Arenas. Al contrario, le importaba una dislocación mas no una destrucción de aquel código literario que finge no serlo, como si presentara sólo la realidad y nada más que ella.

Obviamente sería un error creer que Arenas, con su ataque vehemente a
cualquier forma de escritura realista, haya renunciado también a la representación de la realidad o incluso a la intención de provocar un efecto político-estéti-
co; pero sí renunció a una estética y poética de un acervo de mundos con imágenes realistas. Contrastan con ellos sus montajes de imágenes, muy vivos y
extremadamente perspicaces. Esto se manifiesta claramente en los numerosos
puntos de contacto entre ambas novelas, es decir, en las partes textuales en las
que Arenas se refiere a un detalle o elemento específico del texto de referencia.
Por ejemplo, el narrador omnisciente de Villaverde realiza en el nivel del tiempo narrado un salto y dice que éste ha «pasado volando con una velocidad
inimaginable»; a su vez, en el capítulo «El milagro» del texto de Arenas, el bebé
crece, en segundos, en el vientre materno de Cecilia, y siendo niño originalmente, se transforma en niña, nace y de inmediato llega a la edad de cinco años, burlándose así de los intentos de la mulata de abortar. En otro pasaje de su novela,
Villaverde menciona de modo incidental un retrato de Fernando VII, el odiado
monarca español; al contrario, en el famoso episodio del baile de la sociedad
filarmónica, Arenas lo convierte en un monstruo mortífero: ¡qué efecto del arte!,
tras mirarlo sea quien fuere cae instantáneamente exánime al piso. Y mientras
en los episodios en los que la alta sociedad disfruta con buenos modales las
especialidades exquisitas, en la novela de Arenas, estos deleites del paladar se
tragan a toneladas y sin impedimento alguno, de forma que muchos no sobreviven el banquetazo, y gordos van rodando por el terreno para petrificarse inmediatamente después en elevaciones cársticas. Los ejemplos para procedimientos

similares son numerosos y variados. No se trata sólo de una estrategia simple para superar al modelo, tampoco es un barullo barato, por el contrario, es una forma para llevar decididamente al absurdo el efecto de lo real, que en la novela realista asigna un papel tan importante al mundo de los objetos que existe en el segundo plano y es, en cierto modo, dado. En la novela de Arenas, los objetos desarrollan un significado propio y son caprichosos.

¿Se trata del mero placer de exagerar? La narración hiperbólica es, por cierto, un patrón básico del modo de escribir de Arenas. A su vez, este hecho ha provocado malentendidos. Se equivocaron los que interpretaron el hecho de que en la autobiografía del autor cubano desfilen miles de amantes como signo de una disposición enfermiza o de una fanfarronada gay acerca de su potencia sexual. En *Antes que anochezca* así como en *La Loma del Ángel*, Arenas socava los mecanismos del pacto con el lector en cuanto a los géneros autobiográfico y realista, respectivamente. Este procedimiento se coloca en la mejor tradición vanguardista: *Ceci n'est pas une pipe* («No te muestro la realidad por medio del arte sino el arte verdadero»). En el caso de Arenas, esto no significa de modo alguno que los lazos entre las palabras y las cosas se hubiesen cortado por completo. La auto-referencia de esta función poética subvierte no sólo cualquier intento de ser degradado a un mero espejo de la realidad, sino también busca provocar y profanar, para así abrir al propio arte nuevo y a la risa indomable nuevos espacios de movilidad.

Se combina con un *misreading* consciente, de una lectura errónea que equivale a una dislocación y un disfraz del código realista. El texto fundacional de la narrativa cubana es una víctima provechosa para la traición que Arenas planeó bien. Lo conocido se desconoce, lo colocado se disloca. Lo que poco antes aún parecía natural se priva de su naturalidad. El poder transformador de la parodia que desfigura el modelo, se convierte en un travestismo gustoso para enajenar satíricamente lo conocido y familiar, para disfrazarlo y, en un sentido doble, distorsionarlo. El obispo se disfraza como ángel para perseguir en la loma de Venus a las mujeres más hermosas de La Habana y también a algunos de sus maridos; Cecilia pinta a su bisabuela negra con pintura blanca para disimular su origen como mulata y ocultarlo delante de su amante; Dionisio se disfraza para espiar, por encargo de su patrona, a su patrón. En resumen, Arenas da mucha importancia al travestismo tanto en el nivel del contenido como en el lingüístico. La presencia del travestismo como tema y género literario remite también a otros escritos del autor cubano que como *Viaje a La Habana* datan del mismo periodo que *La Loma del Ángel*.

Pero el humor indomable que se manifiesta en estos textos no nos debería de engañar: para Arenas el arte auténtico y verdadero surge sólo de la interacción entre el genio y el enojo. Comparte con Villaverde la furia contra el despotismo que lo obliga a vivir en el exilio. Sin embargo, esta desesperación fundada política y existencialmente no basta, ya que la gran obra de arte tiene que encontrar una forma para cautivar al público por medio de un furor palpable.

Por esta razón la identificación de «Arenas», que aparece como personaje y narrador (y no debe confundirse con el autor real), con Francisco de Goya resulta ser un ardid para determinar su lugar en cuanto a la propia poética, pues el pintor español es al mismo tiempo ideal y modelo: en los retratos que Goya realizó en 1814 del rey español Fernando VII, quien –de acuerdo con nuestro conocimiento– no ha encargado retrato alguno a Goya, está inscrita hasta la fecha aquella furia que el artista sentía en contra de este déspota. Tal como lo expresa el narrador, la furia del genio confiere a la obra de arte una vida eterna e indestructible. *La Loma del Ángel* es ciertamente un texto literario sobre la literatura y busca adeptos para un arte que, basado en la pertinacia, ha surgido del arte. Esto le permite a Arenas referirse con mayor vehemencia a la vida.

Una literatura que se arrebató de la vida

En 1970, en una reseña que se publicó en *La Gaceta de Cuba* y que figura entre los últimos textos que se publicaron en la isla en vida de Arenas, el autor distinguió entre dos tipos de literatura, una que toma sus temas de la literatura y otra que recurre a la vida. Una obra de arte tiene que crearse bajo la influencia de una pasión y, a su vez, ésta, obligatoriamente, tiene que «originarse en la vida». Pero entonces ¿por qué *La Loma del Ángel* en tanto prueba de una obra literaria que se inspira en la literatura tiene un mayor valor que las novelas de su colega Alejo Carpentier que Arenas tildó de «piececitas de gabinete»?

En la novela histórica de Villaverde encontramos muchos personajes históricos. Reaparecen también en la «versión» que hace Arenas de *Cecilia Valdés*: incluyendo al Capitán General español en la isla y los escritores Francisco Manzano, Plácido o el propio Cirilo Villaverde. Los personajes de la novela no sólo exigen cuentas a este último, también se le desenmascara en su intento obvio de enseñar a leer a los alumnos en las regiones remotas sólo para que puedan leer sus novelas. Desde luego, esto puede interpretarse como mofa de la campaña de alfabetización en Cuba a principios de los años sesenta. Los círculos en el exilio que se interesaban en política, habían reprochado al régimen cubano que esta campaña perseguía el objetivo de divulgar más hábilmente y con mayor repercusión la propaganda de los revolucionarios.

No sorprende que *La Loma del Ángel* prolongue la presencia de personajes «reales» hasta muy entrado el siglo XX: aparecen la influyente agente española de literatura Carmen Balcells, el crítico cubano del arte Florencio García Cisneros y la antropóloga Lydia Cabrera, así como los escritores José Lezama Lima, Roberto Valero o el propio Reinaldo Arenas. Se sobreentiende que este último tiene que enfrentarse a la mofa y burla que algunos de sus narradores expresan abierta o veladamente: a Arenas le encantaba burlarse de sí mismo.

Las relaciones y los reflejos presentes entre la obra de Arenas y la de Goya, pero también muchos otros como los que existen entre el otrora esclavo Manzano y el «poeta-esclavo» Lezama, para cuya muerte Arenas responsabiliza en la novela y su autobiografía al Estado cubano, muestran claramente que detrás del siglo XIX de Villaverde está siempre presente el siglo XX de Arenas. Por ejemplo, en el ciclo de poemas *El Central*, escrito en 1970 y publicado por primera vez en 1981 en el exilio, se sobreponen el exterminio de los indígenas que habían sido degradados a esclavos, la explotación de los negros que habían sido deportados desde África, y la humillación de los presos del régimen castrista a los que se ha mandado a las plantaciones de caña; del mismo modo, en *La Loma del Ángel* se puede discernir la dimensión transtemporal que atraviesa distintas épocas históricas. El pasado está presente en la actualidad y viceversa. En la familia de Cecilia el destino se repite en constelaciones nuevas pero, en el fondo, iguales: una y otra vez, se abandona a la mulata seductora. En los gustos de la hija de Cecilia y Leonardo se anuncia ya un nuevo ciclo.

Pero también el campo de concentración y la vida que transcurre en las chozas indignas para un ser humano y bajo vigilancia y amenaza constantes, es parte de los ciclos históricos; es para Arenas la encarnación de la condición humana en Cuba. Aquellos esclavos que en la novela intentan ser lanzados por una máquina de vapor a su patria africana, cuando desean huir del campo. A pesar de que su intento haya fallado, merecen la simpatía del narrador. La isla es representada como campo: esclavización, opresión, asesinato y homicidio se encuentran al orden del día. ¿Cómo se pudo haber llegado a esta situación? ¿Y qué soluciones y nuevos horizontes logra Arenas mostrar en *La Loma del Ángel*?

En *Cecilia Valdés* de Villaverde, el narrador omnisciente no trató de ningún modo a la hermosa mulata con mayor simpatía, sino a la dueña de la plantación, Isabel Ilincheta. Por su trato decente hacia los esclavos pero también con la administración que sabía de sus bienes, ella representa la modernización y la regeneración moral de la isla, tal como Villaverde y las elites criollas ilustradas esperaban. Pese a que no lograra desarrollar los encantos seductores de Cecilia, que, a su vez, es el producto típico de una sociedad esclavista, creó su propio mundo pequeño, su microcosmo bien ordenado que –según las ideas de Villaverde– un buen día debería poder exigir ser el modelo tanto para el ámbito económico y político como para el público y familiar. Por más que este plan haya fallado bajo las condiciones de una economía esclavista dominada por España y luego de que Isabel se retiró al convento tras el asesinato de su prometido Leonardo, ella encarna el progreso, el futuro de la sociedad, que puede confiar en los valores cristianos y ante todo en la racionalidad occidental. Toda la esperanza de Villaverde se basa en las Isabeles del porvenir.

Con premeditación, Arenas ha dotado precisamente a esta figura de características completamente diferentes. Isabel Ilincheta se convierte en la encarnación de una razón aguda que desea medir todo de forma desvergonzada, que exclusivamente está buscando su ventaja y que incluso no tiene escrúpulos. No sólo explota sin escrúpulos sus medios de producción, incluyendo a los esclavos, al contrario, también se casa con un moribundo de cuya herencia se apodera. A diferencia de lo ocurrido en la novela de Villaverde, en la de Arenas ella puede triunfar. En vista de su actitud que desdeña profundamente a los seres humanos, sin embargo, no se vincula con ella el sentimiento de esperanza sino el del terror. En sus ojos, la vida sólo aparece como objeto de una contabilidad pedante, como inventario contable que, de ser posible, debe ser incrementado; la vida parece reducirse al conteo de huevos y granos de café, que Arenas, quien había trabajado durante un periodo corto como contador en una brigada de producción agrícola, recordaba seguramente con horror. La victoria de Isabel hace referencia a los planes quinquenales y las directrices para la producción hechas por el gobierno revolucionario, así como a una racionalidad monstruosa, que considera al ser humano ante todo como «combustible» para la economía. «El sueño de la razón produce monstruos». Para hablar con el famoso capricho de Goya, aquí no es la razón que duerme sino la que sueña que produce los monstruos. Isabel, que era tan racional en la novela de Villaverde, es en la novela de Arenas una verdadera *femme fatale* para el futuro de una dictadura moderna bajo el signo de la atrocidad, la opresión y la explotación.

Del mismo modo como el siglo XX trasluce detrás del XIX, se vislumbra tras un juego de enredos, que sólo a primera vista parece ser meramente literario, la dimensión de una experiencia de vida y de un *saber sobre el vivir* que, siendo del siglo XX, se inserta de contrabando al del mundo diegético del XIX y se trasviste. Tanto los elementos autobiográficos aislados que se introducen con un guiño, como las piezas de construcción de una poética que se basa en el saber de Arenas sobre la vida, hacen que la lectura de esta novela resulte tan interesante, una vez que el lector se haya dejado cautivar por este texto no convencional que inicialmente parece ser disperso. Así se pone de manifiesto que la escritura de Arenas habla en favor de una literatura que se mofa de la vida. De acuerdo con el prólogo, le interesa «la tragedia eterna del ser humano», «su soledad, su aislamiento y su desasosiego insaciable» en busca del amor, que para Cirilo Villaverde parece constituir sobre todo un elemento de la trama de la novela; en cambio, para Arenas es el impulso verdadero de la vida.

Una literatura sobre el saber sobrevivir

En otra reseña publicada igualmente en 1970 en *La Gaceta de Cuba*, Reinaldo Arenas definió el amor como «nuestra única posibilidad para salvarnos». Sin duda, el amor se coloca en el centro de la novela de Reinaldo Arenas: cada capítulo de los 34 que se distribuyen a lo largo de las cinco partes y las conclusiones lleva un título propio, de los que sólo uno se repite: «Sobre el amor». En los cinco capítulos sobre el amor –cabe señalar que en los títulos sólo la palabra «amor» se ha escrito con mayúscula– se otorga la palabra a José Dolores Pimienta, Cecilia Valdés, Leonardo Gamboa y, terminando la novela, otra vez a

Cecilia y José Dolores; de este modo resulta en este nivel una distribución perfectamente simétrica. ¿Qué significado se confiere al amor y qué función tienen estos capítulos?

Todos los personajes de esta novela viven segregados por barreras raciales y de clase social, así como con base en la posición política y económica, el género o el respectivo origen geográfico. Viven como si estuvieran en islas separadas en las chozas de los esclavos de los molinos de caña o de las plantaciones de café, en los traspatios y callejones de los barrios pobres, en las residencias señoriales en el campo y en la ciudad o en aquellos refugios en la montaña a los que los cimarrones habían huido desde el siglo XVI. Funcionarios españoles, extranjeros europeos, criollos y mulatos nativos, esclavos liberados o que se escaparon, todos ellos están radicalmente separados los unos de los otros por sus condiciones de vida. Pareciera que sólo el impulso sexual acercara a estos personajes y sus cuerpos; por ejemplo, las mulatas atraen al criollo rico Leonardo del mismo modo que a su padre y al de Cecilia, el inmigrante español Cándido Gamboa; al obligar al cocinero negro a tener relaciones con ella, su mujer se venga por su infidelidad y procrea con éste a José Dolores Pimienta; el padre de Isabel Ilincheta viola a una esclava que apenas fue traída de África y el obispo agobia a sus corderitos –tanto a las mujeres como a los hombres– travistiéndose como ángel y (con la ayuda de sus monjas) como hacedor de ángeles. Pareciera que sólo la actividad de los instintos carece de límites.

Sin embargo, detrás del deseo y de este ir y venir se deja vislumbrar en la novela aquella soledad fundamental que –si seguimos al semiótico francés Roland Barthes– ha caracterizado desde siempre los fragmentos de un lenguaje del amor. Sólo Carmen, la hija del negrero, y Tondá, el esclavo favorito del Capitán General español, parecen haberse encontrado por puro amor; sin embargo, en tanto proscritos y perseguidos, tienen que huir a un palenque, que es un refugio para los esclavos. Pero en la novela no se les otorga la palabra.

A diferencia de ellos, Leonardo, Cecilia y José Dolores –los dos últimos incluso dos veces y con una distancia temporal– pueden explicar desde su perspectiva lo que consideran como el amor grande y verdadero. En el transcurso de la novela, todos se convierten en fracasados y, sin embargo, cada uno nos lega su discurso amoroso específico en tanto manifestación de la vida. En su discurso radicalmente solitario sobre el amor se concentra todo su conocimiento acerca de la vida, ya que en el amor confluyen todas sus ilusiones, desilusiones y proyectos acerca de lo que para ellos significa la vida o debe significar. En estos tres personajes procreados por el padre y la madre Gamboa que, respectivamente, tenían amantes cambiantes, la inmensidad del deseo por el cumplimiento y la salvación no es menos monumental que la intensidad de su anhelo de vida. Todo lo que estos personajes desean y saben de la vida lo saben y experimentan por medio del amor. Su fracaso alberga aún un triunfo. Así, en el capítulo trece, el idilio casero con el que José Dolores reviste su gran amor por Cecilia hace al final posible que éste –al que la policía persigue tras el asesinato de Leonardo–

comprenda con orgullo que «un gran amor no significa tranquilidad y satisfacción, sino renuncia, lejanía y sobre todo persecución».

Esta definición trágica de la condición humana que se revela en la forma de
entender el amor quedaría por cierto incompleta si pasáramos por alto la
siguiente interrogante: ¿en qué consiste el triunfo dentro del fracaso de estas
«figuras»? Bajo el concepto de «figura» se entiende aquí la figura de lo corporal
y sexual, de la gimnasia o de la coreografía del amor, así como los tropos, las
figuras del movimiento trazadas por los danzantes y las que se encuentran sobre el
tablón de ajedrez de un autor. Pues ellos son los que tomaron la palabra y se convirtieron en palabra. Sobreviven por medio de su discurso. Su entendimiento del amor
representa un conocimiento de la vida, que de este modo se convierte en saber acerca de la supervivencia que puede hablar de sí mismo. Los sobrevivientes tienen
la última palabra en la novela, porque sólo el que ha sobrevivido puede narrar
una historia.

Del mismo modo que Arenas, Cirilo Villaverde logró huir al exilio y en él
publicar su novela. Ambos fueron afortunados, pero a pesar de ello no alcanzaron lo anhelado. El arribo al exilio les permitió narrar su historia y sus historias
que hablan de la supervivencia más allá de una sociedad que los quiso marginar,
oprimir y silenciar. Su narración de las historias y su literatura son testimonios
de su supervivencia y se transforman así en el saber sobrevivir; en el caso de
Arenas en dos sentidos, ya que, por un lado, su escritura incesante y ecléctica le
permitió sobrevivir en una situación que él experimentaba como amenazante
para su vida; por el otro, en la relación entre la lectura, el amor y la vida, así
como entre la relectura y la reescritura, creó una literatura que consigue su
supervivencia aún después de la muerte física del autor. No se encuentran tranquilidad ni satisfacción en ella, ya que la gran literatura es –así podríamos
entender al músico José Dolores Pimienta– renuncia, lejanía y sobre todo persecución. La escritura de Reinaldo Arenas no lleva a la tranquilidad: él creó una
literatura que se resiste a un mundo alucinante.

La Loma del Ángel: el carnaval de la escritura

Emiliano Mastache
Universidad Nacional Autónoma de Mexico

> Esta heroización irónica del presente, este juego de la libertad con lo real para su transfiguración, esta elaboración ascética de sí, Baudelaire no concibe que puedan tener su lugar en la sociedad como tal o en el cuerpo político. No pueden más que producirse en un lugar distinto: lo que Baudelaire llama el arte.
>
> MICHEL FOUCAULT

El principio de verosimilitud como rasgo inherente a la obra literaria ha gozado de una amplia aceptación entre quienes se han propuesto explicarla. Sin embargo, resulta casi imposible asignarle un significado preciso al término verosímil. A lo largo del siglo XX, la creación literaria –en especial la novela – ha mostrado que hay *otra* forma de concebir lo verosímil, en tanto no puede ya ser explicada exclusivamente como *imitación*, sino también como *parodia, alarido, imagen, abultamiento, polifonía, balbuceo* o *sensación*.[1]

No es éste el lugar para dilucidar los orígenes de dicho fenómeno, pero baste con tener presentes las creaciones de autores como Baudelaire o Hölderlin, la emergencia de lo inefable como preocupación primera, una crisis de las categorías de *verdad, realidad* y *conocimiento* y la consecuente actitud reflexiva frente al fenómeno del lenguaje.

Se debe al quehacer filosófico, en específico a Nietzsche, esa vuelta al lenguaje como aspecto inmanente a los problemas de la verdad y el conocimiento. Esto tendrá inevitablemente hondas repercusiones en la creación literaria, en tanto se constituye de y en el lenguaje. No es posible permanecer indiferente, desde la lectura ni desde la escritura, ante lo que Nietzsche plantea que es la verdad.

> Una hueste en movimiento de metáforas, metonimias, antropomorfismos, en resumidas cuentas, una suma de relaciones humanas que han sido realzadas, extrapoladas y adornadas poética y retóricamente, y que después de un prolongado uso, un pueblo considera firmes, canónicas y vinculantes; las verdades son ilusiones de las que se ha olvidado que lo son; metáforas que se han vuelto gastadas y sin fuerza sensible, monedas que han perdido su troquelado y no son ahora consideradas como monedas sino como metal (Nietzsche 2000: 25).

---

[1] Autores como Tzvetan Todorov, Mijail Bajtín, Roland Barthes, Julia Kristeva o Gaston Bachelard han proporcionado, a través de sus obras, claves, reflexiones y perspectivas para explicar el texto literario y esa *otra* forma en que encarna lo verosímil.

Esta afirmación desencadena, por decirlo de algún modo, una serie sucesiva de ondas expansivas que impactarán al lenguaje en su totalidad, y aquello que guarde relación con él. El lenguaje se (re)vuelve contra sí mismo y con ello, se descubre inacabado, oblicuo, petrificado, pero a su vez y ante todo, posible.

En este movimiento, el concepto mismo de verosimilitud se ve confrontado con su propia designación metafórica, ya no sólo en lo que toca al término «verdad», sino especialmente en lo que se refiere a «símil».

Al dividir, bajo un criterio semántico, la palabra «verosímil» en sus dos componentes: «vero» y «símil», es posible advertir que la creación literaria encuentra su anclaje más bien en el segundo que en el primero. Por su parte, el símil es una figura retórica fundamentalmente metonímica, y por extensión, metáfora en potencia;[2] pero más allá, importa determinar qué consecuencias tiene partir de una consideración metafórica de la propia figura.

Esto supone hacer a un lado el afán de entender la palabra en un sentido literal, por lo que inmediatamente se hace patente que establecer la equivalencia entre «símil» y «reflejo» no es ya sostenible, y no lo es en tanto suprime la singularidad misma del acto de *similitud.* Este acto no se explica ahora por una voluntad de re-producción o de re-presentación, sino por una *coherencia metafórica* (tanto en su sentido de herencia conjunta, como de correspondencia); en otras palabras, es posible sostener la equivalencia entre «símil» y «reflejo» sólo y exclusivamente en tanto metáforas. Si la verdad es, en última instancia, un meta(a)forismo, la literatura es un tejido paradojal que más que imitarla, la descubre, la muestra, la desnuda.

Ahora bien, ese desvelamiento no puede darse bajo la pretensión de llevarlo a cabo, sino, en todo caso, a partir de una *conciencia figurativa*, es decir, de no olvidar que eso que llamamos realidad es una prefiguración del lenguaje a partir de metáforas. En otras palabras, el escritor llegará a la literatura en la medida en que advierta que el lenguaje alude, sugiere, y no decreta o consigna lo real.

Adoptar dicha conciencia supone desentenderse, al menos en lo que hace a la creación literaria, de las batallas por la verdad, e incluso del *sí mismo.* Sin embargo, ello también implica una particular relación con el lenguaje, misma que radica en advertir que entre las palabras y las cosas que designan se da una vinculación relativa, un grado de indeterminación semejante a un terreno baldío, que, por lo demás, abre el juego dinámico del propio lenguaje que lo devuelve a su devenir, a su condición de *energeía.*

---

[2] El símil se entiende a grandes rasgos como comparación; sin embargo: «La tradición ha considerado que la comparación está muy próxima a la metáfora y que, cuando se omite el término comparativo, aparece la metáfora "en presencia" [...] en la que están explícitos los dos términos comparables. Ello se debe a que la metáfora, como la similitud, expresa una analogía. Pero la analogía se manifiesta, en la similitud, mediante el recurso de la comparación que produce un acercamiento de los términos comparables. En la metáfora, en cambio, sólo recurriendo a la analogía podemos subsanar la incompatibilidad semántica entre elementos que en el texto aparecen identificados a pesar de que pertenecen a realidades ajenas entre sí» (Beristáin 1985: 98).

En este punto es necesario subrayar que advertir dicha indeterminación puede tener dos consecuencias muy concretas, radicalmente distintas y, en el fondo, contrarias. La primera es aquella que ante el vaciamiento de lo real, provocado por la imposibilidad de aprehender lingüísticamente la(s) cosa(s), se refugia en las angustias del nihilismo. Este nihilismo lingüístico parece ser más un efecto de las afirmaciones nietzscheanas, digamos una inevitable polarización o desplazamiento pendular, que un principio regenerativo del lenguaje. No negamos el desequilibrio, el drama que esto ha podido generar en conciencias realistas, sin embargo, señalamos y rechazamos el peligro que esta postura entraña, en la medida en que desemboca, por argumentos de esterilidad, en petrificación del lenguaje, es decir, en clausura de su capacidad re-creativa.

Frente a este nihilismo habría que tomar en cuenta un particular señalamiento de Todorov: «las palabras no son etiquetas pegadas a las cosas que existen en tanto tales independientemente de ellas» (1972: 207). De este planteamiento se desprende la segunda consecuencia, una otra postura que asume al lenguaje como una suerte de red ontológica de la que no es posible diferenciarse, pero que, más allá, en vez de atrincherarse en las cualidades de negación y vacío, destaca la vitalidad del lenguaje, su naturaleza fundamentalmente *poiética*, su capacidad de llevarse más allá de sí mismo, su inmanente posibilidad de trascendencia.

Se sigue entonces que llegar a esa conciencia figurativa del lenguaje implica situarse en la indeterminación entre las palabras y las cosas, para jugar a la determinación, sin que ello signifique que se ha de lograrla. El que escribe, a diferencia del que escribió en el pasado, sabe que emprender la *similitud* es trastocar la determinación establecida que supone la realidad, y reconoce abiertamente que para ello, ha de mentir y falsear necesariamente. De ahí que cobre gran relevancia el término «ficción».[3]

A partir de estas consideraciones es posible «determinar» que el principio de verosimilitud ha sufrido un (re)vuelco, que conduce a entenderlo, ante todo, como principio de alegorización[4] que expulsa al texto literario más allá de una mera función simbólica y lo provee de una autonomía distintiva frente a lo real, misma que consiste en mostrarse como emergencia metafórica.

El objeto del presente trabajo consiste en analizar un texto en particular: la novela *La Loma del Ángel,* del escritor cubano Reinaldo Arenas. Dicho análisis tiene como horizonte y a la vez como sustrato, lo que se ha expuesto hace un momento sobre el vuelco del principio de verosimilitud.

---

[3] «*Ficción* f. Acción y efecto de fingir. II Simulación con que se pretende encubrir la verdad. II Invención poética. II fam. Gesto, mueca: se usa en plural generalmente –Del lat. *Fictione*, abl. de *fictio*, formación, y también ficción; de *fingo*, formar, disimular; de la raíz *fig*, de donde viene igualmente *figulus*, alfarero» (Rodríguez-Navas s.f.).

[4] La alegoría es también denominada *metáfora continuada*, en tanto se compone de metáforas. Por otra parte: «en la alegoría, para expresar poéticamente un pensamiento, a partir de comparaciones o metáforas se establece una correspondencia entre elementos imaginarios» (Beristáin 1985: 25).

Por *alegorización* se entiende entonces el proceso por medio del cual se va(n) dando esa(s) reunión(es) de metáforas que, en el texto literario, se irán ordenando por capas intercomunicadas dinámicamente, para dar pie, si se nos permite la expresión, a una alegoría de alegorías.

Si se ha tomado ese vuelco como punto de partida, es porque nos ha parecido la forma más inmediata de intentar un acercamiento crítico a la novela de Reinaldo Arenas. Esta inmediatez está dada por el texto mismo, ya que desde la primera página el lector es arrojado a un cuestionamiento acerca de lo verosímil. Inesperadamente Reinaldo Arenas «se toma la molestia» de explicar en unos cuantos párrafos el motivo principal que ha tenido para escribir *La Loma del Ángel*, el cual consiste en aclarar que dicha novela constituye una «re-escritura» de la novela *Cecilia Valdés* de Cirilo Villaverde, considerada un clásico de la literatura cubana.

Ahora bien, como lo señala el propio Arenas, volver a escribir al pie de la letra la novela de Villaverde sería «obviamente innecesario» (*LDA*, 10).[5] La re-escritura llevada a cabo por Arenas, que reconoce explícitamente sus orígenes y, a la vez, que éstos no le son propios, se nos muestra entonces como (re)creación. Asimismo, al tener como referente inmediato un texto literario y no ya el mundo «real», implícitamente se trastoca la tradicional concepción del principio de verosimilitud como naturalismo.

¿A través de qué recursos *La Loma del Ángel* –en tanto re-escritura– re-crea *Cecilia Valdés*? Antes de entrar en materia, resultan necesarios algunos apuntes generales sobre el texto canónico de Villaverde.

Cecilia Valdés tiene como una de sus particularidades haber sido escrita a lo largo del siglo XIX su primera versión data de 1839, por lo que se halla bajo el influjo del romanticismo, y su última versión de 1882, en pleno realismo. Este doble arraigo la provee de un carácter excepcional; sin embargo, su suerte no ha sido igualmente doble, ya que «La crítica literaria ha optado por favorecer la modalidad realista de la versión final, descartando en la mayoría de los casos como torpeza literaria, los aspectos que vienen a ser tópicos románticos» (Álvarez Amell 2000: 1). Esto puede corroborarse al repasar la bibliografía existente sobre la novela, en la que destaca la intención de estudiar aspectos extratextuales, que tienen que ver más con lo real que con lo propiamente literario.[6]

Esto se debe, para Diana Álvarez-Amell, a una asimilación –que incluso cabría pensar como netamente hispanoamericana– del romanticismo con la coyuntura histórica, es decir, con el proceso de configuración de la nación cubana, motivado por la independencia.

Lo anterior significa que *Cecilia Valdés* ha sido entendida como reflejo fiel de la Historia, como un símil preciso de lo real: no es extraño que la forma más recurrente de aludir a esta novela sea destacando la gran capacidad que posee para encarnar un retrato costumbrista de la sociedad cubana del siglo XIX.

Esta manera de abordar el texto de Cirilo Villaverde, como se ha intentado dejar ver, desemboca en la petrificación de la obra y, particularmente, del len-

---

[5] Arenas (1995b).En adelante, *LDA*. A partir de aquí todas las citas referentes a este texto serán de esta edición.

[6] Aspectos tales como: las costumbres, las relaciones interraciales, el esclavismo o el incesto como símbolo de la constitución nacional.

guaje literario. La crítica realista va poco a poco vaciando la capacidad metafórica del texto. Tal afirmación, por lo demás, deja claro que explicar las apropiaciones petrificantes de una obra literaria, a partir de entidades de seño más bien metafísico como la Historia, la Nación, el Estado o la Identidad, adolece de oscurecer, cuando no de hacer desaparecer, el papel fundamental que la crítica, de hecho, juega en tales apropiaciones.[7]

Esto no es menor, porque implica preguntar (se) por los fundamentos, la naturaleza y los límites de la crítica misma. Se advierte entonces que la crítica está supeditada, tal vez inevitablemente, a la función de lo real. ¿A partir de qué, entonces, emprender un ejercicio crítico? Probablemente la única vía para hacerlo –y esto no es concluyente– consiste en recurrir a la literatura misma.[8]

A partir de lo anterior, es posible considerar *La Loma del Ángel* también como un ejercicio crítico, en tanto retoma elementos característicos de *Cecilia Valdés* para proveerlos de un nuevo sentido. Ahora bien, esta cualidad crítica no es exclusiva de *La Loma del Ángel*, ya que la obra de Reinaldo Arenas –del que mucho se ha destacado su condición de perseguido, exiliado y homosexual– está recorrida por una preocupación central: la hegemonía de lo real que se autopostula como lo único, lo uno y lo unitario. Por ello, su obra puede ser entendida como una crítica permanente, como un constante desgajamiento intencional de todo aquello que se constituya en unidad (en principio en su sentido propiamente literario, pero también en otros: el político, el social, el sexual o el histórico). Esta intención también es posible concebirla como una *voluntad de transgresión* que se logra al utilizar diversos recursos: el desdoblamiento y la polifonía, la hipérbole, la parodia, la carnavalización o la intertextualidad, por mencionar algunos. Por lo demás, estos recursos pueden ser comprendidos –en tanto constituye un primer índice para explicar la obra de Arenas de alguna manera – en el concepto de «re-escritura».

Cabe añadir que lo anterior no significa que esta novela de Arenas se agote en un puro ejercicio crítico, ya que

[...] *La Loma del Ángel* es, sin embargo, más que una crítica de las limitaciones o restricciones del realismo literario. Arenas se toma libertades estéticas en su intertexto para abogar igualmente a favor de la total «necesidad de libertad» de expresión en múltiples esferas (Olivares 1994: 170).

---

[7] Estas observaciones no pretenden sugerir que la crítica realista se base en una suerte de intención perversa que intenta apropiarse del texto, y que por ende, puede y pudo hacer otro recorrido, sino simplemente buscan hacer manifiesta la historicidad misma que le es inherente: la crítica, al igual que el texto literario, está sujeta a un horizonte cultural e histórico que, en principio, hace posible su existencia, pero sobre todo, que exista de *cierta manera*.

[8] Así parece concebirlo Reinaldo Arenas al re-escribir *Cecilia Valdés*. Por lo demás, no desconocemos que esta idea ha sido planteada hace ya varias décadas: «la crítica (la mejor) tiende siempre a convertirse en literatura; sólo es posible hablar de lo que hace la literatura haciendo literatura» (Todorov 1972: 32).

A pesar de que *La Loma del Ángel* no ha sido debidamente apreciada por la crítica –al ser ubicada en un lugar más bien *secundario* dentro de la obra de Reinaldo Arenas–, quien esto escribe posee la convicción de que esta novela es fundamental para intentar establecer lo que podría denominarse una *poética areniana*, y lo es por sus aportes para la reflexión crítica de un elemento que está presente a lo largo y ancho de la obra de este escritor cubano: la voluntad de re-escritura como génesis última del texto literario.

Por último, baste con señalar que la obra de Arenas encarna plenamente los principios que Severo Sarduy ha subrayado característicos del neobarroco, entre los que destaca la carnavalización como «espectáculo simbólico y sincrético en que reina lo *anormal*» (1989: 175).

Así, a continuación se presenta un análisis de *La Loma del Ángel* de Reinaldo Arenas, basado en los conceptos de re-escritura –entendida como transgresión de los cánones literarios característicos de *Cecilia Valdés*, es decir, el romanticismo y el realismo–, y de carnavalización, con base en los planteamientos hechos al respecto por Mijail Bajtín.

El carnaval de la escritura

Publicada en 1987, la novela *La Loma del Ángel*, de Reinaldo Arenas, comparte ciertas inercias narrativas y ciertos motivos recurrentes hasta ese momento desarrollados por el autor, a lo largo de su obra;[9] sin embargo, esta novela posee un rasgo que la hace distintiva. *La Loma del Ángel* se distingue de otras novelas en la medida en que, de manera explícita, su autor la asume como una re-creación fundamentalmente lúdica. Por primera ocasión, en contraste con el característico patetismo y agonía exacerbados que subyacen en la generalidad de su obra, Reinaldo Arenas recurre a un tono cómico como estrategia narrativa para dar forma a todo un texto.[10]

El carácter cómico de esta novela está dado por su motivación primera: reescribir lo que hoy se considera un clásico de la literatura cubana, la novela *Cecilia Valdés* de Cirilo Villaverde –publicada en 1839 (su primera parte) y su versión final en 1882. Como ya se ha señalado, dicha novela –que hace pensar en Balzac– posee tanto elementos propios del realismo, como del romanticismo;

---

[9] Como son: la re-escritura y la intertextualidad (*El mundo alucinante* y *Antes que anochezca*); el uso de la hipérbole y el proceso de carnavalización (*El mundo alucinante, El palacio de las blanquísimas mofetas* y *El color del verano*); o, el desdoblamiento (*Celestino antes del alba* y *Otra vez el mar*). Cfr. la Bibliografía al final en la que se presentan referencias sobre algunos estudios que tratan estos temas.

[10] Esto no quiere decir que el tono cómico no exista en el resto de los textos de Arenas, ya que incluso es utilizado de manera reiterada –por momentos, en algunos pasajes, o a manera de pinceladas–, sin embargo, de ninguna otra novela anterior a *La Loma del Ángel*, puede afirmarse que esté fundada y recorrida por la comicidad como intención que engloba a toda la enunciación narrativa.

sin embargo, ha sido destacada más su capacidad de conformar un cuadro de costumbres de la nación cubana del siglo XIX, que por su composición de matices y detalles románticos.

La novela de Cirilo Villaverde está marcada por una fuerte solemnidad, producto de un purismo realista que busca poner en evidencia los vicios de la sociedad cubana decimonónica, como la esclavitud, las castas, la inexistencia de movilidad social o los privilegios inauditos del sector blanco, producto del régimen colonial.

El ejercicio de re-escritura de *Cecilia Valdés,* que emprende Reinaldo Arenas, está fundado en la intención de desacralizarla, sin por ello pretender devaluar sus reconocidos méritos. Para lograrlo, será necesario diluir la solemnidad que la funda, es decir, presentar una versión provocadora, que mueva a la risa y, así, regenerar sus significaciones, colaborar con sus posibilidades polisémicas.

Así lo entiende Reinaldo Arenas en su nota preliminar, en la que establece las coordenadas básicas de su texto, al que considera una traición, en la medida en que ésta es lo que permite la ficción, es decir, la creación artística. Arenas reconoce explícitamente que la re-escritura –ejercicio de traducción–,[11] que también denomina parodia, no sólo es muy antigua y semilla de muchos clásicos, sino que plantea la posibilidad de «adentrarnos libremente en la pura esencia de la imaginación y por lo tanto de la verdadera creación» (*LDA*, 100).

La re-escritura que constituye *La Loma del Ángel* está recorrida por una *voluntad de transgresión*, en principio, del canon literario que subyace en *Cecilia Valdés,* pero también de la identidad cubana que de ella se desprende; es decir, Arenas busca que su escritura, en lo que hace a su capacidad transgresora, alcance no sólo al pasado, sino a su época, a sus contemporáneos, tanto en su recepción y lectura del clásico de Cirilo Villaverde, como en los vicios que después de más de 150 años, en opinión del autor, se siguen reproduciendo en Cuba, baste con señalar el racismo velado que difícilmente cesa.

Esta *voluntad de transgresión* está conformada, al menos, por tres dimensiones: en términos formales, por la hiperbolización de la historia, sus personajes y sus actos; en términos estructurales, por la creación de una *secundariedad protagónica* que invierte el mundo narrativo –y no sólo éste–; y, en términos simbólicos, por el tópico del incesto (motivo recurrente en *La Loma del Ángel,* también hiperbolizado; así como argumento y pre-texto central, para la re-creación que lleva a cabo Reinaldo Arenas). Cabe aclarar que las tres dimensiones seña-

---

[11] Por traducción se entiende la capacidad de trasladar lo más fielmente un mensaje expresado en determinado código, a otro (el ejemplo típico puede ser un idioma, pero esto es viable entre las diferentes artes o en referencia a sí mismas; de ahí que sea posible hablar de reescritura). El tema de la traducción ha generado múltiples debates, sin embargo, algunos concluyen que «el traductor debe ser un artista y [...] la traducción digna de tal nombre es una obra de arte» (Gress, 1976: 24).

En todo caso, podría decirse que si existe diferencia entre *traducir* y *reescribir,* se refiere a la conciencia de quien lleva a cabo tal proceso y el grado en que hace intervenir la creación. *La Loma del Ángel* constituye una magistral confusión intencionada de crear e imitar.

ladas están profundamente interrelacionadas en el texto; no son elementos que puedan ser tratados de manera aislada, ya que se explican y se insertan en una intención paródica, es decir, lúdica, que por sí misma permite la apertura a una concepción *cómica* de la literatura, de la escritura y de la existencia. Estas tres dimensiones vuelven sobre sí mismas y sobre las otras, para construirse entre sí y darle una dimensión enteramente polisémica a *La Loma del Ángel*.

Ahora bien, la parodia se caracteriza por ser «imitación burlesca de una obra, un estilo, un género, un tema, tratados antes con seriedad» (Beristáin 1985: 39), por lo que necesariamente desemboca en la risa, y propicia un ambiente de comicidad. Del análisis hecho por Mijail Bajtín sobre la obra de Rabelais (1987), se desprende que lo propiamente cómico consiste en la parodia de la visión oficial del mundo y del hombre, establecida y permanente, es decir, en su representación burlesca. Así, *Cecilia Valdés* se tomará como esa visión oficial, consagrada, de la sociedad cubana, que será parodiada en y por *La Loma del Ángel*. Por otra parte, Bajtín hace notar que lo cómico es un efecto de lo carnavalesco; el carnaval es la forma festiva, dentro de la vida cotidiana, que invierte el mundo, lo pone «al revés» —en tanto parodia las costumbres y conductas oficiales, ya sean religiosas, morales o políticas–, al devenir en insólito, desproporcionado e hiperbólico.

Lo hiperbólico

La hipérbole –recurso que recorre toda la obra de Reinaldo Arenas– es la figura retórica de la que se sirve para parodiar la novela de Cirilo Villaverde. *La Loma del Ángel* posee una estructura conformada por tres estrategias narrativas: exordios; desarrollo de lo insólito (ambas dan pie a lo carnavalesco); y, apéndices o epílogos que muestran el mundo interior de los protagonistas: Cecilia, Leonardo y José Dolores Pimienta.[12]

Los exordios se explican de la siguiente manera: cada capítulo comienza con una ubicación, en pocas líneas, de la trama, y cumple una función introductoria, además de que no difiere de lo planteado por Cirilo Villaverde en su novela. La virtud de Arenas consiste en que, a partir de esa mínima introducción, logra llevar a los personajes a circunstancias insólitas, absurdas y francamente cómicas. Un buen ejemplo es el «Capítulo XVII. El encuentro» que comienza de la siguiente manera:

> Las luces de la casa de los Gamboa se habían apagado. Sólo la llama central del fogón, formada por unas cuantas brasas, parpadeaba levemente rodeada de casi todos los esclavos que aprovechaban las pocas horas de la madrugada para dormir, amontonados alrededor del fuego (*LDA*, 69).

---

[12] Estos apéndices o epílogos si bien no dan pie a una escritura carnavalesca, colaboran con ello.

Esta situación no tiene nada de extraordinario; sin embargo, conforme avanza el capítulo, Arenas hace de esa apacible noche una batalla de gemidos, reclamos, insultos, golpes, confusión, escenas de adulterio sugerido, gritos, groserías, estruendos de cacerolas y negros en desbandada. El lector asiste a escenas verdaderamente carnavalescas, en que se disuelve el orden cotidiano por medio de la hiperbolización de las situaciones; es decir, se configura un *caos alegre* a partir de una acumulación de elementos inusitados e incoherentes entre sí.

Muchos son los ejemplos que se pueden citar de lo carnavalesco, pero baste con señalar dos. En el «Capítulo XXIV. La máquina de vapor», recorrido por un sarcasmo sin freno, la situación a la que asiste el lector se convierte poco a poco, por medio de la hipérbole, en un caos incontrolable. La escena consiste en el estreno de una máquina que hará más eficiente la producción de café, pero algo sale mal y comienza a explotar, ante lo cual algunos negros intentan arreglarla, pero salen volando por los aires. Don Cándido exclama que es una treta de los ingleses para devolver a los negros a África, por lo que el resto de los esclavos se trepan a la máquina para regresar a su país; sin embargo, todos acabarán muertos. De manera simbólica, el desastre termina con la intervención del ejército, que destruye a balazos, a petición del patrón (Don Cándido), la máquina.

Reinaldo Arenas tiene así la facultad de llevar los sucesos a un desorden inaudito. Esta escena, en la que si bien los negros no acaban por liberarse, busca ridiculizar a la sociedad cubana terrateniente: progresista en lo material, pero a la vez promotora de la esclavitud. La alegoría radica en hacer del progreso un caos que no libera a nadie ni a nada, al colapsarse y requerir, ante ese carnaval en el que se han borrado las jerarquías y todos han sido presa de la confusión, la intervención marcial para restituir el orden.

El otro ejemplo es el siguiente capítulo («Capítulo XXV. El romance del palmar»), en el que Arenas logra poner en cuestión el canon literario de Cirilo Villaverde. En *Cecilia Valdés*, Isabel Ilincheta y Leonardo Gamboa son parte de una escena típica del romanticismo: los protagonistas en plena conquista amorosa rodeados por la naturaleza. En contraste, en *La Loma del Ángel*, éstos se encuentran también en un flirteo; sin embargo, al avanzar en su trayecto comienzan a caer esclavos muertos a su paso –los mismos que habían trepado a la máquina para huir– y ello provoca que de todas partes surja inesperadamente una desbandada de alimañas[13] que busca saciarse con los cadáveres; la pareja entonces huye despavorida.

De esta manera, Arenas rompe al *pathos* propio del romance, al hacer intervenir cuerpos humanos volando y un ejército de bichos, pero además hace resaltar la frialdad de los blancos, ya que Isabel y Leonardo no huyen al ver caer a los

---

13 «Miles de auras tiñosas, cernícalos, búhos, ratones, culebras, ratas, lombrices, gusanos, cucarachas, moscas y hasta cuadrillas de perros jíbaros los seguían» (100).

negros sin vida, frente a los cuales incluso continúan andando parsimoniosamente, sino que huyen al ser perseguidos por aquel «insólito ejército» (*LDA*, 101).
Más allá, no sobra decir que los muertos pueblan toda la novela.[14] Ahora bien, esta presencia neutra, que representan las decenas de negros que mueren a lo largo del texto, logra poner de manifiesto la insensibilidad de la sociedad cubana blanca y el desprecio que siente por los negros. Pero en contraste, las formas en que mueren son tan insospechadas que mueven a la risa, con lo que se logra la inversión del mundo que señala Bajtín.

Al paso de las páginas, el *status* de señorío de los blancos se ve ridiculizado tanto en sus afanes como en su vida ordinaria. Así, en el «Capítulo XXVIII. La cena pascual», en que se celebra el nacimiento de Jesús, la familia Gamboa y sus invitados asisten a un banquete de proporciones inhumanas; este banquete llama la atención porque a fuerza de comer se da la *degradación* y la *deformación* de los personajes, lo que constituye una forma de lo *grotesco*.

Según Bajtín, en la cultura popular medieval las referencias al cuerpo y a la vida material respondían al ánimo festivo, ya que manifestaban la abundancia y la alegría que no existían en lo cotidiano. Por otra parte, para muchos la *corporización* –representativa en Rabelais– no era más que un fisiologismo grosero; pero esto, para el crítico ruso no es más que una señal de *modernización,* en la medida que implica una perspectiva que sólo es capaz de atribuir tales manifestaciones a la vida burguesa y a su interés material.

Esto supone distinguir entre varios tipos de lo grotesco; así, frente a la *corporización* de la cultura popular medieval, en que la alusión al cuerpo era el principio regenerador, basado en la alegría y la celebración de lo humano, Bajtín advierte otra forma de entender lo grotesco: «En el grotesco romántico, las imágenes de la vida material y corporal: beber, comer, satisfacción de las necesidades naturales, coito, alumbramiento, pierden casi por completo su sentido regenerador y se transforman en vida inferior» (1987: 41).

En forma similar, Arenas hace comer a sus personajes de manera bestial, en un párrafo que merece ser citado:

> En un relámpago toda la mesa se cubrió de una complicada gama de quesos, dulces, bebidas, yerbas, platos célebres, turrones y tazones de porcelana repletos de chocolate hirviente... El frangollo de Bejucal se confundía son el champán francés, los polvorones de Morón con la jijona española, la frutabomba se comía enrollada en el jamón de Westfalia, las guayabas en almíbar eran engullidas junto con los buñuelos y los esturiones se mezclaban con el arroz con leche... Cayeron sobre la mesa yemas dobles preparadas por el mismísimo Florencio García Cisneros, tortillas de maíz, tortas de casabe, sesos de chimpancé nadando en melado caliente, huevos de cagua-

---

[14] En la versión de Arenas, la Loma del Ángel es una loma debido a que el obispo establece a su llegada un cementerio que con el tiempo crece incontrolablemente. La loma es producto de muertos apretujados unos sobre otros y, a la vez, el lugar en el que se ha erigido la Iglesia.

ma confitados, patos en salsa dulce, panales de abeja, tayuyos, membrillos, cañas dulces, camarones amelcochados, panes de gloria, quesos provenzales, higos secos, ancas de rana, haces de perejil, testículos de venado, cabezas de hipocampos... Entrantes y aperitivos, postres y platos fuertes aparecían y eran engullidos en un incesante torbellino que en vez de aplacar estimulaba la gula de los comensales (*LDA*, 111).

El revoltijo del banquete –esa suerte de sincretismo entre la gastronomía ibérica y la insular, así como platillos inusitados– escarnece la voracidad de la familia Gamboa y de sus invitados. Más allá, se puede advertir que lo carnavalesco, en un característico trueque neobarroco, se transfiere también al lenguaje: Reinaldo Arenas hace un carnaval de su escritura.[15]

Por lo demás, después de semejante comida, los personajes se convierten en grandes bolas que ruedan por la geografía de la isla para terminar creando los accidentes topográficos (cordilleras, sierras y montañas).

Si se retoma el «Capítulo XXIV. La máquina de vapor», y se confronta con el «Capítulo XXVIII. La cena pascual», es posible dar cuenta de una oposición típicamente carnavalesca en que se da la inversión del mundo: los negros salen volando, creyendo que van hacia África, y en su vuelo hacen piruetas, tocan tambores y cantan, es decir, adquieren una movilidad inesperada al mismo tiempo que celebran su liberación. En contraposición, los blancos disfrutan un festín y comen por gula hasta perder sus proporciones y convertirse en grandes esferas que ruedan, hasta quedar inmovilizados y convertidos en montes.

Los esclavos vuelan y se liberan, son un elemento dinámico; los poderosos, los amos, ruedan y acaban inmóviles por sus vicios. Los esclavos se rehacen en el aire, en la vastedad de dicho elemento; los amos se convierten en tierra. Unos mueren en busca de su libertad, los otros pierden las proporciones –en sus varios sentidos– y son condenados a un estatismo terrenal. Reinaldo Arenas consigue parodiar y subvertir el poder y los fastos de los blancos, así como el absurdo que representa la esclavitud, a la vez que diluye la solemnidad y la tragedia características de *Cecilia Valdés*; todo ello a través de un refinado manejo de la hipérbole.

No sobra decir que Arenas tiene la particularidad de poner fin a las escenas carnavalescas, también por medios hiperbólicos; es decir, después de desarrollar toda una inversión burlesca del mundo cubano presentado en *Cecilia Valdés,* subsiste la hipérbole, llevada a sus últimas consecuencias. Este original autor hace uso de uno de sus recursos más característicos: el término de lo carnavalesco está dado por un seguimiento desproporcionado de lo que sucede: en el «Capítulo XVI. El Paseo del Prado», la Condesa de Merlín, después de perder la cabellera y perseguir a Dolores Santa Cruz sin éxito, se encuentra en una situación insólita:

---

[15] Resulta imposible omitir que ese banquete recuerda a ciertas páginas de José Lezama Lima (1975: 310-312) y se aproxima a otras de *El reino de este mundo* de Alejo Carpentier.

[...] llevada por las corrientes del Golfo y por las brisas marinas, a la vez que haciendo uso realmente magistral de su poderoso abanico, la distinguida dama entraba una semana más tarde en el Mar Mediterráneo donde [...] arribó a su patria adoptiva por el puerto de Marsella (*LDA*, 68).

Este pasaje pone de manifiesto la subsistencia de lo hiperbólico: los personajes secundarios asisten y cuando no, originan y llevan a cabo sucesos propios de un carnaval, sin embargo, terminan por salir de dicha dimensión, encarnando un rasgo típicamente areniano e hiperbólico por definición: lo fantástico, lo inverosímil, que raya en lo incoherente. Buena parte de los capítulos terminan de esta insospechada forma.

La secundariedad protagónica

Como atinadamente señala Raimundo Lazo en su estudio introductorio a *Cecilia Valdés,*

> lo secundario de muchos de los individuos [personajes] que forman esa multitud tomada de la realidad por el espíritu observador de Cirilo Villaverde, no consiste en la calidad psicológica personal, sino en lo reducido del espacio que se les concede en la obra.

Esta profusión de personajes es lo que permite considerar el quehacer literario del autor cubano del siglo XIX, como una especie de imagen pictórica, ya que en su marcado costumbrismo, parece que ningún estrato de aquella sociedad cubana queda fuera de la novela.

Esta multitud de personajes se traducirá, para Arenas, en un elemento fundamental, ya que hará recaer el peso narrativo en los secundarios, de tal manera que acabarán por encarnar un protagonismo en *La Loma del Ángel.* Al respecto es inevitable aludir de nuevo a Bajtín, ya que advierte que

> Todas estas formas rituales y de espectáculo organizadas a la manera cómica [«fiesta de los bobos», «risa pascual», fiestas agrícolas, etcétera], presentaban una diferencia notable, una diferencia de principio, podríamos decir, con las formas del culto y las ceremonias oficiales serias de la Iglesia y el Estado feudal. Ofrecían una visión del mundo, del hombre y de las relaciones humanas, totalmente diferente, deliberadamente no-oficial, exterior a la Iglesia y el Estado; parecían haber construido, al lado del mundo oficial, *un segundo mundo y una segunda vida* [...]. Esto creaba una especie de *dualidad del mundo* (1987: 11).[16]

Reinaldo Arenas consigue construir esa segunda vida con su re-escritura, a partir de centrarse en los personajes secundarios. Dos son los personajes que

---

[16] Con cursivas en el texto original.

ponen de manifiesto este recurso. El primero es Nemesia Pimienta, hermana de José Dolores Pimienta, que en *Cecilia Valdés* cumple un estricto papel de Celestina entre Leonardo Gamboa y la propia Cecilia; sus apariciones se remiten a colaborar con ese amor imposible. Reinaldo Arenas tiene el acierto de darle un giro a este personaje, incluso esto se hace explícito:

> Ella no había nacido para destacarse, sino para permanecer en la sombra, como esas figuras opacas y brumosas que en los grandes cuadros se disuelven anónimamente detrás de los personajes principales, fungiendo sólo como siluetas, marcando un contraste, una diferencia entre lo importante y el conjunto (*LDA*, 42).

Ante este papel secundario, Arenas logra develar todo un mundo interior en Nemesia Pimienta, caracterizado por un «corazón desmesurado y un deseo aún más desproporcionado y sensual [que el de Cecilia, la protagonista original]» (*LDA*, 43), lo que desemboca en un anhelo desenfrenado de desahogo pasional de tal magnitud que deja de ser importante con quién lo lleve a cabo, sea Leonardo, su propio hermano José Dolores, el negro Tondá, el mulato Polanco o cualquier hombre. Nemesia encarna lo que Reinaldo Arenas subraya en su nota preliminar como la «eterna tragedia del hombre; esto es, su soledad, su incomunicación, su intransferible desasosiego...» (*LDA*, 9).

Nemesia busca desahogarse, liberarse de su tragedia, su amordazamiento, su aniquilamiento, su mudez impuesta, su condición de mero sirviente. Este anhelo de liberación, de plena esencia, se corresponde con la inversión del mundo que recorre toda la novela, se comunica y colabora con lo carnavalesco, y a la vez logra trascender el simple divertimento que provoca, para hacer manifiesta la existencia de Nemesia, su pulsión o eso que la funda al irrumpir, irreverente, en el espacio narrativo originalmente reservado para los protagonistas originales.

El otro personaje que merece ser señalado es el de Dolores Santa Cruz; capturada en África y vendida en Cuba, vive la tortura, el hambre y las jornadas de trabajo de veinte horas. Este personaje representa otra forma de la inversión del mundo, ya que después de una vida de sufrimientos indecibles, logra ahorrar lo suficiente para adquirir su libertad, pero es engatusada por los blancos y sus abogados, es decir, es devuelta a una condición de esclavitud. Así, Arenas concluye: «sólo dos hechos podrían liberarla de esta condena, la locura o la muerte. Optimista, optó por la locura» (*LDA*, 75). Dolores Santa Cruz se dedicará a ir por las calles gritando su desgracia y haciendo disparates. Su aparente locura será su única defensa, su única arma para conspirar. Soportará todo tipo de vejaciones y pasará desapercibida, hasta el momento en que asiste a la hipocresía señorial de la Condesa de Merlín, en El Prado y le arranca la cabellera dejándola calva.

Esta escena se transfigura, gracias a Arenas, en un nuevo *caos alegre,* en un carnaval, dado que la sociedad habanera en pleno se encontraba ahí reunida para admirar a la condesa francesa en su aplomo y garbo, y todo acaba en una persecución burlesca, en una confusión general; las distinciones de la sociedad colonial cubana se pierden, los grandes señores y sus señoras, con sus títulos, son parte de esta ridiculización, que no es más que una fiesta involuntaria provocada por los arrebatos de una presunta loca.

Hasta ese momento es que Dolores Santa Cruz siente «por primera vez en su vida, una especie de liberación. No sólo había humillado a la condesa, sino a toda aquella gente que la quería imitar» (*LDA*, 76). Este personaje encarna la condición de esclavitud que la orilla a elegir pasar por loca, con lo que se convierte en detonador de un acto carnavalesco y en ello encontrar cierta liberación.

El itinerario vivencial y narrativo de este personaje pone en evidencia la trascendencia de la secundariedad como verdadero protagonista en *La Loma del Ángel,* a través de una historia reescrita que se basa en desplantes carnavalescos, que se traducen en un texto cómico, pero sobre todo, en la inversión lúdica del mundo, de las imposiciones sociales y del dogmatismo en cualquiera de sus formas.

El ejemplo más contundente de la resignificación de los elementos que son secundarios en la obra de Cirilo Villaverde, es decir, que cobran una dimensión protagónica y nivel de *sema* en la novela, es el título de la novela misma: *La Loma del Ángel* es la forma en que Cirilo Villaverde subtituló su novela, y esto se debe a que es el nombre del barrio en el que nace Cecilia. Arenas aprovechará este detalle para dar al lector una insospechada explicación sobre el origen de semejante nombre.

El Capítulo VI, denominado también «La Loma del Ángel», hace comprender al lector que si el barrio se llama de esa forma, se debe a la aparición de un ángel; sin embargo, ese «ángel» es el propio obispo Espada que noche tras noche se disfraza (papel que después asumirá el obispo Echerre), y no conforme con ello, hace escarnio de la devoción popular sobre semejante fanfarronada: «Desde muy joven comprendí, leyendo a los padres de la Iglesia, que en materia de apariciones las que mejor se aceptan son las más insólitas y sobre todo las más agradables» (*LDA*, 24). Como si esto no fuera ya suficiente, el obispo Espada se atribuye, sin mayor cargo de conciencia, la paternidad de media Habana, ya que vestido de ángel hace visitas nocturnas a mujeres y hombres que llegan a demostrar una obediencia inusitada ante la supuesta aparición.

Se advierte en seguida que este capítulo es una provocación irreverente y lúdica al dogmatismo religioso propio de la sociedad cubana de la Colonia, y al cinismo de las autoridades religiosas.

Esta específica recuperación de un elemento secundario, el nombre del barrio, pone de manifiesto la gran capacidad que tiene Reinaldo Arenas como escritor de ficción, en la medida en que reitera una de sus convicciones más profundas: la imaginación como fuente de la creación literaria. En relación al capítulo antes descrito, merece señalarse que

> De la misma manera que Echerre se apropia de la obra de Espada [al relevarlo en su seráfica misión], Arenas se apropia de la obra de Villaverde, produciendo, al

sobreponer texto sobre texto, como cuerpo sobre cuerpo en la iglesia [el cementerio], un curioso y divertido palimpsesto (Olivares 1994: 171, véase nota 9).

La Loma del Ángel es un ejercicio de re-escritura basado en los elementos que, en la obra de Cirilo Villaverde, cumplen un papel secundario, pero para hacerlos parte de un nuevo núcleo narrativo.

El incesto

Para Reinaldo Arenas, el tópico del incesto se asoma ya en *Cecilia Valdés*, de tal manera que afirma en la nota preliminar: «Tal vez el enigma y la inmortalidad de esta obra radiquen en que al Villaverde presentarnos una serie de relaciones incestuosas, consumadas o insinuadas, nos muestra la eterna tragedia del hombre» (*LDA*, 9).

Reinaldo Arenas recurrirá de nuevo a una estrategia de hiperbolización para explotar el tópico del incesto, haciéndolo un motivo recurrente de su novela. Así, la serie de incestos, encuentros furtivos, infidelidades y aparentes adulterios, atraviesan toda *La Loma del Ángel*, tanto el texto como el barrio.

Los ejemplos llegan a ser innumerables: desde la populosa paternidad de media Habana del obispo Espada, recién mencionada, pasando por el incesante deseo entre hermanos (Leonardo Gamboa y Cecilia Valdés; Nemesia Pimienta y José Dolores Pimienta; Leonardo y sus hermanas), entre padres e hijos (Don Cándido y su hija Adela; Doña Rosa y su hijo Leonardo; Don Cándido y su potencial nuera Isabel Ilincheta), así como los arrebatos ninfomaníacos de Dolores Santa Cruz; las relaciones furtivas y prohibidas entre blancos y negras (la historia de todas las mujeres de la familia de Cecilia: su abuela Doña Josefa; su madre Rosario, que también enloquece; y ella misma, hasta llegar a insinuarse que ese será el futuro de su hija); o la diversidad de parejas sexuales de Merced Pimienta (el sastre Uribe, el obispo disfrazado de ángel, y su marido el negro Malanga Pimienta) .

La acumulación de incestos, relaciones ocultas, paternidades múltiples, ignoradas o falsas, llevada a su extremo e inverosimilitud, acaba por confundir y borrar las identidades raciales en que se sostiene la sociedad esclavista y de castas del siglo XIX en Cuba.

Mijail Bajtín, al hablar de la cultura popular del Edad Media, señala que «la fiesta oficial [...] tendía a consagrar la estabilidad, la inmutabilidad y la perennidad de las reglas que regían el mundo: jerarquías, valores, normas y tabúes religiosos, políticos y morales» (1987: 15).

Al hacer de *La Loma del Ángel* una historia recorrida por incestos que parecen no tener fin, Reinaldo Arenas da pie a un carnaval de las jerarquías raciales, sociales y políticas, que dividen tajantemente a finqueros y a «sacos de carbón»; a damas y caballeros, y a la servidumbre; a negros y blancos. En este carnaval, todos –tanto grupos y sectores, como individuos– acaban por tener filiación sanguínea de algún tipo (sabida y escondida, o ignorada). Arenas parece decir con un humor alegre e irónico, con un verdadero tono festivo que, finalmente, todos son Cuba.

Del Amor

Como se mencionó en un principio, *La Loma del Ángel* posee tres estrategias discursivas básicas. Los exordios y el desarrollo de lo insólito –que se constituyen en lo propiamente carnavalesco– ya han sido tratados.

Resta hablar de los cinco apéndices o epílogos que dan cierre a las partes de la novela y a la novela misma, que llevan por título *Del Amor,* y que muestran el mundo interior de los protagonistas de *Cecilia Valdés;* para ello es necesario volver sobre la idea de secundariedad y de un *segundo mundo y una segunda vida* (al lado del mundo oficial).

El primer aspecto a señalar es tipográfico, ya que estos epílogos aparecen en cursivas en contraste con el resto de la novela. Más allá, en un recurso típicamente areniano, en tanto desdoblamiento y configuración de un *doble,* los tópicos o rasgos centrales de la escritura de este autor vuelven sobre su propio texto, para darle un sentido polisémico. Así, ese *segundo mundo,* al que alude Bajtín y del que se sirve Arenas para hacer una recuperación de la secundariedad y conformar un discurso carnavalesco, es lo que explica que, incluso de manera separada del *corpus* capitular, se presente al lector otro segundo mundo: el discurrir interior de los personajes que son parte del triángulo amoroso y sus reflexiones acerca *del amor.*

Dos de estos apartados (el primero y el último) muestran la concepción del amor que tiene José Dolores Pimienta, y el proceso por el que pasa ésta. En el primero, el Capítulo XIII, se hace patente la condición de soledad en la que se encuentra el personaje y la profunda desazón de ver a su amada, Cecilia, entregada a los halagos de Leonardo.

Más allá, estas reflexiones interiores dejan ver una profunda inconformidad con el mundo: «Un amor, un gran amor tenía que ser para él, José Dolores Pimienta, un consuelo, un sosiego compartido, una suerte de pequeño, modesto y mágico lugar inmune al espanto y a las humillaciones que lo circundaban» (*LDA*, 52). Asimismo, ese amor tendría la capacidad de superponerse a las ambiciones, las joyas, los palacios y la riqueza. Este personaje, que se debate entre el anhelo y la frustración, llega a la conclusión de que «ante el vasto panorama de soledad y de la desesperación, de la ambición y del crimen, ellos [él y Cecilia], con su pasión, levantarían un muro y a su sombra vivirían –y morirían– juntos» (*LDA*, 53).

Así, este amor vendría a constituirse, en tanto muro, en un *segundo mundo* y una *segunda vida,* que le permitirían una entrega constante e indestructible, y que contendría la opresión cotidiana.

Su segunda reflexión, el Capítulo XXXIV, el último de la novela, es una muestra de desolación y abandono. José Dolores Pimienta se hace preguntas respecto de Cecilia, si pensará en él, si lo comprenderá y lo perdonará, si tendrá otro amor, etc.; y al mismo tiempo contempla la posibilidad de que estén más cerca que nunca, en ese momento de desamparo. Sin más, este liberto llega a una conclusión contraria a la que había expresado antes: «porque un gran amor no es sosiego ni satisfacción, sino renuncia, lejanía, y sobre todo, persecución de que el objeto amado sea feliz aun cuando para ello tengamos que entregarlo a los brazos de nuestro rival... Ahora que he matado a mi rival, lo comprendo» (*LDA*, 140).

Por su parte, Leonardo Gamboa, en el Capítulo XXX, piensa que el amor es violencia desatada, un arrebato, fugaz y efímero. Este personaje posee una visión radical: «El amor, prosigo, es explosión o muerte» (*LDA*, 121), una materialización del instante; por lo mismo, «un gran amor no puede observar ningún tipo de compromiso ni atadura, ninguna ley...» (*LDA*, 123). Para Leonardo el amor es una consagración pasional de los cuerpos, que debe situarse más allá de las reflexiones, es decir, «pasión manifestada, ansiedad descargada, virtud violada, ostentación de estar vivo y triunfante, vanidad, posesión, éxtasis y culminación –espiritual y física– ante el éxtasis de la opuesta vanidad sometida, rabiosa y groseramente sometida, pasando de orgullosa amante a inquieta, temerosa, insegura amada» (*LDA*, 124).

A su vez, Cecilia también reflexiona en dos capítulos acerca del amor, en los que es posible asistir a una evolución en su pensamiento sobre dicha cuestión. El primero, el Capítulo XXII, muestra la idea primaria de la protagonista, que consiste en concebir el amor como un triunfo sobre su pasado y sobre la predestinación que le imponía su sociedad: «Un gran amor debía ser pues una fuga» (*LDA*, 87). El amor vendría a ser una liberación de las condiciones de miseria y de la condena que padecían todas las mujeres de su familia: el engaño, la reclusión y la resignación. La imagen más acabada de ello sería su casamiento con Leonardo Gamboa en la lujosa iglesia de La Loma del Ángel, con lo que pasaría por sobre los prejuicios, leyes e intereses de su sociedad. Así, se imagina caminando hacia el altar el día de su boda, pensando que «[...] con cada paso que daba siglos de escarnio y de injusticia eran burlados... Sí, porque un gran amor era para ella una gran venganza y una liberación absoluta...» (*LDA*, 88).

Cecilia vive oprimida, condenada por un futuro impuesto; por ello buscará por todo los medios casarse con Leonardo Gamboa. Sin embargo, el penúltimo capítulo (el XXXIII) muestra cómo Cecilia termina concibiendo el amor como sangre y sacrificio, porque llega a comprender que resulta imposible someterlo a leyes y normas convencionales, ya que «tenía que ser algo violento, único y breve» (*LDA*, 137). Necesariamente el amor devendrá en ilusión desde la soledad cotidiana, es decir, autoengaño, «porque un gran amor no es la historia de un gran amor, sino su invención [...] porque un gran amor es también la historia de un fracaso o de una pérdida irreparable» (*LDA*, 38).

Cecilia reconoce la naturaleza profunda y trágica del amor, su imposibilidad de ser perenne; comprende lo que en realidad era el amor y por ello «le estaba verdaderamente agradecida a los dioses» (*LDA*, 137).

Sin reeditar un *pathos* romántico, Reinaldo Arenas muestra al lector esa segunda vida de los personajes «principales», que se constituye en un itinerario de reflexión erótica, subjetiva. Estos tres personajes se añaden, desde su secundariedad ontológica (su mundo interno, psicológico), al resto de los personajes que encarnan una *secundariedad protagónica*; es decir, los componentes (personajes, circunstancias, recursos de estilo) de *La Loma de Ángel* se corresponden y comunican para conformar una secundariedad *emergente*, dinámica e indómita, en aras de una liberación total.

La visión del amor es compartida por estos personajes y en realidad atiende a la del propio Arenas, en tanto se corresponde con lo que plantea en la nota preliminar. Así, esta noción del amor se caracteriza por el anhelo furioso de fusión con el otro, un arrebato violento, pasional y efímero, que encuentra su grandeza en la imposibilidad de perdurar. Aquello que el Romanticismo nunca pudo plantearse –el comprender que la concreción de la aspiración al absoluto sólo era posible de manera efímera– se convierte en el *pathos* que da unidad a la novela de *La Loma del Ángel*.

A través de esta novela, Reinaldo Arenas pone de manifiesto una de sus preocupaciones más profundas y expresa, simultáneamente, lo que concibe como la razón última del escritor. Así lo consigna en su nota preliminar al referirse a lo que considera patrimonio del género humano: «[...] y que nosotros, modestos voceros (escritores), reflejamos: la búsqueda incesante de una redención» (*LDA*, 10).

De la unidad carnavalesca

Como se mencionó al principio, *La Loma de Ángel* está recorrida por una voluntad de transgresión. Ésta sólo es posible ahí donde existe algo prohibido. Para George Bataille, la distinción fundamental entre hombres y animales radica en el trabajo. Ahora bien, de manera paralela al trabajo, ha sido impuesta [desde sus orígenes] una serie de prohibiciones –en esencia, respecto de la muerte y la sexualidad– que buscan excluir la violencia, en tanto se la considera como opuesta al trabajo. Por lo mismo, «la transgresión difiere del "retorno a la naturaleza": levanta la prohibición sin suprimirla» (Bataille 2002: 40). Esto es posible a partir de darle un cierto orden a la transgresión [orden que generalmente es proporcionado por la religión]; así, «la transgresión organizada forma con lo prohibido un conjunto que define la vida social» (69).

A lo largo de este ensayo se ha manifestado que la hiperbolización, la construcción de una *secundariedad protagónica* y el tópico del incesto son las vías de transgresión que Reinaldo Arenas utiliza para emprender la re-escritura de *Cecilia Valdés*.

La primera, el recurso de la hipérbole, en tanto establecimiento de una desproporción, desfigura el mundo, es decir, lo violenta. La segunda, la recuperación de la *secundariedad* como protagonista, transgrede el canon literario que procuró Cirilo Villaverde.[17]

Al respecto habría que señalar que un rasgo característico del romanticismo, en términos temáticos, radicó en mostrar la imposibilidad humana de oponerse a un destino, a lo establecido; ello ponía en evidencia tanto la dimensión trágica de lo humano, como la falta de libertad en la vida cotidiana. Arenas retoma esta predestinación [es decir, la forma en que se articula el sistema de prohibiciones], que, en la novela de costumbres, no consiste sino en un código social basado en la diferenciación racial y la jerarquización, para transgredirlo por medios hiperbólicos. Arenas reniega de la férrea solemnidad propia de *Cecilia Valdés* y del romanticismo, por medio de la risa y la parodia.

Por su parte, la tercera vía, el incesto, vendrá a concretar la transgresión más contundente, en tanto –ya se ha dicho– fulmina las prohibiciones en que se basa la sociedad esclavista y de castas del siglo xix en Cuba. Al respecto, es importante señalar que

> Levi-Strauss opone al estado natural la cultura, más o menos del mismo modo que se suele oponer el hombre el animal: eso le lleva a decir que la prohibición del incesto «constituye el proceso fundamental por el cual, pero sobre todo en el cual se funda el paso de la Naturaleza a la Cultura». Habría así en el horror que sentimos ante el incesto un elemento que nos designa como hombres, y el problema que se deriva de ello sería el del hombre mismo, en cuanto añade a la animalidad lo que tiene de humano (Bataille 2002: 205).

Lo anterior ayuda a explicar que Leonardo considere que «un gran amor son dos cuerpos ardientes y ansiosos que se encuentran a través del deseo y al poseerse se transforman en todos los cuerpos amados y odiados; hermana y madre, padre y amigos» (*LDA*, 123). Reinaldo Arenas hace de un delicado tema el motivo de la historia que cuenta y su razón última.

Para Bajtín, el carnaval, en su dimensión medieval, pone de manifiesto una concepción profunda y dual de la vida, proveniente de etapas primitivas, que se caracterizaban por «un régimen social que no reconocía todavía ni las clases ni el Estado, [en el que] los aspectos serios y cómicos de la divinidad, del mundo y del hombre eran, según todos los indicios, igualmente sagrados e igualmente, podríamos decir, "oficiales"» (1987: 12). Esta dualidad constituía la unidad de la «cultura cómica popular de la Edad Media» (22), misma que, con los siglos,

---

[17] Bajtín considera que precisamente en la obra de Rabelais se da una «resistencia a ajustarse a los cánones y reglas del arte literario vigentes desde el siglo xvi hasta nuestros días» (8).

Por otro lado, no está de más advertir que para el crítico ruso uno de los destinos del *grotesco* romántico es precisamente el trazo costumbrista, del que, en Cuba, no existe mayor obra que *Cecilia Valdés*.

dará vida a un lenguaje típico carnavalesco (parodias, inversiones, degradaciones, profanaciones, coronamientos y derrocamientos bufonescos); de esta dualidad se desprende la recuperación de la secundariedad que hace Reinaldo Arenas en su novela; esa recuperación –o si se prefiere, resignificación– no puede ser realizada con tono serio sino expresamente festiva, ya que lo oficial es un ritual solemne y, en contraste, el carnaval es ante todo, una fiesta.[18] Cabe señalar que, por ende, la fiesta en sí misma es ya una confrontación.

Esto conduce a una distinción fundamental: las fiestas oficiales medievales procuraban la estabilidad y el sostenimiento de las reglas que regían la vida y en ellas «las distinciones jerárquicas se destacaban a propósito, cada personaje se presentaba con las insignias de sus títulos [...] tenían por finalidad la consagración de la desigualdad, a diferencia del carnaval en que todos eran iguales» (Bajtín 1987: 15). En oposición, la fiesta, necesariamente pública, estaba en estrecha relación «con los objetivos superiores de la existencia humana: la resurrección y la renovación» (14).

Se puede decir que el ánimo de Reinaldo Arenas, en esta novela, es meramente satírico, es decir, que se opone a un mundo sin incluirse, en tanto que «el autor [satírico] se coloca fuera del objeto aludido y se le opone, lo cual destruye la integridad del aspecto cómico del mundo» (Bajtín 1987: 17); pero de hecho termina por involucrarse como personaje, al grado de compararse con Goya –tal vez por el humor negro– , y ser encarado y cuestionado en su intento literario por uno de los personajes (Leonardo). Más allá, el epígrafe de la novela, «*Ángel de la jiribilla, ruega por nosotros y sonríe*», verso de Lezama Lima, alude a la jiribilla. Este término es cercano al carnaval, en tanto es fundamentalmente burlesco, pero también permite un humor cruel y negro.

La Loma del Ángel invierte el mundo decimonónico cubano, lo hace una fiesta por medio de la hipérbole, lo grotesco y el incesto. Arenas trasciende la sátira en la medida en que borra las desigualdades oficiales entre negros y blancos, y hace ver que la dimensión erótica hace iguales a los seres humanos. El calificativo de sátira es aplicable sólo a lo que dice la historia, no a la creación y la escritura, ya que la razón última de su creación está dada por un ánimo lúdico. Este ánimo lúdico, que explica la propia re-escritura, abre toda una dimensión teatral, escénica, sin llegar a ser propiamente dramaturgia. Según Bajtín, «ciertas formas carnavalescas [...] en razón de un poderoso elemento *de juego*, se relacionan con las formas [...] del espectáculo teatral» (1987: 12). Esto es lo que permite concebir el espacio narrativo –no sólo en su dimensión denotativa– de *La Loma del Ángel* como un carnaval de la escritura.

Así, en el penúltimo capítulo, en plena reflexión amorosa, Cecilia considera: «Porque un gran amor no es la historia de un gran amor, sino su invención. Que

---

[18] Bataille considera también que «en tiempos de fiesta lo que está habitualmente prohibido puede ser permitido, o incluso exigido, en toda ocasión. Hay entre el tiempo ordinario y la fiesta una subversión de los valores [...]» (2002: 72).

esa invención sea absurda, que culmine en burla o violentamente quede trunca cuando más la exaltábamos es requisito elemental para que adquiera la categoría de un gran amor» (*LDA*, 138). Reflexión que pone en evidencia la poética de *La Loma del Ángel*: una estrecha vinculación entre erotismo y escritura, que deviene *caos alegre,* literatura renovada, pero que se da a partir de la transgresión; no es casual que Leonardo considere que el amor es a fin de cuentas una gran provocación.

No es posible omitir, a manera de conclusión, que el principio *regenerador* que Bajtín atribuye al carnaval medieval, en tanto se basaba en «la idea de renovación universal [...] que subsistía y se la concebía como una huida provisional de los moldes de la vida cotidiana» (1987: 13), si bien hoy no puede advertirse en la vida cotidiana, es posible sugerir que existe en la escritura de Reinaldo Arenas; el carnaval se ha ausentado de la vida pública y social, pero Arenas intenta mostrar que la literatura, y en especial su escritura, pueden ser la parodia del mundo, el carnaval que, al invertir la realidad, libera, aunque sea como huida momentánea.

Epílogo

Leer a Reinaldo Arenas implica exponerse a una confrontación. El presente ensayo ha tenido como finalidad mostrar que, en *La Loma del Ángel*, tal confrontación se da en diversos sentidos –que van desde la concepción misma de la creación literaria y el principio de verosimilitud, hasta la identidad nacional cubana– y a través de ciertos recursos –como la carnavalización y la hipérbole– que conforman la intención cómica del texto.

En todo caso, hemos querido hacer notar que *La Loma del Ángel* es igualmente una *secundariedad emergente* frente al resto de la obra de Reinaldo Arenas, pero también *protagónica*, en la medida en que es una re-escritura, necesariamente lúdica, que permite concebir la realidad como metáfora y, a su vez, que la metáfora sea descubierta como posibilidad.

La escritura como rencuentro en *El mundo alucinante*

María Teresa Miaja de la Peña
Universidad Nacional Autónoma de Mexico

Uno de muchos caminos posibles para comprender la obra de Reinaldo Arenas es el de recorrerla prestando especial atención a su pasión por la escritura, ligada ésta en todo momento a la lectura, en tanto constantes obsesivas presentes en cada uno de sus textos de diversa manera, a veces como antecedente, otras como intra o intertexto, y siempre como motivo. Todo ello que en su caso equivale a plagio[1] como sinónimo de autobiografía. Escritura y lectura son, pues, en Arenas parte intrínseca de su vida y, por ende, de su creación literaria, pero no en la forma en que tradicionalmente aparecen o pueden aparecer o influir en la obra de un escritor, sino como elementos que la sostienen y construyen. Según Ottmar Ette, destacado estudioso de Arenas:

> Aunque la obra areniana pueda enfocarse como un solo texto, un solo libro (aún en expansión), puede dividirse, por ahora, en distintos ciclos que serán analizados primero por separado para permitir, en un segundo momento, desarrollar su cohesión interna (1992: 95).

Ciclos que mantienen una coherencia interna a la vez que su característica diversidad, basada ésta principalmente en su sentido polifónico. Cada uno de sus textos a su vez se entrecruza y conforma con ellos una red, un entramado estrechamente ligado al autor y a su vida, tanto en el tono como en la temática.

Como he afirmado en otras ocasiones, pocos escritores como Reinaldo Arenas logran tener la capacidad de hacer de su obra una biografía y de su biografía una obra literaria. En su caso es innegable que biografía y obra literaria constituyen una unidad indisoluble. Esto que pareciera una paradoja no lo es si nos acercamos a ambas como una propuesta escritural, que va variando de contenido, temática o estructura, entre un texto y otro, pero que internamente maneja los mismos recursos y elementos.

Para poder adentrarse en la obra de este escritor es fundamental primero tener en cuenta que toda ella es en sí misma eso, una propuesta, y segundo que su eje es el propio autor. De ahí que como lectores seamos testigos de la forma en que Arenas a lo largo de su obra se transforma, se desdobla, se integra, se multiplica e incluso se difumina, a veces como narrador, otras como personaje

---

[1] Gerard Genette define la *intertextualidad,* como una relación de copresencia entre dos o más textos; su forma más explícita y literal es la cita; menos explícita, plagio; menos aún, la alusión (Genette 1989: 58).

ya sea de su creación o recreación de los de otros autores, para quien no existen ni barreras ni limitantes temáticas, espaciales, temporales, o genéricas.

Él es la materia, el sujeto y el objeto de su obra desde su primera novela *Celestino antes del alba* hasta su testamento literario-autobiográfico, *Antes que anochezca*. Así, vemos como «del alba al anochecer» de su creación Arenas nos regala una coherente y sólida *ars poetica,* para que quienes hemos sido sus lectores asiduos desentrañemos el fino tejido con que ha construido su imagen, mezcla de lirismo y sordidez, de retos y fracasos, de ignominia y desplante, de persecuciones y fugas, de amores y desengaños, pero, y sobre todo, de una pasión por la lectura y la escritura plasmada en su genialidad creadora. Ante esto último lo demás resulta simplemente anecdótico. Si para los atenienses hace veinticinco siglos el antónimo de olvido no era memoria, sino verdad, podemos afirmar que: lo que de verdad queda de Arenas es su obra. O puesto en palabras de Ottmar Ette: «Durante su vida atormentada, la escritura de Reinaldo Arenas se desarrolló siempre nutrida y a la vez perseguida por la memoria. Pero «después que anocheció», tampoco se olvidará su escritura» (1992: 10). Misma que delimitó e hizo propia desde su primer texto hasta el último, aun cuando esto le costara ser marginado, cuestionado, castigado, despreciado en otros niveles, salvo en el de su escritura, nivel en que mantiene una coherencia absoluta de principio a fin. Esto quizá porque en ella van de la mano su vida y sus lecturas y que con ambas conformó el verdadero *corpus* de su «memoria» personal. En coincidencia con Bourneuf y Robbe-Grillet podemos afirmar que: «La manera más simple y más absoluta que tiene un narrador para introducirse en su narración es contar sus memorias o publicar su diario íntimo, de este modo se asegura un lugar privilegiado desde el que podrá tener una vista sobre todo lo que constituye la materia de su narración» (1975: 107). En este sentido, decimos que Arenas escribe o introduce sus «memorias», o su «autobiografía», en sus propios relatos y/o en los ajenos para lograr su objetivo.

Para acercarme a lo anterior, rescato ahora en particular su segunda novela, *El mundo alucinante,* para mí paradigmática, en tanto presenta y representa muchas de las claves que son constantes en su obra y que permiten aclarar su propuesta escritural. Algunas de éstas, casi todas, de hecho, aparecen desde *Celestino antes del alba;* sin embargo, en ésta, su primera novela, el lirismo pesa más que la propia escritura, ya perfilada a lo que habrá de devenir en su obra, haciendo del relato un delicioso *divertimento*, pleno de poesía y candor en el que las memorias de la infancia placentera, miserable y dolorosa, se confunden con el juego imaginario con el primo Celestino, *alter ego* primario y semilla de los múltiples subsiguientes, y del ejercicio de escribir, como escape de la realidad familiar, social y anímica circundante.

Sin embargo, es a partir de *El mundo alucinante* que Arenas se consolida como escritor y define su propia poética. Basada ésta ante todo en su presencia, como narrador-actor, sujeto-objeto dentro del texto; segundo, por la construcción de un proceso escritural a partir de una estructura polisémica en la que se diluye la línea divisoria entre lo verdadero y lo verosímil del hecho narrado; y tercero, por el predominio de la intertextualidad, como producto de sus múltiples y compulsivas lecturas.

Toda la obra de Reinaldo Arenas va a la par de su autobiografía[2] y refleja, lo mismo que su vida, la bitácora puntual de sus lecturas. Cada una de sus novelas lleva dentro y detrás de sí misma otro texto que ha sido devorado por Arenas, lector-plagiario profesional, que lo revierte o transforma en un escrito sobre sí mismo y su entorno, sea éste familiar, emocional o político. Así, a partir de lo leído, el autor construye su propio texto totalmente distinto pero nunca ajeno a sus orígenes y absolutamente circunscrito en él. De dicho proceso surgen los personajes que Ette ha identificado como producto de un «travestismo literario» y que finalmente son en esencia el propio Arenas. Sobre ellos escribe, narra sus acciones, refleja sus sentimientos y, además de darles vida propia, «vive» a través de ellos. De ahí que aunque sus relatos nos remonten a otros totalmente ajenos a él en todos ellos aparezcan como ineludibles sus recuerdos de infancia, familia, miedos, gozos, soledades, deseos, vivencias, frustraciones, angustias, obsesiones, todos ellos en muchas ocasiones más propios de un pequeño guajiro de Holguín que del personaje protagonista del relato, como lo consigna Liliana Hasson en su entrevista al autor:

> Mi niñez es el único mundo del que todavía tengo un recuerdo vital y es el que me hace escribir; es como una fuente casi inagotable de recuerdos, terribles algunos y muy bellos otros, pero de todos modos son la materia prima desde la cual yo he construido los libros que he escrito. Mi niñez es un mundo muy humilde en un ambiente campesino; vivíamos en un campo en los alrededores de una provincia que se llama ahora Holguín, un campo totalmente primitivo donde no conocíamos ni la luz eléctrica ni el agua corriente ni los servicios sanitarios ni nada de eso, y en ese ambiente absolutamente primitivo yo me crié hasta los doce años. Mi madre es quien me enseñó a leer y a escribir (1992: 35).[3]

Escritura-lectura e incesto como un todo indisoluble que atraviesa su obra en la cual poco importa la diferencia entre un personaje histórico, como es el caso de Fray Servando, o uno literario, como en el de Cecilia Valdés en las novelas del llamado «ciclo con "pretexto" explícito», según Ette (1992: 96), o de la creación de personajes, llámense Celestino, Fortunato o Héctor, nombres

---

[2] Para Liliana Hasson: «La biografía de Arenas es "casi-ficcional", y tiene, por supuesto, una función para sus textos literarios: es un intertexto al que puede (y debe) recurrir el lector» (Ette 1992: 111-112).

[3] Liliana Hasson comenta en su artículo «*Antes que anochezca (Autobiografía)*: Una lectura distinta de la obra de Reinaldo Arenas»: «Su infancia se desenvolvió sin libros, sin escuela casi, pero la consideró como 'el momento más literario' de su vida, por la magia y el misterio; infancia poblada de mitos, donde destaca la figura de la abuela. Las primeras novelas de la Pentagonía y otras más evocan ampliamente el mundo familiar» (Ette 1992: 166)

que, asimismo, connotan personajes canónicos. Con ello la mimesis consigue
validar lo expresado en el texto gracias a su ingenio como escritor-lector-plagia-
rio y convertirlos en *alter egos* literarios. De ahí que constatemos que no existe
un solo escrito suyo en el que su tejido vital esté ausente. Tal pareciera que en
Arenas, el referente único y constante, parafraseando a Ortega y Gasset, es «él y
sus circunstancias»,[4] que pueden ser literarias, cotidianas u ontológicas, lo cual
no importa mientras sean parte de su proceso de escritura, siendo ésta, por
supuesto, la más importante de todas.

Ottmar Ette señala que: «Mediante el entrecruzamiento intencional de distintos textos, Reinaldo Arenas pone en movimiento una máquina narrativa que
convierte a los textos mismos en productores de sentido (potenciales porque
falta todavía el lector)» (1992: 127). Máquina narrativa compuesta por los
diversos elementos que hemos mencionado a lo largo de este análisis y que son
constantes en su obra, a grado tal, según el crítico, que la considera, como antes
mencionamos «un solo texto, un solo libro (aún en expansión)» (Ette 1992: 95),
a lo que yo añadiría «siempre en expansión», en tanto en cada lectura se vuelven a atar los cabos y a descubrir nuevos entramados. Con ello Arenas nos mantiene atentos a su proceso de escritura, mismo que resulta absolutamente abar-
cador, ya que no se trata en su caso de centrarse en la particular anécdota narrada
sino en la trama total que refleja su ser en su obra.

En el caso concreto de *El mundo alucinante,* éste se subdivide en dos textos,
que a su vez ponen «en contacto a dos personas reales y a dos autores»: «el
texto de referencia del fraile y lo que, por el momento, podríamos llamar el
"texto autobiográfico" de Arenas» (Ette 1992: 95-96). En esta novela el autor
usurpa o decide compartir nada más y nada menos que las *Memorias* de Fray
Servando Teresa de Mier, dominico y prócer independentista de la Nueva España, cuya vida de persecuciones y fugas apenas supera su invaluable ideario político. Acto consciente «de lo que significa verter el yo en una construcción retórica» como «necesaria mediación de la representación textual», en el sentido
expresado por Sylvia Molloy (1996: 22), así que las *Memorias* de Fray Servando en la lectura, primero, y en su escritura, después, no son ya las del fraile sino
las de éste y Arenas. Como lectores podemos reconocer elementos, recursos,
citas y acciones, pero no podemos atribuírselos a uno u otro. Para Arenas, como
él mismo asevera casi al inicio de su novela, «lo más útil fue descubrir que tú y

---

[4] Andrea Pagni comenta: «En la obra literaria de Reinaldo Arenas, la frontera entre lo real y lo
fantástico es borrosa. Lo mismo sucede también con *Antes que anochezca* , un testimonio incompa-
rable sobre un periodo fundamental de la historia de Cuba, que contribuye a la comprensión de
nuestra época, valiosísimo documento sobre un escritor y sus circunstancias; una autobiografía intelectual en la que el autor revela sus admiraciones literarias, desde *La Ilíada* , la obra que tal vez haya
influido más en *Otra vez el mar* y también en *Viaje a La Habana* por los temas y la estructura –divi-
sión en "cantos", en "viajes"– hasta *Las mil y una noches,* su libro de cabecera en los últimos años»
(Ette 1992: 172).

yo somos la misma persona» (*EMA*, 9),[5] a partir de lo cual el desdoblamiento es total. Uno y otro personaje son el mismo, y ambos textos, el histórico y el literario les pertenecen indistintamente. Al respecto, Roberto Valero afirma: «Extrañamente, obra y vida se fueron uniendo hasta confundirse. Las atrocidades que sufre Fray Servando en *El mundo alucinante* le suceden de forma insólita a Reinaldo» (Ette 1992: 29). La novela de Arenas es entonces bitácora de vida y de viaje del fraile, y ambos fungen a la vez como el punto de partida y el intertexto de la novela, o puesto en palabras de Otmar Ette, en «el pretexto explícito» (1992: 96), ya que el autor «se siente identificado, esto es, involucrado, en la historia que narra en *El mundo alucinante*» (Molina 2002: 206), por estar basada su novela en la vida de ese inquieto y aventurero personaje, por la empatía que tiene el autor con el fraile; y, por los destinos paralelos que parecen compartir el personaje histórico y el autor. Estas dualidades de acción, de protagonistas y de sustento textual son otro de los aspectos fundamentales de la obra de Arenas, para quien la unidad sólo existe a través de la dualidad, de la posibilidad y de la presencia del *alter ego*, del otro, en quien se desdobla para poder ser, y para poder liberarse.

Con ello el autor logra la absoluta construcción y deconstrucción del relato en cuatro aspectos que contribuyen en forma especial a su conformación: el del desdoblamiento, el de la metamorfosis, el de las apariciones y el de las alucinaciones.

El desdoblamiento constituye un aspecto esencial en la obra de Arenas, en tanto está presente en todas sus novelas y cuentos. Cada uno de sus protagonistas tiene un *alter ego*, que a su vez lo es del propio autor, reflejado en la obra. Este otro «yo» o necesariamente se encarna en otra persona ya que asimismo puede ser un animal, una planta o, incluso, un objeto. En ocasiones alguien amigo y en otras enemigo, alguien afín o antagónico. De ahí que podamos afirmar que éste es un elemento constructor básico en la obra areniana, que además suele aparecer hiperbolizado al repetirse permanentemente y en distintas formas a lo largo de ella, como vemos en el siguiente fragmento:

> Ahora el fraile estaba junto al fraile. Había llegado al punto en que debían fundirse en uno solo. Estaban a oscuras, porque la esperma de la vela ya hacía rato que se había derretido y evaporado. Tanto era el calor. El fraile se acercó más al fraile y los dos sintieron una llama que casi los iba traspasando. El fraile retiró una mano. Y el fraile también la retiró. De manera que ambas manos quedaron en el mismo lugar. Horrible es el calor, dijeron las dos voces al mismo tiempo. Pero ya eran una. El fraile, solo, empezó de nuevo a pasearse por la celda (*EMA*, 63).

La metamorfosis como recurso se presenta mediante la adopción de un disfraz por parte del protagonista, en cuyo caso es artificial, y en otros momentos

---

[5] Arenas (1997) En adelante, *EMA*. A partir de aquí todas las citas referentes a este texto serán de esta edición.

mediante un cambio vivido dentro de las múltiples experiencias imaginativas o alucinantes del protagonista. Ambas situaciones aparecen hiperbólicamente reiteradas
en el texto. La primera le sirve para sus incontables fugas, como una especie de
máscara, en el sentido que la describe Bajtín como «negación de la identidad y
del sentido único, la negación de la estúpida autoidentificación y coincidencia
consigo mismo; la máscara es la expresión de las transferencias, de las metamorfosis, de la violación de las fronteras naturales [...] la máscara encarna el
principio del juego de la vida, establece una relación entre la realidad y la imagen individual» (Bajtín 1971: 41). Máscara que, en la obra de Arenas, es producto de su escritura:

> Voy disfrazado. Me he convertido en un médico francés que ha muerto. Soy el doctor
> Maniau. Ya yo no soy yo. El doctor Maniau con dos lunares en los ojos (y una cica-
> triz encima de la nariz); mientras una niña mira hacia las nubes la otra baja hasta el
> suelo. Yo, sin que me reconozca ni la madre que me parió (*EMA*, 103).

La segunda, el cambio en la imaginación, de mucho mayor sentido en el
texto por lo que implica de fantástica, imaginativa y alucinante: «en toda tú, oh
Pamplona, no se oye hablar más que de esa criatura del infierno, que a la vista
de todos pudo transformarse en ave, en pez, o en agua intranquila» (*EMA*,107).
Sin duda este tipo de evasiones son las más comunes en la novela y además se
repiten una y otra vez. Así vemos al fraile salir ileso de los aludes masivos de
cadáveres, ratas, alacranes, chinches, piojos, o ejércitos de soldados, mendigos,
prostitutas, etc., que tratan inútilmente de atacarlo, encarcelarlo, o destruirlo.
Por lo que nos damos cuenta de que el mecanismo es otro, de que ellos aparecen
como figuras hiperbolizadas, símbolos de una situación de peligro más dentro
de lo imaginativo que de lo real. Situación que se hace extensiva a otros personajes en el relato: el fraile que se convierte en rata; el joven que ante los ojos del
azorado fraile pasa a ser el anciano rey de España; el Orlando de Virginia Woolf,
hombre y mujer a la vez, «bella y rara mujer»; León, su perseguidor y fiera;
Cornide y Filomeno, blancas y mansas ovejas, entre otros. Con ello lo que se
crea es una atmósfera fantástica, en la cual todo lo que sucede oscila entre lo
verosímil, de lo que se parte, a lo inverosímil, a lo que la imaginación permite
llegar como en un viaje de alucinaciones sin fin. Esto le da un carácter distinto a
cada episodio, a veces trágico, otras macabro, otras carnavalesco, y otras, absolutamente festivo.

> Y te lanzaste por la borda, y un coro de dorados te rodeó cantando y vinieron las agu-
> jas y los peces de caras extrañas.
> Y una caravana de delfines te olió y quiso llevarte hasta el fondo. Pero tú entonces
> no fuiste más que un pez, y ya no pudiste admirar aquellos juegos (*EMA*, 54).

Otra forma de confundir es la de tomar al protagonista por una aparición, ya
sea ésta diabólica o celestial. Esto sucede también en forma hiperbólica y es

recurrente en la novela por lo que consideramos relevante su uso en el texto. Así, cuando el fraile se «aparece» lo hace generalmente por el aire, causando sorpresa y atemorizando a los que lo ven.

El arzobispo lo vio llegar montado sobre una escoba en llamas y por poco da un grito. Pero en seguida pensó que aquello no eran más que tentaciones del demonio para obligarlo a demostrar su debilidad ante las escobas –fray Servando se bajó del vehículo (pues como tal lo había usado) y el Arzobispo, sin poderse contener, dio un grito– (*EMA,* 38).

Estas apariciones repetidas una y otra vez, e hiperbolizadas por lo mismo en su esencia y función, contribuyen a la creación del ámbito fantástico y mágico que corresponde al protagonista de la novela.

Otro motivo recurrente en esta novela de Arenas es el de las alucinaciones, sin duda, un auténtico hilo rector en particular del relato que nos ocupa, gracias al cual el autor logra la conformación de un mundo *sui generis* a partir de un conglomerado de alucinaciones que a su vez proyectan una visión alucinante del material narrado, en el cual se conjuntan personajes, lugares y épocas, reales o imaginarias, que el autor convierte en íconos o símbolos de su vertiginosa experiencia vivencial en el texto.

De las muchas alucinaciones que se dan en la obra destaco las tres que considero estructurantes: la de la entrevista de Fray Servando con Borunda, antes de su sermón guadalupano; la de la visita de Fray Servando a los jardines del rey, acompañado por éste, en la que describe las tierras del amor; y la del Palacio Nacional, en la que, junto con Heredia, presencia la gran procesión. Entre el paso de una y otra, el relato va adquiriendo fuerza *in crescendo,* y las hipérboles van aumentando tanto en cantidad como en calidad o intensidad.[6] El fraile, por su parte, se va desprendiendo cada vez más de la realidad y va entrando a una dimensión totalmente distinta, más inverosímil, imaginativa y, sobre todo francamente alucinante. Entendido esto último como una experiencia de sensaciones subjetivas que propician ofuscamientos y engaños.

Yo dudé y entonces Borunda abrió más la boca y metió toda mi cabeza dentro de ella, y así pude ver su campanilla rodeada de murciélagos que volaban desde el velo del paladar hasta la lengua, se posaban sobre los dientes dando chillidos suaves y luego se perdían alejándose en lo más oscuro de la garganta, donde se colgaban a las paredes del paladar y se quedaban dormidos al son del resuello del dueño de la vivienda, resuello que algunas veces era tan fuerte que los despedía hacia fuera por las ventanas de la nariz (*EMA,* 34).

---

[6] Para Bajtín, «La exageración (hiperbolización) es efectivamente uno de los signos característicos de lo grotesco» (1971: 276) y, muchas veces éste consiste en exagerar algo negativamente, o mejor dicho, algo negativo que no debería serlo, pero que al aparecer hiperbolizado gana en riqueza, color, o elaboración. Esto es precisamente lo que ocurre en la novela de Arenas.

Todas estas alucinaciones aparecen hiperbolizadas en el texto y es gracias al aprovechamiento de este recurso retórico que el autor logra exagerar un hecho o una acción determinada y, con ello, que éste pierda todo contacto con la realidad, para ir adquiriendo una serie de nuevos matices y características, a veces de verosimilitud y, en otras, plenamente fantásticos o imaginativos. Así nos ofrece una visión del personaje que no sólo deja de ser «histórica», «real» o «verdadera», sino que además se convierte en auténticamente alucinante, como lo pregona el título de la novela. Es gracias a la hipérbole, al aprovechamiento de esta figura retórica, que el autor transforma el material histórico que le sirvió de base y sustento al «arrojarlo más allá» y «sacarlo de sus límites» para con ello generar un nuevo texto, el literario.

Por otra parte considero que las alucinaciones más tremendas del Fray Servando de Arenas son sin duda aquellas en las que vivencia las persecuciones de que fue víctima, las de su imaginación, sus pensamientos y su conciencia. Por ello en estas alucinaciones encontramos los mejores ejemplos del uso de la hipérbole en su novela, como recurso tanto desde el aspecto estructural como del ideológico, y sobre todo del escritural. En el primero vemos cómo el autor rompe y multiplica las voces narradoras y, por ende, su efecto de resonancia y credibilidad. En el segundo, apunta a los aspectos conformadores de la figura de Fray Servando como protagonista de la novela y por ello se relaciona con su vida, sus avatares, su personalidad, y su ideología. Esta última tanto en lo religioso, como en lo político y social. Todo ello presente siempre en el texto en tanto es parte del sustento histórico que sirve de base al autor para su novela, quien se obsesiona tanto o más, si esto pudiera ser posible, que el personaje, en la lucha contra la opresión, la injusticia y la búsqueda de la libertad.

Dicho proceso de evasión del personaje se manifiesta de tres maneras en la novela: la persecución, el encierro y la fuga.

La persecución constituye el elemento de impulso que permite desatar la acción del relato, el arranque, a veces real y a veces imaginario, pues no podemos negar que muchas de las persecuciones que sufre el fraile son producto de su paranoia. Es por ello que se manifiesta en forma de enemigos reales, en fantasías, e incluso en la propia naturaleza que lo invade y acosa, a través del clima, la geografía, las plantas, los animales. Así vemos, por ejemplo, cómo los alacranes lo persiguen: «Ya te suben por las piernas llenas de hojas. Ya te rozan las nalgas... Estás en medio del arenal, llorando» (*EMA*, 16).

Asimismo, son tres los ámbitos que operan como abarcadores de una visión del mundo global en el que se mueve el protagonista: la corrupción, la traición y el egoísmo. Estos ámbitos, que contribuyen a su paranoia, como sabemos están siempre presentes en toda la obra de Arenas, pero adquieren en esta novela un sentido mayor, merced a la similitud que él establece con el personaje histórico, otro obsesivo paranoico. De ahí que haga suya la punzante cita del fraile en sus *Memorias*, refiriéndose a sus enemigos:

Poderosos y pecadores son sinónimos en el lenguaje de las escrituras, porque el poder los llena de orgullo y envidia, les facilita los medios de oprimir y les asegura la impunidad. Así la logró el Arzobispo de México, D. Alonso Núñez de Haro, en la persecución con que me perdió por el sermón de Guadalupe [...] (*EMA*, 40).

Ese mundo corrupto de «poderosos y pecadores» de las *Memorias,* queda plasmado en el texto de Arenas gracias a la descripción de ambientes miásmicos hiperbólicamente sucios y degradados, de personajes amorales que abusan de su poder, político o eclesiástico, o de su condición social, por lo que se dedican a oprimir a los demás, a robar o a matar, pero sobre todo a coartar a todo el que pueden, que en el caso de la novela invariablemente es el protagonista. Así lo vemos huir de distintos acosos, desde el de Raquel, la judía melosa que quiere matrimonio, considerado éste por él como la peor de las prisiones posibles (*EMA,* 117), hasta el de la persecución por razones ideológicas o de acoso:

Y he aquí que toda una cuadrilla de alguaciles te persigue ya desde muy cerca. Y he aquí que huyes por toda la calle y un nuevo escuadrón te sale al paso. Oh, Pamplona, ciudad medieval (*EMA,* 106).

Frente al protagonista los demás representan personajes miserables, criminales, traidores, prostituidos de distintas maneras, con conductas siempre más animales que humanas o, por lo menos, de mucha menor nobleza y dignidad.

Por su parte, el encierro es el elemento que debiera ser determinante por ser aparentemente «lo ineludible» en su vida, y, sin embargo, éste adquiere en el relato valor de acicate para la búsqueda de libertad. Canto más imposible y difícil de eludir, más propicio para la evasión. Además de que, como una constante, vemos al «protagonista» en todas las celdas ávido de leer y escribir, es decir, de liberar la mente a través de la lectura y la escritura, como única forma de escape real. Así lo encontramos, desde su infancia hasta su vejez, siempre oprimido, constreñido, sujeto: encerrado por el maestro gachupín en el servicio «¡Con tanta peste!» (*EMA*, 12); atrapado por la mata de corojos que lo atraviesa con sus espinas impidiéndole huir (*EMA*, 13); en su adolescencia: «De modo que caíste en el veneno de la literatura y revolviste polillas y papeles sin encontrar nada» (*EMA*, 29); «en la celda del convento donde ahora estoy más que preso: humillado. [...] Lo más terrible es que El Provincial no me ha dejado ni un libro, ¡y qué puedo hacer yo preso y sin un libro!» (*EMA*, 41); «Dos meses van que estás en esa celda. Preso. Que bien te lo mereces por provocar la ira de tus superiores» (*EMA*, 41); en San Juan de Ulúa circundado por el agua ante una «sombra con una vela» (*EMA*, 43); preso en el barco y totalmente encadenado (*EMA*, 45 y 48); en Las Caldas durante cuatro años, metido en un horrendo calabozo, en el que pululan las ratas, y él sólo deseando escribir, como le confiesa a la «aparición del fraile visitante» (*EMA*, 55-56); a sabiendas de que: «Ay, qué suerte la mía, qué destino éste de andar siempre de reja en reja, sin escape posible [...] Espero que esta prisión sea lo peor» (la judía Raquel desea obligarlo a casarse con ella) (*EMA*, 116-117); «Allí [en Madrid] me metieron en un calabozo tan bajo que sentado tocaba, con las manos abiertas el techo, y donde las chinches eran tantas que cuando entré no vi el jergón, sino una montaña de chinches que lo cubría todo... [luego otra más pequeña]» (*EMA*, 141); «Solo, emparedado entre aquella celda que no era celda sino tumba en vida, no sentiría siquiera pasar el tiempo, pues carecía de lecturas y de hojas de papel para escribir» (*EMA, 142-143*); «preso perpetuo en la cárcel de Los Toribios en Sevilla» (*EMA*, 145); encadenado literalmente hasta las pestañas (*EMA*, 147-153); en los Estados Unidos: «Y caímos prisioneros. ¿Qué es caer prisionero de un ejército realista, enfurecido y hambriento? Es caer en el mismo infierno» (*EMA*, 178); «Y al cabo de tres años de estar en aquella prisión supe que ya en España había sido suprimida la Santa Inquisición, [...] pero el gobierno de México me miraba como a un enemigo peligroso y no estaba dispuesto a soltarme después de tanto batallar por mi captura. Y fui transportado, a golpes de puntapiés, que nunca olvidaré, a una helada celda de Veracruz. Casi tocando el mar» (*EMA*, 180); «Por la puerta principal y escoltado por todo el ejército real, salí de nuevo prisionero para España, pues me temía tanto el Virrey... ya me esperaban los verdugos para matarme...». La Cabaña en el puerto de La Habana (una subterránea prisión de una cárcel marítima), «haciendo retumbar mis grilletes y soltando enormes alaridos» (*EMA*, 181). Vemos cómo todo a su alrededor constituye encierro. Sea éste psicológico, biológico, físico, político o moral.

El mundo alucinante es, sin duda, la novela de liberación y fuga por excelencia de Arenas; sin embargo, a pesar de que lo es, hay que reconocer que toda su obra está permeada del tema de la evasión, como también lo estuvo su vida, haciendo asimismo de él un ente eternamente inasible, un gran trasgresor de la realidad y su entorno, un artífice del «arte de la fuga».

La novela deviene por ello en una especie de creación a la vez literaria y musical, como una composición que gira sobre un tema y su contrapunto repetido, un *ritornello*, a lo largo del relato, en forma además polifónica (gracias a las voces del yo, tú, él). Toda ella parece ser producto de una gran huída apresurada en la que el personaje sólo se detiene cuando es obligado a hacerlo por parte de sus perseguidores, acción que lo impulsa a su inmediata y subsecuente fuga. Inasible eterno, gran trasgresor de los límites, buscador perpetuo de la libertad, el Fray Servando de Arenas, al igual que el histórico, vive en una fuga permanente desde su infancia hasta su muerte, y en un irónico juego aún después de morir, como lo consigna la nota sobre el legendario destino de su «momia». Nadie, ni su familia, ni la comunidad de Dominicos, ni la Iglesia, ni el Rey, ni las ideologías independentistas, ni el amor, ni la amistad, ni la muerte, tienen poder para sujetarlo, mucho menos lo pueden lograr los muros, calabozos, cadenas, rejas, jaulas, murallas o fortalezas físicas o morales con que pretenden circunscribirlo. Incluso, por qué no, huye de sí mismo, de su pensamiento y su ansiedad, al refugiarse en la lectura y en la escritura, al igual que el propio Arenas, únicos espacios de verdadera libertad para ambos, y a las que paradójicamente llama el fraile: «el pozo sin escapes que son las letras» (*EMA*, 32), en el cual se encuentra instalado en un permanente estado de soledad, insatisfacción y búsqueda.

> Y te retiraste solo, como te has de ver toda la vida: siempre en busca de lo que huyes. Pues bien sé yo que tú deseas lo que rechazas. [...] Por eso echaste a correr: pues bien sabes que la maldad no está en el momento que se quiso disfrutar, sino en la esclavitud que luego se cierne sobre ese momento, en su dependencia perpetua. La infatigable búsqueda, la constante insaciedad de lo encontrado... Y saliste huyéndote más que huyendo. Y te decías «estoy salvado», «estoy salvado». Y estabas salvado por primera vez, que es ya estar salvado para siempre (*EMA*, 26).

Escapista innato, Arenas encuentra en su *alter ego*, Fray Servando, lo que para él constituye el verdadero sentido de vida, de existencia. Lo que lo hace convertirse en un auténtico maestro del «arte de la fuga». De ahí que veamos al protagonista librarse de los castigos del maestro gachupín cuando se evade dando un brinco y emitiendo un chillido tal que rompe con la cabeza las tejas y se eleva más allá del techo (*EMA*, 12); de su madre al escapar por la cerradura cuando se corta las manos y las siembra. «Huyen. Huye. Huye» (*EMA*, 13); de los alacranes «Has echado a correr y los alacranes han alzado el vuelo y ya te arrancan los tallos. Ya te descapullan. Ya te desprenden las hojas. Ya bajan hasta las raíces» (*EMA*, 16); «Entonces, con más furia, abría los libros y me ponía a dar brincos en la celda [...]» (*EMA*, 31); «Así que no temas y da gracias por estar encerrado [...] pues dice que tienes idea de escaparte. [...] Así que ya sabes: saldrás preso para España durante toda la vida (aun cuando te rebajen la pena), pues España es toda una gran Prisión» (*EMA*, 42); «y se trepó a la pared de agua [...] a clamar por un pedazo de papel y una pluma [...]. Escribir en medio del infierno acuático. Escribir. Dejar que todas las ocurrencias le salieran de la cabeza. No desperdiciarlas como ahora en que las ideas iban y venían y se difuminaban entre la oscuridad de la prisión» (*EMA*, 43-44); «Pero enseguida me llené de esperanza y empecé a tantear por todo el piso y las paredes, tratando de localizar la hendidura por donde había entrado y escapado el animal [cangrejo], con la idea de ver si yo podría también escaparme por allí, pues tan flaco estaba que no tendría más dificultad en deslizarme que las que tuvo él» (*EMA*, 45); «Sucedió que ya casi tocando las costas de la *sucia* Europa, un viento contrario viró las velas y en menos de un mes vinimos a parar a las costas de México» (*EMA*, 48); «y empecé a comerme las cadenas con tal de echarle algo a mi estómago. Y me las comí. Y de esa manera quedé libre» (*EMA*, 49); «y me dediqué a morir mientras tragaba agua y agua. Tanta que inflado como un globo, vine a salir a flote. Y vomité las cadenas» (*EMA*, 49); «montado en el lomo de una ballena llega al puerto de Cádiz» (*EMA*, 53); salir de Las Caldas gracias a alfombra de ratas y vuela por ventana, «colgado de un paraguas viaja por las nubes» (*EMA*, 62 y 65); de ahí a Valladolid y luego a Madrid (*EMA*, 70-71 y 77); huir por razones políticas (*EMA*, 75); saltar por la ventana en su huída hacia Pamplona por la «puerta de Cataluña» y la «puerta de Fuencarral» de donde huye hacia (*EMA*,102-103); «Pamplona, ciudad amurallada» [...] Pamplona: lugar donde la huída parece cosa irrisoria (*EMA*, 105); «Oh, Pamplona, dentro de ti todo está tan en retiro y todo es tan repetido que estas repeticiones se han convertido en leyes inalterables. Por eso nadie puede creer que sean ciertas las andanzas de este fraile que ahora salta por sobre los tejados, atraviesa siete alji-bes y corre por todo el paseo de La Taconera, encaramándose sobre la muralla y lanzándose con gran urgencia sobre las aguas que lo incomunican. [...] Y en toda tú, oh Pamplona, no se oye hablar más que de esa criatura del infierno, que a la vista de todos pudo transformarse en ave, en pez, o en agua intranquila. [...] Y sucedió que el fraile fue despedido por los aires [...]. Y así fue que en ese atar-decer, el pueblo aterrorizado de Pamplona vio a la figura del fraile cruzar, como una centella de fango, por toda la ciudad. [...] Oh, Pamplona, que viste cruzar al demonio por sobre la cabeza de tus hijos y sólo pudiste recoger sus inmundi-cias, de las cuales ahora estás salpicada» (*EMA*, 106-107); «Antes de la madru-gada pude escabullirme de las manos de León y dejar la villa de Madrid. Así me interné en Agreda y luego salí por Cataluña, [...]» (*EMA*, 108); «Y ahora ya vamos internándonos más en Los Pirineos [...]» (*EMA*, 108); «Y al momento, la jaula pareció soltarse de sus amarras y comenzó un descenso vertiginoso» (*EMA*, 117); Jaula dentro de otras dos mil más, aplastadas por montañas de vidrios, que se sentían como millones de alfileres (*EMA*, 119); de Burdeos a París, en donde: «Huyéndome tal vez fue por lo que recomencé a visitar los salones, los palacios, los sitios oficiales de aburrimiento de la nobleza» (*EMA*, 125). Y es en esas reuniones, en el famoso salón de Fanny (Mme Recamier), donde Fray Servando conoce:

> [...] al joven Alejandro el *barón*. Humboldt constituyó el plato fuerte del salón. En un francés muy fluido y claro habló de todo y con gran conocimiento, pero sin alarde. Conoce a la América mejor que la mayoría de los americanos, y sus ideas políticas son de las más avanzadas. Muchos se estremecieron cuando dijo: «La América espa-ñola está madura para ser libre, pero carece de un gran hombre que inicie la mar-cha». Y el joven Bolívar [...] lo escuchaba muy atento y se le notaba exaltado (*EMA*, 128-129).

Ejemplo de su pasión por la libertad queda claro en el siguiente fragmento, nueva versión del hecho anteriormente narrado, donde apreciamos aún más cómo en contacto con Humboldt, el fraile experimenta una profunda proyección sentimental hacia América:

> El joven Alamán me ha presentado a este otro admirable joven, que es Humboldt. Hemos hablado toda la tarde aquí, en la parroquia, y, ya oscureciendo, salimos a dar una vuelta en el coche del barón. Hemos vuelto a la América. Estás allí,

conversando con la naturaleza y con la vida de la gente. Tocas las cosas. Cuando el barón olvida un detalle, tú te precipitas a recordárselo... Hablamos de los ríos que él conoce de memoria, y hasta de los más insignificantes arroyuelos... Y de la Ciudad de México no ha olvidado ni el nombre de una calle. Ya está enterado de todas las vilezas que he sufrido. [...] El barón me invita a su castillo... El castillo está rodeado por miles de plantas de toda la América. Atravesando el jardín oímos chillidos, silbidos, piares, graznidos de aves americanas que no pensé oír jamás... El barón me enseña su ensayo sobre la Nueva España, en el que se encuentra trabajando. Le doy más datos. Le lleno la cabeza de nuevas ideas y descripciones. Me voy dejando llevar por los sentimientos... Y ya amaneciendo nos despedimos, siempre con el compromiso de volvernos a ver (*EMA*, 129-130).

Vemos cómo ambas versiones se complementan y en ellas se sintetizan todas las inquietudes del fraile y cómo queda evidente que su evasión es eminentemente mental, pues en un solo párrafo está en París, en América y en el castillo de Humboldt en Alemania, nuevamente con un *alter ego*, que en este caso es el propio Humboldt, con quien comparte su pasión por América.

Y el fraile continúa después de ese paréntesis en París con sus eternas persecuciones y andares: «Por eso comencé a temer por mi vida; y sabiéndome vigilado, empecé a planear miles de huídas; una de las cuales me sirvió para atravesar París, cruzar toda Francia y llegarme hasta Roma [...] y "llegaste a Florencia" [...] Liorna [...] Génova [...] Barcelona [...] Madrid [...]» (*EMA*, 136-139); salir hacia Portugal (*EMA*, 152); «Hasta que caí prisionero y me olvidé de la obsesión del sustento, sustituyéndola por otra aún más persistente: la huída» (*EMA*, 156); «Y huí. Y vine a parar a Inglaterra...» (*EMA*, 156); «Mi vida no ha sido más que un salir de una cárcel para entrar en otra [...], de ahí que afirme: "La mayoría de las veces sólo pensaba en escaparme"» (*EMA*, 160); «Y cuando al fin emergí, sacando la cabeza, me vi frente a las costas de América. De todas mis travesías fue ésta una de las más penosas, y la que realicé con más sobresalto y temor» (*EMA*, 167); «Entramos en los Estados Unidos ya de medianoche [...]» esclavos y privación de libertad (*EMA*, 168); en la cárcel de Veracruz «Allí quisieron dejarme hasta la resurrección, que ya, por lo cerca de mi muerte, no podría tardar mucho. Pero yo no quise esperar ese motivo para liberarme, así que [...]» «Y comprendí que la única manera de salir de aquella cárcel era por la puerta principal y escoltado por todo el ejercito real» (*EMA*, 80-81); huída por saltos (*EMA*, 182); cárcel de los Dominicos en México (*EMA*, 188); «Por eso empecé de nuevo a tramar la fuga (siempre la fuga) de aquella tan mal ventilada prisión llamada *la del olvido*, qué bien le venía el nombre, pues mientras ahí permanecí anduve siempre sobre los esqueletos de los que en un tiempo fueron prisioneros. Y sobre ellos dormía, y sobre ellos me apoyaba para escribir mis memorias [...] empecé a cavar, [...] Terminé el hueco y salí [una y otra vez igual]» (*EMA*, 189); incluso siente las montañas del valle de México como una enorme cárcel, «Han construido una cárcel de la cual no sé cómo escapar», y ya planeaba la huída... (*EMA*, 202).

Como hemos podido apreciar, la evasión en el texto areniano puede manifestarse de muy diversas maneras. En ocasiones la liberación tiene que ver con lo físico, en cuyo caso el protagonista debe sortear obstáculos naturales ya sea mediante un salto (*EMA*, 12,13, 16, 34, 112, 182), o el vuelo (con la ayuda de un paraguas) (*EMA*, 65), o corriendo, nadando, escondiéndose (en el pozo, bajo la mata de almendro), o a sumergirse o rodar (enredado en cadenas, *EMA*, 147-153), es transportado por alimañas (*EMA*, 64), traspasa paredes (*EMA*, 12,15,18), murallas, cruza mares y océanos, escala montañas, va de copa en copa de los árboles. Nada lo detiene, nada le impide evadirse. Al contrario, pareciera que los mismos obstáculos contribuyen siempre a su liberación. En otros casos, la fuga se realiza gracias a su mente, como hemos visto por su capacidad para el desdoblamiento, la metamorfosis, las apariciones y las alucinaciones. En todas ellas la evasión de la realidad constituye una liberación del «yo» o un intercambio de «yoes», una huída de sí mismo a través de la imaginación, del encuentro con el *alter ego*, de las relaciones afectivas, de las obsesiones sexuales, de la lectura, de la escritura. Todo contribuye a estar fuera, a separarse, a huir. Las persecuciones pueden existir o ser imaginarias, eso no importa. Lo que es indispensable es dominar el «arte de la fuga» (*EMA*, 12), hasta terminar exiliado de sí mismo, gracias al movimiento frenético que genera el personaje en el relato, moviéndose en una serie de mundos imaginarios por los que el protagonista deambula física y mentalmente.

Otra característica de la obra areniana está en la construcción a través de un ejercicio escritural en el que predomina una estructura polisémica. En ella se diluye la línea divisoria entre lo verdadero y lo verosímil del hecho narrado ya que de la escritura y lectura intratextuales resultan situaciones paralelas, símbolos recurrentes y estructuras semánticas con las que se propone un discurso histórico, que al producirse desde diversas perspectivas se invalida a sí mismo.

En la novela que nos ocupa el autor plantea un ir y venir que se va a afirmar y negar al mismo tiempo. No sólo importa el transcurrir sino que éste a su vez sea capaz de eliminarse, con lo que el relato se construye y deconstruye a cada paso, creando con ello una situación de realidad-irreal de la que depende la liberación, tanto del personaje como de las acciones narradas. Liberación que se otorga y se pierde constantemente. No hay entonces posibilidad alguna de escape aparentemente, salvo a través de la escritura, en la cual todo es factible, como lo demuestra Arenas.

Vemos por ejemplo la frase inicial de la novela: «Venimos del corojal. No venimos del corojal. Yo y las dos Josefas venimos del corojal. [...] Pero ahora yo vengo del corojal y ya es de día» (*EMA*, 11). Los elementos que presenta el autor en las tres versiones son los mismos: él, las Josefas, los corojales, sin embargo, no sólo no dicen lo mismo, sino que se contradicen, e incluso se desdicen. El relato se dispara en lecturas diversas, que a su vez proponen diversas interpretaciones y el lector no puede asirse de una sola, pues se ve obligado a aceptarlas todas como si no fueran ninguna, en tanto no son las *Memorias*, el texto histórico, por lo que a partir de esta entrada se sabe que todo y nada son a la vez parte de lo real, de lo posible, o de lo inexistente. Lo importante entonces es consignar la acción aun cuando se deba hacer desde polos opuestos; en la afirmación-negación se encuentra la libertad. Si lo que se afirma es y no es al mismo tiempo, la verdad y la fantasía comparten el mismo espacio y la misma acción en el relato, al igual que lo hacen la historia y la literatura, el personaje real y el ficticio, lo «verdadero» y lo «verosímil».

Por ello podemos distinguir y reconocer datos, personajes «reales» e «irreales», elementos, recursos y acciones, que pueden ser falsos o verdaderos, pero no atribuirlos ni a uno ni a otro autor. A través de la escritura Arenas borra o subraya la presencia y la voz de ambos, sin señalar a ninguno como responsable, ni de la «verdad», ni de la «verosimilitud» de lo relatado. De ahí que no se trate de «confiar» en lo que puede ser o no ser, sino en aceptar la novela como una nueva realidad, la propuesta por él, que a su vez se distorsiona al ser narrada por tres personas, multiplicando la percepción de los hechos y de lo dicho. Una es la versión de Arenas como Fray Servando, otra la del propio fraile, y, por último, la del personaje histórico narrado por el autor. Por si fuera poco, además fragmentando la historia, sacándola de sus límites al hiperbolizarla, convirtiéndola en fantástica, e incluso en alucinante. Según Castrillón: «La fragmentación de la historia, los sueños y alucinaciones, la rica imaginería, los sorprendentes anacronismos y el paralelismo de los capítulos, entre otros recursos técnicos, configuran un texto que se niega a sí mismo y le niega al lector toda posibilidad de verosimilitud».

Observamos que uno de los mecanismos más evidentes que utiliza Arenas en esta novela para lograr el rompimiento de una estructura es el de recurrir a las transgresiones en la presentación de las secuencias lógicas de la narración. En ella los dos órdenes que se transgreden son el temporal y el espacial. Ambos, nuevamente con el propósito de deconstruir el discurso histórico, a través del rompimiento de las secuencias por medio de hipérboles. Esto sucede a tal grado que podemos afirmar que el tiempo y el espacio parecen no existir, o existir sólo en la mente o en la imaginación de los personajes.

En lo temporal, vemos cómo el protagonista, por ejemplo, pareciera vivir en una sin-edad, y las referencias a fechas, días, meses, años parecen no ser o existir. Todas las prisiones a las que es sometido el fraile conllevan cadena perpetua y, sin embargo, pasa de una a otra no sólo como si fueran temporales, sino más bien instantáneas o incluso inexistentes. Veamos un par de ejemplos de cómo se propicia esta sensación en el texto.

> Y al otro día (o sea, cuando me vine a despertar, que bien pudo haber transcurrido un siglo) vi que el animal se había marchado [...] Y, sin embargo, al despertar al día siguiente (aunque bien pudo haber transcurrido solamente un segundo en mi sueño) (*EMA*, 45).

De igual manera y dado que las secuencias espaciales están íntimamente relacionadas a las temporales en este texto, al transgredir una queda automáticamente transgredida la otra. Así vemos al Fray Servando de Arenas moverse sin limitación alguna a través de constantes saltos, vuelos y caídas, que le permiten vencer obstáculos y distancias en forma tal que sólo nos queda afirmar con palabras de Gaston Bachelard: «el mejor signo de admiración es la exageración» (1965: 151). Nada más pertinente en relación con la novela que nos ocupa.

> Y sucedió que el fraile fue despedido por los aires cuando ya el puente terminaba su furioso ascenso... Y así fue que en ese atardecer, el pueblo aterrorizado de Pamplona vio a la figura del fraile cruzar, como una centella de fango, por sobre toda la ciudad (*EMA,* 107).

En forma similar se describen los lugares que son, asimismo, además de sucios y degradados, siempre el mismo lugar, aunque remita a la ciudad de México, a Madrid, Valladolid, Pamplona, Bayona, París, Lisboa, Londres, Nueva Orleans, La Habana, etc. Incluso las prisiones a las que el protagonista es confinado son también todas, la misma o cualquiera, pues sus celdas se caen de mugre, están llenas de humedad, son oscuras, y en ellas pululan las ratas, los piojos y las chinches, a tal grado que en ocasiones, de tan abundantes que son, lo invaden o propician su liberación.

Ottmar Ette señala que mediante todas estas «referencias intertextuales e intratextuales», el «texto literario empieza a desaparecer difumándose en la extratextualidad», como en una «fuga de la textualidad». Ningún relato más propicio para ello que éste:

> *El mundo alucinante* no es un texto totalizador que se impone sobre sus intertextos sino que los arrastra en un juego carnavalesco, en un juego que se caracteriza por su ambivalencia. El carnaval, si seguimos los estudios de M. Bajtín (1971), «se sitúa en las fronteras entre el arte y la vida», o sea de la «ficción» y de la «realidad»; es simultáneamente negación y afirmación: imposible reducirlas a una simple oposición (Ette 1992: 98).

Así, de la fusión de varias voces narrativas, del manejo simultáneo de diversos niveles temporales o espaciales, de situaciones paralelas que se identifican y unifican, de la presencia de símbolos recurrentes y autorreferenciales, de estructuras semánticas polisémicas, Arenas nos regala no sólo una novela con «pretexto» explícito, como antes mencionamos, sino una auténtica propuesta escritural que se valida en todo lo anterior.

Hemos visto cómo la escritura areniana arranca siempre a partir de la intertextualidad. Nada define mejor su esencia que el manejo de uno o varios textos, suyos o ajenos, en el entramado de otro. Apropiarse de un texto, hacerlo suyo y no, es absolutamente lo mismo para el autor. Quizá por su capacidad de desdoblarse, de ser y no ser uno y el mismo, por esa especie de travestismo literario que para Arenas constituye el único requisito para encontrar su alma gemela, identificarse con aquel otro que en su escritura se convierte en *alter ego*. Por ello vemos que los textos o los personajes elegidos son meros «pretextos» para la reescritura del suyo propio, en el cual invariablemente se cuela él mismo. Al respecto, y refiriéndose a *El mundo alucinante,* Celina Manzoni señala:

> El texto intenta la ruptura de la estafa que es el tiempo lineal; para desenmascararlo como aliado del poder y de la Historia, acude una vez más a la escritura de los otros, se apropia de ella en un juego de intertextualidades, parodias, plagios, citas, que provoca el diálogo entre el *Quijote* y *Orlando,* los *Nocturnos* de Silva y las *Serranillas* del Marqués de Santillana, *El contrato social* y *Moby Dick,* Lezama Lima y Borges –presente en el juego de reescritura, espejos y laberintos que el texto propone– (1992: 29).

De ahí que irónicamente en la carta-prólogo Arenas afirme:

> Sólo tus memorias, escritas entre la soledad y el trajín de las ratas voraces [...] entre la justificada furia y el injustificado optimismo, entre la rebeldía y el escepticismo, entre el acoso y la huída, entre el destierro y la hoguera; sólo ellas aparecen en este libro, no como citas de un texto extraño sino como parte fundamental del mismo (*EMA,* 9).

Por lo mismo, podemos afirmar con René Jara que: «No hay un solo motivo ideológico que escape a la estricta comparación con la autobiografía del fraile; la única diferencia es en el sentido hiperbólico de que están teñidos» (1979: 225). Es decir que, tanto los textos citados como los integrados de lecturas previas del autor, o sea los extratextuales y los intertextuales, ayudan en la conformación del mundo ideológico, político, religioso y social del protagonista y de su época, pero siempre presentados en forma hiperbólica, con lo que Arenas los hace suyos y propios en su obra. Esto conlleva que la base original se transforme y dé por resultado un relato rico en posibilidades interpretativas de lectura, una nueva realidad que tiene que ver con la que le dio origen, con la que el autor se encontró en su lectura y con la que concibió en su escritura.

II

LA ESCRITURA EN LA PENTAGONÍA

El espejo duplicado al infinito.
Celestino antes del alba

Martha E. Patraca Ruiz
Universidad Iberoamericana

> Mi niñez es el único mundo del que todavía tengo un recuerdo vital y es
> el que me hace escribir; es como una fuente casi inagotable de recuerdos,
> terribles algunos y muy bellos otros, pero de todos modos son la materia
> prima desde la cual yo he construido los libros que he escrito (Ottmar
> Ette, 1992: 35).

Estas palabras corresponden a una entrevista hecha a Reinaldo Arenas por Liliane Hasson en 1985, durante su exilio en París. Sin duda, la obra de Arenas está poblada por un mundo de brujas, duendes, muertos y apariciones que forman parte de un imaginario infantil. Sin embargo, esta imaginación desbordante y alucinante funciona como una apertura hacia universos más allá de una aterradora visión infantil.

Celestino antes del alba, escrita en 1965, es la primera novela de Arenas, y la primera de la Pentagonía.[1] Novela que obtuvo mención honorífica en un concurso en Cuba y no el primer lugar porque no se ocupaba de temas considerados como precisamente patrióticos. Arenas fue perseguido por homosexual, detractor del régimen castrista y por ser escritor. No cabe duda de que la mayoría de las novelas de Arenas reflejan este sentimiento de persecución que no cesa. Y es justo aquí en donde la imaginación juega el papel más importante.

La imaginación

Celestino antes del alba es la historia de un niño cubano que vive en una provincia muy pobre. El pozo, la casa de los abuelos, el río, el campo, todo el ambiente está rodeado de pobreza y soledad. Su vida no es fácil, la precaria situación económica y el hambre lo obligan a trabajar durante todo el día; su familia intenta volver a sembrar en un campo agreste y desolado. Además, día a día soporta los regaños, golpes y humillaciones de su abuelo, abuela y madre. El abuelo es un hombre casi salvaje, sin educación y subsiste de lo inmediato. La abuela es una vieja que vive para contrariar a su marido, y que se mueve en un mundo de supersticiones, apariciones y muertos. Ella es la madre de varias hijas abandonadas por sus hombres; una de ellas es la madre del narrador, ésta

---

[1] Serie de novelas conformada por: *Celestino antes del alba, El palacio de las blanquísimas mofetas, El color del verano, Otra vez el mar* y *El asalto.*

se alimenta de frustración, dolor y violencia. Este niño convive con Celestino y sus primos muertos, con lágrimas, violencia, brujas, fantasmas y duendes que existen en su mundo. El tiempo se le va en soñar, su vida se mueve entre la realidad y la imaginación.

Francis Bacon dice que la imaginación es la facultad que se halla en la base de la poesía. Immanuel Kant afirma que sin la imaginación sería imposible el conocimiento. Esta relación entre conocimiento e imaginación puede parecer sorprendente a quien considere que el vocablo *imaginar* significa sólo *fantasear*. Kant plantea que la imaginación hace posible unificar la diversidad de lo dado en la intuición; por medio de la imaginación se produce una síntesis sin la cual el conocimiento sería imposible. Shelley menciona que la imaginación es capaz de hacernos creer lo que vemos.

Gaston Bachelard en la *Poética de la ensoñación* afirma que la imaginación es el principio de excitación directa del devenir psíquico. Con la imaginación se intenta un futuro, es decir, se crea un mundo ensoñado que enseña las posibilidades de crecimiento del ser en ese nuevo universo. «La ensoñación es una mnemotecnia de la imaginación. En la ensoñación, tomamos nuevamente contacto con posibilidades que el destino no ha sabido utilizar» (170).

Tomando en cuenta las definiciones anteriormente mencionadas, se puede decir que la imaginación es una facultad distinta de la representación y de la memoria que además posibilita la creación de un no-yo. Se relaciona con la primera porque la imaginación suele combinar elementos que previamente han sido representaciones sensibles, recuerdos, fantasías o planes futuros; y con la memoria porque sin recordar tales representaciones no podría imaginarse nada. Es importante subrayar la estrecha relación de la imaginación con el futuro ya que ésta puede suceder como una forma de resolver problemas.

Para la mayoría de los personajes de la obra de Reinaldo Arenas la imaginación es equivalente de la respiración *(El mundo alucinante, Termina el desfile, El palacio de las blanquísimas mofetas)*. Viven en tanto que imaginan.

En *Celestino antes del alba* nos encontramos con un narrador omnisciente que es un niño de campo. Es a través de este punto de vista infantil que percibimos la narración. Resulta muy interesante que el narrador principal sea un niño y que la novela se desarrolle en esta primera etapa de la vida. Bachelard menciona que la ensoñación de un niño en soledad conoce una existencia sin límites, por lo que lo que ensoñado se convierte en su vida misma (2000: 181). El acto de la ensoñación es vital para el narrador de *Celestino antes del alba*. A lo largo de toda la narración el lector es partícipe de un sinnúmero de imágenes alucinantes creadas por el niño/narrador. Lo irreal, lo imaginado, lo ensoñado funcionan como una idealización necesaria para poder sobrellevar la realidad. Las ensoñaciones le dan vida a la vida del narrador. El niño/narrador se mueve entre momentos de realidad y casi imperceptiblemente pasa a situaciones imaginarias. Dichas imaginaciones se desarrollan en el momento en que el niño/narrador las *dice*, las crea en tanto que discurre. El tiempo y el espacio subjetivos se despliegan en el aquí y ahora del narrador, es un espacio y un tiempo imaginario:

> Celestino ha tropezado con una piedra y ha estropeado unas matas de maíz. Abuelo se da cuenta y viene corriendo hasta donde él está, en el suelo, y le cae a azadonazos. Al fin lo deja tranquilo y vuelve para el surco que estaba limpiando. Yo siento una rabia muy grande por dentro, pero no me atrevo a decir nada, porque abuelo también me caería a azadonazos, y yo sé que eso duele mucho. Yo sé que eso duele mucho, aunque Celestino no haya protestado y ya, de pie, siga observando, sin levantar si quiera la cabeza. Mientras tanto el sol va creciendo y creciendo, y ya por fin nos derrite. Mi madre se ha vuelto una mata de maíz muy grande, y todos empezamos a comer de sus mazorcas. Cada vez que yo le arranco una mazorca, ella da un pujido, y grita, pero muy bajo. ¡Qué sabroso es el maíz crudo! A mí me encanta. Yo le arranco unas cuantas mazorcas a mi madre y me las llevo para asarlas en el fogón. Abuelo ha terminado de sembrar a Celestino y me dice que ya podemos marcharnos (*CAA*, 64).[2]

En el fragmento anterior se puede notar cómo el narrador pasa del plano real al imaginario ya que ambos discursos están separados únicamente por un punto, con lo cual el espacio y el tiempo subjetivos se están realizando en el momento de la enunciación. Es así como Reinaldo Arenas nos introduce en un mundo donde la ensoñación ya no es un espacio meramente subjetivo; el hilo de la narración indica que ese plano forma parte de la *realidad* de la narración. El narrador logra que lo real y lo imaginado se vuelvan uno mismo y de ahí que sea casi imposible separarlos.

Por otra parte, toda la narración se desarrolla en los dos niveles que se perciben en la cita anterior. El narrador dice lo que está sucediendo, pero aquello que se imagina se mueve en un plano completamente simbólico. Estos símbolos generalmente están relacionados con la naturaleza, es decir, plantas y animales que en muchas ocasiones son violentos, devoradores y peligrosos. A lo largo de la narración se puede constatar que la simbología imaginaria de la naturaleza está sutilmente relacionada con la sexualidad y el incesto.

Un aspecto muy importante de estas ensoñaciones es que la mayor parte de las veces son precedidas o mezcladas con momentos de violencia. Y esto se hace más claro cuando está relacionada la madre del narrador. El abandono del marido hace que esta mujer se frustre y se amargue. Su hijo le resulta insoportable y lo único que puede prodigarle son gritos y golpes. Por ello es que al narrador no le queda más que hacer uso de la imaginación y crear una madre que no es su madre, pero que vive dentro de la que en realidad tiene.

---

[2] Arenas (2002). En adelante, *CAA*. A partir de aquí todas las citas referentes a este texto serán de esta edición.

[...]
—¡Condenado! El único hijo que tengo y que me haya salido un caballo. ¡Qué destino el mío! ¡Si debí haberme muerto antes de venir al mundo!
[...]
A medida que el frescor va cogiendo toda mi garganta me voy dando cuenta de que mi madre no es mala. La veo así, enorme sobre mí, y se me parece a un tronco de úpito, de esos que la gente coge para amarrar las bestias. Sin darse cuenta nunca que el úpito se ha ido secando de tantas amarras y sogazos que lo han cruzado.

Mi madre se va volviendo hermosa. ¡Qué hermosa! Qué linda con su falda de saco y la blusa grande que le robó a Eulogia. Yo quiero a mi madre y yo sé que ella es buena y me quiere. Yo nunca he visto a mi madre. Pero siempre me la imagino así como ahora: llorando y acariciándome el cuello en un no sé qué tipo de cosquilleo fresco y agradable.

Debo imaginarla de esa forma y no de la otra.

—¡Desgraciado muchacho! ¡Si yo lo que debía hacer era ahorcarme ahora mismo! (*CAA*, 31).

Debido a la *fusión* entre el plano imaginario y el real, nos encontramos ante un narrador muy poco confiable, lo que hace más compleja la narración. Entre los gritos de su madre, el narrador la imagina bella; mientras recibe golpes en la realidad, en la imaginación recibe caricias. Es así como este narrador va intercalando sus ensoñaciones con los hechos reales. En un mundo rodeado de violencia y dolor, la imaginación funciona como un escape, como un mecanismo necesario para poder alejarse y crear otro con expectativas infinitas. En la cita anterior, la palabra *debo* muestra la necesidad constante, el deseo perpetuo de transformación de esa realidad dolorosa. Si no la imagina hermosa, tendría que vivir con la verdadera.

Por otro lado, mediante la imaginación se pueden ver cumplidos los deseos. Es así como el pequeño narrador puede realizar sus anhelos. Una de las motivaciones principales de este niño es matar a su abuelo. Todos los días piensa en la mejor forma de deshacerse de él, de ese abuelo que lo golpea y lo obliga a trabajar largas jornadas.

Yo no sé por qué este desgraciado, que parece una ciruela pasa, me tiene tanto odio. Total, yo no tengo la culpa de que Celestino escriba poesías, y no veo nada malo en eso. A lo mejor el viejo lo que tiene es envidia. Pero no. Yo sé que no es envidia, lo que él nos tiene a Celestino y a mí es odio. [...]
Hemos regresado de la siembra del maíz, abuelo nos cargó a Celestino y a mí, y nos trae en sus hombros, mientras nosotros lo pinchamos con una espuela y le damos fuetazos y patadas. [...] Luego yo le dije: «Ahora tienes que brincar con nosotros a tu espalda, desde este cerro hasta el otro, y si no lo haces yo te saco los ojos». Abuelo brincó, pero cuando llegó al otro cerro dio un resbalón y se cayó, con nosotros a la espalda. Entonces lo amarramos a un almácigo,[3] y con la estrella de la espuela le hicimos «páfata» y le vaciamos los dos ojos (*CAA*, 156).

---

[3] Herbáceo, lechoso, frágil.

Es mediante este tipo de ensoñaciones que el narrador puede cumplir sus deseos de lastimar a la persona que más odia. Sólo en su mente puede vengarse de los maltratos diarios. Sólo así puede lograr que la casa se queme, que su abuela desaparezca, que se les quite el hambre, que su madre lo ame. «¿Pero acaso la ensoñación, por su propia esencia, no nos libera de la función de lo real? Si lo consideramos en su simplicidad, veremos que es el testimonio de *una función de lo irreal*, función normal, útil, que preserva al psiquismo humano, al margen de todas las brutalidades de un no-yo hostil, de un no-yo ajeno» (Bachelard 2000: 28).

La lagartija de dos cabezas

> Lloramos detrás del mayal viejo. Mi madre y yo lloramos. Las lagartijas son muy grandes en este mayal. ¡Si tú las vieras! Las lagartijas tienen aquí distintas formas. Yo acabo de ver una con dos cabezas. Dos cabezas tiene esa lagartija que se arrastra.
>
> La mayoría de estas lagartijas me conocen y me odian. Yo sé que me odian, y que esperan el día... «¡Cabronas!», les digo y me seco los ojos. Entonces cojo un palo y les caigo atrás. Pero ellas saben más de la cuenta, y enseguida que me ven dejan de llorar, se meten entre las mayas, y desaparecen. La rabia que a mí me da es que yo sé que ellas me están mirando mientras yo no las puedo ver y las busco sin encontrarlas. A lo mejor se están riendo de mí.
>
> Al fin doy con una. Le descargo el palo, y la trozo en dos. Pero se queda viva, y una mitad sale corriendo y la otra empieza a dar brincos delante de mí, como diciéndome: no creas, verraco, que a mí se me mata tan fácil.
>
> «¡Animal!», me dice mi madre, y me tira una piedra en la cabeza. «¡Deja a las pobres lagartijas que vivan en paz!» Mi cabeza se ha abierto en dos mitades, y una ha salido corriendo. La otra se queda frente a mí. Bailando. Bailando. Bailando (*CAA*, 18).

Como ya se había mencionado la imaginación posibilita la creación de un no-yo, por eso es que dos cabezas tiene la lagartija, dos son las madres que tiene el narrador (la verdadera y la imaginada) y es él mismo quien tiene un doble.

Celestino y el narrador son primos, sus madres fueron abandonadas por los respectivos maridos. Ninguno de los dos tiene hermanos, son de la misma edad y ambos son humillados y golpeados. Celestino tiene que ir a vivir con sus abuelos porque Carmelina, su madre, se suicidó. El gran defecto de Celestino es su manía por escribir. Es tal su necesidad que escribe en la tierra, en las hojas de los árboles, en los troncos, en las paredes, en las piedras y hasta en su cuerpo. La vida se le va en escribir un poema interminable que apenas ha empezado. «La escribidera», como lo llama la abuela, es un defecto dentro de su mundo, nadie sabe leer pero aún así lo condenan. Al mismo tiempo que Celestino escribe, el abuelo tira todos los árboles que han sido escritos porque lo considera algo inmoral y afeminado. A partir del día en que Celestino empezó a escribir se desató una persecución violenta e infinita entre él y su abuelo.

Desde el principio de la narración la aparición de Celestino es ambigua, débil como él. La única persona que lo toma en cuenta es el narrador porque es su compañero de juegos, de habitación, de castigos, de travesuras. Para la familia es una carga porque trabaja mal, es enfermizo y además los ha convertido en el ridículo del barrio debido a que es «poeta».

Celestino tiene un nombre y por tenerlo es designado, tiene un significado, existe. El narrador no tiene nombre, lo llaman el hijo de matojo, hijo de puta, vejigo, malcriado, verraco, animal, comemierda. Celestino es el hijo de Carmelina y el narrador simplemente es un hijo de puta.

Así es como empieza el desdoblamiento entre un *yo* y Celestino que permite un eficaz cambio de perspectivas narrativas. Es un juego de reflejos y de espejos en donde esta dualidad se confunde para volverse una, en la que reside la incertidumbre de quién es quién. El desdoblamiento resulta más fácil por la cuestión del nombre, aquel que no tiene nombre, al que nada identifica pero que puede perfectamente ser o parecerse al nombrado. «La primera de las paradojas ontológicas es ésta: la ensoñación, al transportar al soñador a otro mundo, hace del soñador un ser diferente de sí mismo. Y, sin embargo, este otro ser sigue siendo él mismo, el doble de sí mismo» (Bachelard 2000: 123-124).

Celestino y el narrador son iguales, les duele lo mismo, los golpean al mismo tiempo, sufren, gritan y corren al unísono: «Yo tenía deseos de llorar. Pero él lloró por mí» (Bachelard 2000: 21):

–¿Ya te dormiste?
–No. Todavía.
–Debe ser tarde.
–Debe ser tarde.
–¿Oyes el escándalo de las hachas?
–Sí que lo oigo.
–Esta noche tengo miedo.
–Y yo.
–¿Mucho?
–Más que tú.
–¿Todavía falta mucho para que termine la poesía?
–Cantidad.
–¿Cuánto tiempo?
–Todavía no he empezado.
–Tápame la cabeza con la sábana.
–Ya la tienes tapadaza (*CAA*, 97).

En este fragmento se puede apreciar cómo este diálogo parece un monólogo entre Celestino y el «yo» [¿narrador?]. Las respuestas son las mismas que las preguntas, por lo que es un juego de espejos entre el narrador y sí mismo. Las palabras, los gestos, los movimientos y los sentimientos son los mismos entre ellos. No necesitan siquiera mirarse para saber lo que le pasa al otro.

El pozo

Éste es el lugar en donde principia y termina la narración, y completa perfectamente la estructura cíclica del relato. Antes de su versión final, la novela se llamaba *Cantando en el pozo*. *Celestino antes del alba* presenta tres finales: «Fin», «Segundo final» y «Último final». Cada parte de la narración tiene un hilo conductor distinto que unifica la obra. Estos tres hilos son las constantes primordiales en la narración: la muerte, el hambre y la decadencia.

La primera imagen de la novela es la madre del narrador corriendo para tirarse al pozo. La última imagen es el narrador junto al pozo esperando a que su madre lo detenga para que no se tire. El pozo es el principio y el fin, el lugar del fango y la podredumbre, pero también el lugar del reposo y la armonía. El pozo es el centro vital de la casa; de ahí obtienen el agua, elemento imprescindible para vivir: regar los sembradíos, para que beban los pocos animales que tienen. El pozo es también el lugar perfecto para el suicidio. La madre del narrador intenta lanzarse en múltiples ocasiones: porque Celestino es poeta, porque su hijo es bobo, porque no aguanta más su desgraciada vida.

> –Pero, muchacho, ¿qué te pasa que vienes con las latas vacías? –me dijo ella, muy asombrada, mientras resembraba las matas de sandoval.
>
> –¡Nada! ¡Nada! –dije yo, y, dando un grito bien bajito que nadie (ni yo mismo) lo llegó a oír, me vine corriendo de nuevo al pozo, y llené corriendo las latas de agua mientras me decía: «Y Celestino, ¿dónde se habrá metido Celestino?...» Y no pudiendo contenerme: me asomé al pozo. Y allí nos vimos: los dos muy juntos temblando, ya con el agua al cuello, y sonriendo al mismo tiempo para demostrarnos que no teníamos ni pizca de miedo (*CAA*, 103).

El pozo es el soporte simbólico más importante de la obra y también de toda la Pentagonía (Ette 1992: 98). Es el origen, el centro, la respuesta. El narrador busca a Celestino y lo encuentra en el reflejo del pozo, los dos muy juntos temblando al mismo tiempo. El narrador se ve en este otro que pareciera ser él mismo. Lo busca y se encuentra, a él y al otro, en su propio reflejo. «El espejismo corrige lo real, haciendo caer sobrantes y miserias. El agua otorga al mundo así creado una solemnidad platónica. Le da también un carácter *personal* que sugiere una forma schopenhaueriana: en un espejo tan puro, el mundo es mi visión. Poco a poco me siento el autor de lo que veo a solas, de lo que veo desde mi punto de vista» (Bachelard 1993: 81).

En la tercera parte de la narración, sin previo aviso, el tono cambia y ésta continúa en forma de diálogos teatrales. Ahora el narrador omnisciente es un dramaturgo y el niño se convierte en un «tú». El abuelo, la abuela, la madre, duendes, brujas y los coros (a la manera de la tragedia griega) son los actores. Celestino no entra en escena. El coro de primos muertos es también la voz del niño/narrador.

> CORO DE PRIMOS MUERTOS: El pozo es el único que sabe que yo estoy triste hoy. Si hubieras visto cómo lloró también, junto conmigo. Pero eso no me consoló ni pizca, porque yo sé que el pozo soy yo, y por eso me oye; pero como es así, nadie me oye... En toda la noche no hallé ni a un alma viviente, sólo muertos y árboles. Y entonces no me quedó más remedio que empezar a garabatearlos, para que al menos ellos supieran algo... [...]
> CORO DE PRIMOS MUERTOS: Pero yo soy muy bruto, y no sé escribir. Y ahora estoy pensando que a lo mejor he puesto una barbaridad. De todos modos me siento mejor. Llego de madrugada a la casa, y allí está él, dormido. ¿Quién será? Nunca le he hablado. Nunca le he dicho ni media palabra. Pero siempre está allí, ya dormido. Esperándome; porque yo sé que me estuvo esperando. Y como yo tardé, se fue quedando dormido. Pero así y todo, yo sé que estaba esperando (*CAA*, 193).

El pozo es el narrador mismo, su reflejo se ve llorar y lo acompaña llorando también. Esta vez Celestino no está en ese reflejo. Sin embargo, la voz también necesita escribir en los árboles cuando el que escribe es el otro, Celestino. En este momento ese otro desdoblado es uno que   espera, pero que siempre está allí. Esa duplicidad inseparable, porque el narrador es uno que crea y, a la vez, otro que escribe, siendo, asimismo, quien escribe. La soledad del narrador lo incita a escribir, necesita ser escuchado, debe encontrarse en el otro que es su creación y ese espejismo se duplica al infinito.

Antes del alba

Los títulos de las obras de Arenas son siempre muy significativos y este caso no es la excepción. Antes del alba siempre hay neblina, y ésta funciona como elemento clave en la novela ya que su aparición coincide con el único momento de total libertad presente en la obra. La neblina permite que Celestino escriba sin ser visto por el abuelo, la neblina logra que la casa que se está cayendo se vea blanca y sin tizne, la neblina hace que Adolfina sea blanca sin que se tenga que poner tierra en la cara. Antes del alba es el único instante en que no hace calor y por éste, según el narrador, todos son «peleones» en su familia.

Antes del alba el narrador convive con sus primos muertos que se la pasan sobre el techo de la casa. Solamente antes del alba puede tener contacto con ellos. Así que el título resulta revelador. *Celestino antes del alba* es nada más y nada menos que Celestino antes del alba, y ¿quién es Celestino antes del alba? Para el autor nadie o alguien preconcebido en tanto no existe: «porque todo esto que he contado es imaginado, pues nada he visto» (*CAA*, 79).

C. F. Keppler en su obra *The literature of the second self* hace un recorrido por la literatura y a partir de los arquetipos del doble establece varios tipos y sus características: el hermano gemelo, el perseguidor, el incitador, el salvador, el amado y el doble como una visión del horror. Si partimos de la afirmación de que Celestino es un desdoblamiento del narrador, entonces no corresponde con ninguna de estas categorías. Celestino es una duplicidad creada, es el narrador, es lo que no puede ser el otro, tiene un nombre y su madre también lo tiene. Celestino escribe todo lo que el narrador no puede, Celestino es en tanto que el doble lo desea. «Si tú no existieras, yo tendría que inventarte. Y te invento. Y dejo ya de sentirme solo» (*CAA*, 232).

Como se mencionó, las ensoñaciones del narrador funcionan en dos ejes: como transformación y como deseo. El niño tiene que recrearse a sí mismo a través de otro para sobrellevar su situación. La imaginación lo transforma y al desear ser otro no es más que Celestino, lo celeste, lo celestial, lo etéreo. Aquel que lo acompaña, que se duele, que aparece en el reflejo del pozo, que llora y ríe junto con y por él, que es etéreo pero a la vez material.

Como la lagartija tiene dos cabezas, así el narrador es doble, con una pedrada se vuelve dos que parte de uno. Al igual que en el final del libro queda flotando una duda, aquí esa duda que se desprende es si Celestino es el doble del narrador o si el narrador es el doble de Celestino que permite que el discurso sea manifestado.

En el espejismo duplicado al infinito, el narrador asomado al pozo viendo(se) en y con Celestino, su doble necesario en este ejercicio de reflexividad, perfectamente podemos ver a Reinaldo Arenas escritor creando a ese otro para poder ser escuchado, en una búsqueda incesante y desesperada del otro/lector que justifique su necesidad por «la escribidera».

La polifonía en *El palacio de las blanquísimas mofetas*

Julio César Cervantes López
Universidad Nacional Autónoma de México

A Matilde Souto y Tere Miaja, con gran afecto

Hace ya varias décadas que Mijail Bajtín acuñó el término *polifonía* como herramienta conceptual para analizar un determinado tipo de novelas, de manera específica, las de Fedor Dostoievski. La novela polifónica es aquella que contiene una *«pluralidad de voces y conciencias independientes e inconfundibles»*, creándose una *«auténtica polifonía de voces autónomas»* (1986: 16).[1]

Bajtín contrasta el tipo de novela polifónica de Dostoievski con la novela monológica representativa del siglo XIX. Afirma que en las obras del escritor ruso no se desenvuelve la pluralidad de caracteres y destinos dentro de un único mundo objetivo a la luz de la unitaria conciencia del autor, sino que se combina precisamente la pluralidad de las conciencias autónomas con sus mundos correspondientes, formando la unidad de un determinado acontecimiento y conservando su carácter inconfundible (16 y 17).

La poética de Reinaldo Arenas parte del mismo principio. Los personajes de sus novelas tampoco se someten a la conciencia todopoderosa del autor-narrador, sino que se desenvuelven con suma libertad demostrando una rebeldía e independencia totales. Sin embargo, a primera vista podría ponerse en duda la polifonía en Arenas puesto que en todas sus obras se encuentra una conciencia superior que le da unidad a la narración.

De acuerdo con lo que apunta Vadim Kozhinov en la introducción al texto de Bajtín, el problema queda resuelto al considerar que la autonomía de los personajes de Dostoievski no es total respecto del autor, pues «el sentido-conciencia en última instancia pertenece al autor, y sólo al autor» (12).

Para ser más claro quiero recordar que la voz narrativa no es lo mismo que el autor de la obra, es decir, el autor es una persona de carne y hueso que habita en el mundo real, mientras que la voz narrativa únicamente pertenece al mundo de la ficción, por más que ambas entidades parezcan confundirse, como sucede, por ejemplo, en el caso de la autobiografía. Así, en la polifonía lo que realmente ocurre es que los personajes son autónomos respecto del autor-narrador (o voz del autor), pero no en relación con el autor real.

---

[1] Las cursivas son del original.

La voz del autor es la que puede equipararse con la de los personajes, ya que el discurso del autor real no puede tener el mismo estatuto que el de éstos. Y justamente es el discurso del autor real, y no el de la voz narrativa, «el que determina la última unidad de la obra y su última instancia de sentido, su última palabra, por así decirlo» (Bajtín 1986: 12).[2]

Para verificar en qué sentido podemos decir que Reinaldo Arenas escribe novelas polifónicas analizaremos un caso en particular: *El palacio de las blanquísimas mofetas*, que pertenece al ciclo de cinco novelas de carácter autobiográfico que el autor tituló *Pentagonía*. La obra ocupa el segundo lugar dentro de la colección y aunque fue escrita en Cuba a finales de la década de 1960, su primera impresión se realizó en idioma francés en 1980. Dos años más tarde apareció la versión en español.

El palacio de las blanquísimas mofetas es la continuación de *Celestino antes del alba* y narra la etapa de juventud de Celestino, que ahora cambia su nombre por el de Fortunato. Otra novedad es que la familia entera ingresa al primer plano de la novela. Es la única ocasión dentro de la Pentagonía en que los abuelos, la madre, las tías y los primos ocupan un lugar central en el texto. Arenas nos cuenta las desagracias vividas por todos ellos.

Los personajes

El protagonista es Fortunato, a quien con toda facilidad podemos identificar como el *alter ego* de Reinaldo Arenas. Las primeras secciones de la novela nos permiten apreciar cómo el personaje (que en la novela anterior era un niño y se llamaba Celestino, según hemos dicho) se convierte en todo un joven:

> Ya no era un muchacho; ya ni siquiera podía darse el lujo de relajarse en gritos, diciendo que quería morirse; ya nadie podía concebir que permaneciese horas en el techo, a no ser que estuviera haciendo algo útil, preciso: arreglar las tejas, reparar el tendido eléctrico, limpiar las canales. Ya nadie podía admitir que tirara piedras al aire, que se revolcase, cantando. Había que simular, y aparentar que no simulaba, que era suya aquella sonrisa de orangután, que él era también superficial, simple, gratuitamente feroz, fanfarrón, como ellos, como todos (*PBM*, 111-112).[3]

A Fortunato se le exige dejar de ser una criatura atroz y soñadora para ingresar al mundo de los adultos. Debe emplearse en cosas útiles y aprender a ser hipócrita y falso como el resto de las personas, pues de otra manera no podrá sobrevivir.

---

[2] Esta idea se encuentra en los materiales de Bajtín que se conservan y que incluiría en la tercera edición del libro.

[3] Arenas (2001b). En adelante, *PBM*. A partir de aquí todas las citas referentes a este texto serán de esta edición.

La novela se ambienta en los últimos momentos de la dictadura de Fulgencio Batista, cuando el hambre y el desempleo dominaban en la provincia de Oriente. La familia de Fortunato padece esta situación y cada quien trata de hacer algo para mantenerse. Él, por ejemplo, trabajó en la fábrica de dulce de guayaba que estaba detrás de su casa, pero pronto fue despedido junto con sus compañeros. Así, como no tenía nada qué hacer y el tedio era insoportable, un día decide irse a la Sierra con los rebeldes. Sin embargo, los guerrilleros no lo aceptan porque carece de fusil. Entonces a alguien se le ocurre que mate a un *casquito* –un soldado– y le robe su arma. Lo intenta pero fracasa. Apenas si logra salvar su vida.

La revolución triunfa y Fortunato regresa con su familia. Mas la desolación no pasa y el hastío provoca que se suicide. Muere ahorcado.

Sus abuelos son Polo y Jacinta. El primero llegó de las islas Canarias y consiguió hacerse de un pedazo de tierra, pero la agobiante pobreza lo obligó a vender para ir a establecerse en Holguín, una ciudad cercana, donde abrió una venduta (un comercio).

Su vida es desgraciada, como la del resto de la familia, por eso decide dejar de hablar para siempre el día en que su hija Digna es dejada por su marido. Esta acción significa el colmo de su fracaso: su mujer nunca pudo darle un hijo para que lo ayudara a trabajar la tierra y sus hijas no lograron retener a un hombre que reemplazara a los hijos que nunca tuvo. Digna, que era la única que parecía haber tenido suerte, al fin es abandonada por su esposo. El silencio de Polo es la renuncia tácita al mundo exterior, a la vida.

Jacinta se pasa la vida haciendo oraciones para pedirle consuelo a un Dios que, al parecer, jamás la escucha. Ella lleva el peso de la familia, pues el ensimismamiento de Polo le concede el derecho a ejercer como *paterfamilias*.

Adolfina es la hija mayor. «*Alta, flaca, autoritaria* y ahora *quedada*» (*PBM*, 33), así era la mujer. Su mayor desgracia fue nunca haberle interesado a ningún hombre. Era la que más trabajaba en la casa, la que se esforzaba, la que sabía coser, pero la única que jamás encontró una pareja, ni siquiera por una noche, por un rato. Desesperada y vieja, llega el momento en que decide salir a la calle para acostarse con el primero que la vea, pero nada consigue.

Harta de la vida que llevaba –sola y soportando a su familia loca– se prendió candela. Entró al baño y bailó, disfrutó sus últimos momentos. Después salió a escondidas para que no la viera su madre que quería entrar al baño y tomó el alcohol y los cerillos. Por último se incendió, quería que la lumbre consumiera el fuego interno que no logró mitigar con un hombre a su lado.

Onérica, otra de las hijas, se fue a trabajar a los Estados Unidos. Antes había sido engañada por un hombre y dio a luz a Fortunato. Onérica representa el instinto maternal en la novela. Por amor a su hijo decide irse a cuidar a niños que no son suyos. Desde el extranjero escribe cartas llenas de ternura a su hijo para que sepa que no lo olvida y que hará todo lo posible para reunirse con él en cuanto pueda.

Celia se casó, pero enviudó muy pronto. Sin embargo, logró tener una hija, Esther, quien a los trece años se suicidó porque su amor no fue correspondido. El hecho desquicia a Celia, la única que cree tener una razón auténtica para justificar su vida llena de sufrimiento.

Digna se casó y tuvo un par de hijos, pero su marido la abandonó y tuvo que regresar a la casa de sus padres. Su tiempo transcurre mientras musita cosas y regaña a sus niños. Pese a su desgracia, le queda el recuerdo de haber vivido con un hombre, algo que ninguna de sus hermanas consiguió.

Casi olvidada, Emérita existe y vive bien, pues logró aprovechar la coyuntura revolucionaria. Tiene una casa en la ciudad y todo, pero llora porque nunca ha visto el mar.

Hay una parte en el texto que sintetiza la condición de las hijas de Polo y Jacinta, las tías de Fortunato:

> Ahí llega tu hija dejada.
> Cállate.
> Ahí llega tu hija alocada.
> Cállate.
> Ahí llega tu hija espatriada [*sic*].
> Cállate.
> Ahí llega tu hija quedada.
> Cállate (*PBM*, 32).

Por último están los primos. Esther, la suicida, convive con Fortunato en el mundo de los muertos. Ella le enseña a *vivir* bajo su nueva condición. Tico y Anisia, los hijos de Digna, son traviesos a más no poder y siempre están planeando juegos y preguntándose adivinanzas.

Simultaneidad de los planos narrativos

Para entender mejor a los personajes de *El palacio de las blanquísimas mofetas* debemos hablar de su desdoblamiento, pero antes de enfocarnos en este tema es necesario que volvamos al concepto de novela polifónica, pues con ello tendremos una compresión cabal del fenómeno.

Además de lo ya mencionado, otra de las características de la novela polifónica es que las escenas no se desarrollan una después de la otra, sino que son simultáneas. Refiriéndose a la novela de Dostoievski y en oposición a Goethe, Bajtín afirma que el escritor ruso

> Se inclinaba a percibir las etapas mismas en su *simultaneidad,* a *confrontar* y a *contraponerlas* dramáticamente en vez de colocarlas en una serie en proceso de formación. El entender el mundo, significaba para él pensar todo su contenido como simultáneo y *adivinar las relaciones mutuas de los diversos contenidos bajo el ángulo de un solo momento* (48. Las cursivas aparecen en la fuente).

En la novela de Arenas los hechos biográficos de los personajes que hemos descrito líneas arriba no están presentados de una manera ordenada, sino que se muestran como escenas intercaladas unas con otras. En un mismo párrafo podemos encontrar frases que se refieren a sucesos diferentes, ocurridos en tiempos distintos y sin guardar relación alguna entre ellos. En este sentido se requiere de un esfuerzo por parte del lector para que identifique qué expresión corresponde a cual personaje, ya que de otra manera el texto podría parecerle ininteligible.[4]

Ni Dostoievski ni Arenas le conceden gran importancia a la temporalidad en que se desarrollan las acciones de sus personajes. Sin embargo habrá que hacer una distinción importante, pues de ninguna manera planteamos que ambos manejen una poética idéntica.

La distinción fundamental respecto de la forma en que cada uno trata la simultaneidad de los planos narrativos radica en que Dostoievski sitúa a un conjunto de personajes disímiles en un mismo espacio y deja en total libertad a cada uno de ellos para que argumente y actúe según mejor le convenga en la coyuntura específica en que se encuentra. En tales circunstancias puede suceder cualquier cosa, pues se trata de escenas muy similares a las de la vida real, debido a que en nuestra cotidianeidad las cosas no suceden de acuerdo con un plan previo.

En Arenas es difícil encontrar escenas similares porque lo común es que al reunir a varios personajes en un mismo momento éstos no *dialoguen*.

Mientras que en las novelas de Dostoievski existe la voluntad de comunicarse con los demás, en las del escritor cubano cada quien se preocupa sólo por su propio discurso. Los personajes están imposibilitados para establecer diálogos auténticos porque de antemano saben que a nadie le importa escucharlos y que en todo caso serán incomprendidos. De ahí que surja un caos en las novelas de Reinaldo Arenas y se caractericen por contener personajes ensimismados y alucinantes.

Dostoievski pondera el espacio porque es la oportunidad para poner en escena a varios personajes con pensamientos distintos y, con frecuencia, contradictorios. La riqueza de sus novelas radica en estas ocasiones en que el lector puede apreciar la interacción de formas muy distintas de percibir el mundo y la realidad.[5] En tales situaciones el tiempo es lo de menos, pues lo que importa es la

---

[4] Toda la obra de Reinaldo Arenas corresponde a los planteamientos teóricos que postulan que el texto no es más que un entramado de indicaciones que debe descifrar el lector para dotar de significado al escrito. Arenas no ofrece una narración en la que todo esté dicho *a priori* con un significado unívoco, sino que precisamente juega con los significados para que el lector sea copartícipe en la elaboración del sentido de la novela.

[5] Si bien la conjunción de un grupo de personajes polifónicos en una misma escena no es algo que caracterice a Reinaldo Arenas, sí podemos decir que esta convivencia de personajes en un mismo espacio también se da, sólo que de manera diferente, ya que la casa de Fortunato es el teatro en que aparecen simultáneamente todos los personajes. El título de la novela (*El palacio de las blanquísimas mofetas*) alude precisamente a este lugar como el foro en el que se reúne toda la comunidad de fieras que conforma la familia del protagonista.

simultaneidad de cosmovisiones que queda expuesta. No obstante, el tiempo no deja de ser el mismo de siempre (sólo que ahora es irrelevante).

En cambio, Arenas transforma la concepción que normalmente tenemos del tiempo. Con él apreciamos un tiempo simultáneo, es decir, un tiempo en el que se carece de una referencia fija que nos permita establecer qué es lo presente, lo pasado y lo futuro. Todo puede acontecer en un mismo instante y a la vez nada podría estar sucediendo. No se trata entonces de despreocuparse por la temporalidad de las acciones, sino modificar la concepción misma de la temporalidad.[6]

El desdoblamiento de los personajes

Lo que acabamos de decir es fundamental para comprender el desdoblamiento de los personajes dentro de la novela polifónica. Una vez más recurriremos a Bajtín, quien explica que:

> Esta pertinaz tendencia a verlo todo como algo coexistente, a percibir y a mostrar todo junto y simultáneamente, como en el espacio y no en el tiempo, lo lleva [a Dostoievski] a que incluso las contradicciones y las etapas internas del desarrollo de un solo hombre se dramaticen en el espacio, obligando a sus héroes a conversar con sus dobles, con el diablo, con su *alter ego*, con su caricatura [...]. Un fenómeno tan acostumbrado en Dostoievski como el de la aparición de personajes dobles también se explica por esta misma particularidad. Se puede decir directamente que de cada contradicción dentro de un solo hombre, Dostoievski quiere hacer dos hombres para dramatizar esta contradicción y entenderlo (1986: 48).

Arenas también se caracteriza por el desdoblamiento de sus personajes. En *Celestino antes del alba,* Celestino tiene un primo imaginario que no es más que su doble, su *alter ego*. En otras novelas encontramos lo mismo, por ejemplo, en *Otra vez el mar* –la tercera novela de la Pentagonía–, la esposa es el doble de Héctor, el protagonista. Hay textos en los que el desdoblamiento es más complicado, y ocurre sobre todo en aquellos que son reescritura de obras decimonónicas. Así, en *El mundo alucinante* Fray Servando funciona como el *alter ego* del propio Reinaldo Arenas y no sólo eso, sino que personajes como Lady Hamilton u Orlando son desdoblamientos del religioso dominico y por tanto de Arenas. En *La Loma del Ángel* Cecilia Valdés también funciona como un doble ficticio del autor y a su vez puede verse duplicada en otros personajes como Nemesia Pimienta.

En el caso de *El palacio de las blanquísimas mofetas* es claro que Fortunato representa a Reinaldo Arenas en su etapa de juventud. Sin embargo, debemos

---

[6] Esto tiene consecuencias muy importantes, pues de manera implícita se cuestiona la concepción de la realidad que manejamos. En la parte final de este ensayo volveré sobre el asunto.

tener cuidado y no confundir la voz narrativa con Fortunato, pues en el texto se alcanza a diferenciar perfectamente uno del otro. A veces Fortunato se convierte en narrador, como sucede con el resto de los personajes de la novela, pero existe una voz que narra en tercera persona y que no puede identificarse con algún personaje en particular, pues es la voz narrativa propiamente dicha.

Una primera lectura podría hacernos creer que no existe desdoblamiento de personajes en el interior de la novela. Esto se debe a que todos se conducen con la mayor autonomía posible: cada uno tiene sus propias preocupaciones y necesidades y trata de resolverlas de manera individual; no obstante, podemos afirmar que en realidad todos los personajes no son más que desdoblamientos de Fortunato. Como hemos apreciado en el caso de Dostoievski, Arenas utiliza este medio para dramatizar las contradicciones del protagonista. Sobre todo al tratarse de un tipo de personaje especialmente contradictorio. La construcción misma de la obra se basa en la negación y distorsión inmediata de lo que se va afirmando.

De manera general podemos decir que todos los personajes de *El palacio de las blanquísimas mofetas* comparten su desencanto y desolación. Se trata de seres que viven en una eterna agonía (por eso Arenas divide en *agonías* y no en capítulos la novela). Al principio de la segunda parte de la obra leemos que

> Había una casa. Y en la casa, alguien se moría. Siempre alguien se está muriendo en las casas miserables. *Siempre todos nos estamos muriendo en las casas miserables* [...] El muchacho –y entonces sí era un muchacho, aunque ahora a él mismo le parezca increíble, irónico y hasta ofensivo– llegó de la tierra, del viento, y vio, otra vez, a la madre agonizando –*siempre agonizando*– (*PBM*, 29).

Incluso los muertos, Esther y Fortunato, existen en un estado de agonía permanente.

Esta peculiaridad de los personajes se explica por su sentimiento de fracaso y hastío. Nadie en la familia logra ser feliz. Todos tienen algo que lamentar: la falta de dinero, de alimento, de un hombre, de un hijo, de libertad, etcétera. Viven sin deseos de hacerlo. Por eso coquetean tanto con la muerte, por eso se suicidan Esther, Adolfina y Fortunato.

Aunque el hecho de que todos los personajes compartan una situación similar no es prueba de que en esencia sólo sean diversas facetas de uno solo, existen elementos que sí confirman nuestra hipótesis. En primer lugar podemos considerar que Polo, Adolfina y Fortunato significan el fracaso de la totalidad al representar a las tres generaciones de los personajes de la novela. Polo ve reflejado su fracaso en el de su hija y su nieto. Por si fuera poco, Fortunato se suicida ahorcándose, igual que lo hizo el padre de Polo.

Adolfina y Fortunato sufren por la misma causa: la falta de un hombre. Ambos ven pasar la vida sin ilusión alguna porque nunca han sabido lo que es estar con un hombre y ambos lo desean con todas sus fuerzas. Los dos también comparten el mismo final: el suicidio.

Por otra parte, todas las hermanas bien pudieran pasar por una sola. La cita completa que páginas atrás ya hemos mostrado no dejará lugar a dudas:

> Ahí llega tu hija dejada.
> Cállate.
> Ahí llega tu hija alocada.
> Cállate.
> Ahí llega tu hija espatriada [*sic*].
> Cállate.
> Ahí llega tu hija quedada.
> Cállate.
> En fin, ahí está ya Adolfina.
> Cállate (*PBM*, 32).

Todas las hermanas comparten su condición de dejadas, alocadas, expatriadas y quedadas, porque ninguna logró mantener a un hombre a su lado y todas perdieron la cordura y viven como expatriadas –aunque no de su patria sino de sí mismas– y se han quedado solas, e incluso pudiera ser que todas fueran altas, delgadas y autoritarias, como Adolfina. Así que ella bien puede simbolizarlas a todas, de ahí que la cita termine mencionándola.

Y qué decir de Tico y Anisia, quienes dan la impresión de ser gemelos. Son inseparables y se entienden a la perfección. Inevitablemente recuerdan a Celestino y su primo en la primera novela que escribió Reinaldo Arenas.

Esther y Fortunato conforman una pareja similar, sólo que ellos ya están muertos –se han suicidado– y no son niños sino jóvenes. Quizá se trate de Tico y Anisia mismos, sólo que presentados en una etapa futura, pues su forma de dialogar es similar (como a su vez se asemeja a la de Celestino con su primo). Si es así, los cuatro pueden coexistir en un mismo momento porque, como hemos explicado páginas atrás, no se maneja un tiempo lineal en la novela.

Con todo, aún se hallan algunas líneas que demuestran el desdoblamiento de los personajes con mayor claridad:

> Inútil era ya volver a masturbarse, inútil danzar, abrir el chorro y enjabonarse de nuevo, inútil gesticular, llorar como Adolfina, o cantar con los labios apretados... (*PBM*, 114).

pues en ellas es evidente que existe una asimilación entre Fortunato, Adolfina –que es quien llora– y Digna (que es la que canta con los labios apretados). Pero la siguiente cita no dejará lugar a dudas:

> Y fue entonces (cuando ya todos lo aceptaban, cuando ya se había ganado con su astucia, con su aparente estupidez, la consideración y el afecto de todos), cuando comprendió que no podía más, que era imposible, que nunca había podido, y que ahora más que nunca tenía que desaparecer. Y fue entonces cuando comenzó a interpretar a toda su familia, y padeció más que todos ellos sus propias tragedias... Fue

entonces cuando se pegó candela, cuando se exilió voluntariamente, cuando se convirtió en un viejo gruñón, cuando enloqueció, cuando, transformado en una solterona, se lanzó a la calle en busca de un hombre (*PBM*, 115).

Aquí es indudable que Fortunato se desdobla en todos los personajes. Llegó un momento en su existencia en que se dio cuenta de lo insoportable que era su vida, sumida en la miseria total. Y al ver que no era el único que vivía fastidiado, sino que toda la familia compartía tal situación, comprendió que todos no eran sino uno mismo. Algo semejante a lo que le pasó a Reinaldo Arenas cuando descubrió la figura de Fray Servando Teresa de Mier.

A partir de entonces lo que le sucede a uno le sucede al resto, lo cual explica que diga que se prendió candela –como Adolfina–, que se exilió –como su madre–, que se convirtió en un viejo gruñón –como su abuelo–, que enloqueció –como Celia–, y que, hecho toda una solterona, salió a la calle para poseer a un hombre. El sufrimiento de Fortunato se vuelve casi infinito y puede sucederle cualquier cosa porque, como dice claramente, al interpretar a su familia padeció más que toda ella sus propias tragedias.

Llega al extremo de querer matarse, pero su deseo no queda satisfecho al suicidarse, sino que tiene que morir varias veces, a través de todos los personajes que lo hacen en la novela. No importa si Adolfina se prendió fuego, si Esther tomó veneno, si Fortunato se colgó, lo que cuenta es que todos son uno porque todos sufren y ninguno soporta su soledad, su desamor. Quienes permanecen vivos también son uno porque no hay día en que no experimenten una mortificación y anhelen la muerte. Pero la tragedia es total, ya que los muertos finalmente descubren que ni siquiera en el más allá encuentran consuelo.

Poética y ontología

Lo anterior podría hacernos suponer que todos los personajes de la novela no son más que producto de la imaginación de Fortunato. Y bien podría ser así, pues lo importante en *El palacio de las blanquísimas mofetas* no consiste en mantener un discurso lineal y lógico, sino uno que muestre la complejidad del ser humano. Y dicha complejidad no puede apreciarse como tal, con toda su riqueza, a menos de que la observemos desde diversos planos simultáneos.

Por eso no basta con que cada personaje sea complejo y contradictorio en sí mismo, sino que es necesario que haya un desdoblamiento. Así se logra que todos ellos se complementen y deconstruyan a la vez. Únicamente de esta manera se evita una visión simplista del hombre y queda representado en su totalidad.

Las contradicciones y el caos que dominan en las novelas de Reinaldo Arenas se deben a esta forma de concebir al ser humano y a la realidad. Fortunato sabe que existe otra posibilidad de concebir las cosas:

Porque lo cierto es que la realidad siempre era otra. Él estaba siempre en otra realidad, en otra que no era precisamente aquélla, la que ellos llamaban la verdadera. La única que ellos conocían. Sensaciones, sólo sensaciones sucedían en él (*PBM*, 49).

Con ello reconoce al ser humano como creador de la realidad y así coincide con las conclusiones a las que han llegado los filósofos quienes afirman que «la visión del mundo de cada uno es y sigue siendo siempre un constructo de su mente y no se puede demostrar que tenga ninguna otra existencia» (Watzlawick 1999: 29).

La realidad pierde entonces su antiguo *status* y pasa a engrosar la lista de las creaciones humanas: «Pero las cosas no son como uno cree que han sido. Pero las cosas no son más que inventos que uno hace para poder sostenerse. Para poder vivir luego y decir: *entonces, entonces*. Y ahora será entonces. Y entonces es algo. Cuántas cosas…» (*PBM*, 22).

Y no se trata de la *fuga de la realidad* a través de la creación de realidades diversas, sino de la afirmación de que es necesario que cada quien cree su propia realidad. De ahí que el personaje para sobrevivir tuvo que irse construyendo otros refugios, tuvo que darse a la tarea de reinventar, de cubrir de prestigios, de mistificar algún hueco, algún sitio predilecto por la frescura, por la sombra, tuvo que inventarse un amigo, nuevos terrores (*PBM*, 51).

La manera en que Arenas concibe la realidad (que se conoce por medio de Fortunato) permite que su escritura se vuelva alucinante. Ignorando una lógica racional es capaz de ofrecer todas las posibilidades de existencia de un acontecimiento. Por eso narra varias veces un mismo incidente y en cada ocasión brinda elementos nuevos que complementan, niegan o distorsionan lo ya dicho.

El juego de perspectivas que se ofrece sobre cada suceso no debe observarse con la esperanza de alcanzar una versión definitiva y exenta de contradicciones. Al contrario, hay que leer con toda libertad para aceptar que una cosa *realmente* puede ser y no ser a la vez. Nada importa que tal afirmación sea ilógica: la vida misma lo es. Sólo así es posible que a final de cuentas se encuentre la coherencia del texto.

El lector no debe buscar entonces *la verdad*, pues jamás la encontrará en las novelas de Reinaldo Arenas. Lo que le corresponde es convertirse en su cómplice y aplicar toda su imaginación para reconstruir la obra.

Por otra parte, la técnica narrativa del escritor cubano nos impide identificar el momento exacto en que abandona un tipo de discurso coherente y ordenado para sustituirlo por otro lleno de fantasía (a menos de que se analice el texto con la intención de localizar tal punto). Es así como desde las primeras líneas el lector se acostumbra a estar alerta para entender a qué se refiere cada enunciado que va apareciendo en la obra.

Lo cual se agrava porque son varias las voces narrativas que intervienen en el relato, cada una con su propia verdad, con su propio conocimiento de los hechos. La polifonía se aprecia entonces con toda nitidez, pues cada personaje

–incluida la voz del autor– tiene pleno derecho y libertad para expresar su versión de lo ocurrido. En el fondo persiste una intención última que pertenece a Reinaldo Arenas, que es lo que le da unidad a la obra, pero en la superficie textual no se observa más que una multitud de voces queriendo ser escuchadas por el lector, pues saben bien que dentro del texto todos parecen estar sordos.

Los monólogos que se establecen en la obra se deben a la soledad –al casi autismo– de los personajes. Se da una auténtica incomunicación entre ellos. Pero su *salvación* la alcanzan en el acto de la lectura y por ello se le otorga una función primordial al lector, ya que su mente es el único espacio posible en que puede darse el diálogo entre los personajes y donde se unifica esa personalidad escindida que compone a la totalidad que conforman.

Desdoblamiento y dualidad en *Otra vez el mar*

Jovita Franco García/Beatriz Flores
Universidad Nacional Autónoma de México

Reinaldo Arenas aportó con *Otra vez el mar* una de las propuestas más interesantes sobre el análisis de la libertad. Desde diversas perspectivas y artificios narrativos la obra nos permite asomarnos a un mundo cuyo sentido está determinado por la posibilidad. Héctor, el personaje principal de esta novela, se fragmenta continuamente para indagar la coherencia entre las acciones humanas y los pensamientos, la conveniencia, las costumbres y la obediencia. El fundamento de tal indagación se encuentra en la incapacidad de vivir acorde a como se piensa, a que un hombre haga lo que desea hacer.

Toda novela recrea vidas posibles mediante la invención de personajes, sin embargo, *Otra vez el mar* tiene un único protagonista que se pregunta qué le impide seguir sus deseos a través de la invención de otros personajes que se encuentran en un segundo plano narrativo. El proceso de aparente exorcismo al que recurre Héctor materializa terrores colectivos porque lo evocado, la familia, implica la contemplación de un yo íntimo anulado y múltiples fantasmas productos de una sociedad tiránica cuya función principal es coartar la individualidad otorgando roles a desempeñar: la madre, la esposa, el hijo, el padre, el revolucionario. Él y los otros compartirán su anclaje a una realidad donde son infelices. A excepción de «el muchacho», nadie tiene libertad porque lo que *deben ser* no es asumido por ellos mismos como un acto desprovisto de intereses materiales, de egoísmo o de culpabilidad moral.[1]

Si leemos dicha propuesta como la escisión de lo que se quiere ser con respecto a lo que se debe ser, podemos interpretar, en una primera aproximación, que el discurso político y social de lo que se espera que sea un hombre y la inacción de Héctor frente a los vínculos familiares enmascaran un conflicto individual sobrellevado mediante una vida de apariencias y de proyecciones.

Y en su *correlato*[2] social-ideológico (esposo/homosexual, revolucionario/anticastrista) el personaje es una especie de esquizofrénico que a través de mecanismos de autorrepresentación se defiende de lo que no puede tolerar. Héctor desplaza su yo para desapropiarse de un contenido incompatible con su rea-

---

[1] Cuando Kant se refiere a las normas que deben ser fundamento de toda conciencia moral, las llama imperativos categóricos. No obstante, cuando las normas están sujetas a una condición y no pueden aplicarse a cualquier situación, es decir, que no son universales o aplicables a la conciencia moral de cualquier persona, habla del imperativo hipotético (Kant 1995:16-17).

[2] El correlato es la historia real que enmarca los textos que narran una dimensión existencial y anímica de individuos sensibles a sus circunstancias sociopolíticas (Pimentel 1998: 21).

lidad. Él representará para sí mismo una escena de autoengaño. La simulación y
la negación se generarán mediante un «mecanismo adaptativo extremo» ante
una realidad que siente ajena. Dicho mecanismo de adaptación está ficcionali-
zado a través del desdoblamiento y la dualidad.

El crítico Juan Bargalló Carraté apunta que se habla de un desdoblamiento
cuando aparecen «dos personificaciones de un mismo individuo o de una misma
identidad y éstos coexisten en un único mundo de ficción. Lo crítico del desdoblamiento es su dialéctica entre la autonomía y la conexión que existe entre
ambos sí mismos».[3]

Las consideraciones anteriores hacen pertinente preguntarse cómo es que
funciona el desdoblamiento dentro de la novela y cómo la experiencia vivida
por el personaje se vuelve discursiva hasta relacionar su dimensión existencial
con las circunstancias políticas y con mecanismos de adaptación ficcionaliza-
dos. El presente trabajo pretende explorar el artificio del desdoblamiento y de la
dualidad en *Otra vez el mar*.

Ya desde su construcción, la novela subraya los desdoblamientos del personaje y las voces que la componen. La estructura sinfónica, dividida en seis días
y seis cantos, da cabida a las voces múltiples, a los sueños, al presente, a las
pesadillas, al pasado y a la historia. Existen dentro de ella dos grandes fragmentos. El primero está narrado por un personaje femenino sin nombre propio. En
el segundo se presenta un discurso híbrido donde se percibe un afán de experimentación por parte del autor al incorporar poesía, prosa, diálogos, testimonios
y cuentos. Su tentativa de novelar con distintos géneros literarios, enriquecida
por las reescrituras de la novela[4], favorece los elementos estructurales de la

---

[3] Según Juan Bargalló Carraté, el *desdoblamiento* puede tener lugar mediante tres procedimientos distintos:

a) **Metamorfosis** de un sujeto bajo diferentes formas. Dicha metamorfosis puede ser reversi-
ble, como ocurre en el caso de Dr. Jekyll y Mr. Hyde, o no, como es el caso de Orlando, por ejemplo, en la obra de Virginia Woolf.

b) **Fisión** de un solo individuo en dos personificaciones o encarnaciones distintas, como podemos encontrar en *La nariz*, de Gogol o en *La sombra*, de Andersen.

c) **Fusión** en un solo individuo de dos originariamente diferentes. Es el caso de *William Wil-
son*. Dicha fusión puede ser el resultado de un proceso lento de mutua aproximación, o puede tener
lugar de manera inesperada y repentina, como vemos en *El doble*, de Dostoievski o en *El Horla*, de
Maupassant; «Hacia una tipología del doble: el *doble* por fusión, por fisión y por metamorfosis»
(1994: 11-26).

[4] Sabemos, por lo que Reinaldo Arenas afirmó en diversas entrevistas, que reescribió *Otra vez el
mar* dos veces, es decir, que existen o existieron tres versiones de ésta: la original y dos más. Las circunstancias y las fechas sobre cómo se dieron los acontecimientos de la desaparición de las primeras
dos versiones son imprecisas e incluso contradictorias. Lo destacable, desde mi punto de vista, es que
el texto que conocemos ha sufrido modificaciones versión tras versión debido a su obsesiva reescritura lo que puede ayudarnos a entender cómo es que surgen las voces narrativas, los desdoblamientos y
la estructura de la novela a partir de la inclusión de poemas o relatos que pudieran funcionar independientemente (cfr. Arenas en Santi Enrico 1980: 18-25, Barquet 1992: 65-74 y Arenas 2001b).

obra, pues aunque cada parte del texto puede funcionar independientemente, todos los textos son la base de un discurso de representaciones, de pensamientos que se omiten ante los otros y aparecen como un «fluir de la conciencia» aprehendido a través del protagonista y sus desdoblamientos.

Héctor y «ella», esposa del protagonista y narradora sin nombre, marcan sendos polos narrativos en la novela y se convierten en discursos internos. La temporalidad y la especialidad se funden por ellos. En el fragmento narrado por «ella», los seis días de vacaciones ya han transcurrido y la familia regresa a bordo de su auto a La Habana. Contra lo cotidiano, contra el deber ser, ambos se rebelan y realizan una lucha interna ante la vida que enfrentan. Ese mundo interior conlleva una visión particular de la realidad y un tiempo, que, al desarrollarse narrativamente, termina por detenerse y fundirse con el espacio. Sólo existe en la medida en que es una reminiscencia o visión retrospectiva de los personajes. Y al recordarse, crea una nueva realidad. El mar representa la condición de insularidad como tragedia: «no iremos al mar/ porque ver esas aguas abiertas/ (hacia el cielo fluyendo, hacia el cielo fluyendo)/despertaría de nuevo nuestro ancestral instinto de cruzarlas y eso no puede ser»[5] (*OVM*, 332).

Pero también, el mar es la posibilidad, el cambio, lo inasible. Su interpretación está determinada por el punto de vista de quien lo evoca. Impregna en la novela diferentes atmósferas; el mar, como los personajes, es en muchas ocasiones, cambiante. El mar es uno y varios: como un enorme caleidoscopio, se transforma como frente a una realidad múltiple: «El mar. Azul. Al principio es más bien amarillo. Cenizo, diría… Aunque tampoco cenizo. Blanco, quizás. […] El mar como una autenticidad dentro de un sueño / como una realidad que de tan real se vuelve irreal» (*OVM*, 9 y 334).

El mar es el gran espejo en el que se miran todos, el gran desdoblamiento, es la representación de la realidad múltiple. «El tiempo se condensa aquí, se comprime, se convierte en visible desde el punto de vista artístico; y el espacio a su vez, se intensifica, penetra en el movimiento del tiempo, del argumento, de la historia. Los elementos del tiempo se revelan en el espacio, y el espacio es entendido y medido a través del tiempo».[6] No es el desarrollo temporal lo que importa en la novela, sino la coexistencia y la interacción. Es el tiempo percibido como espacio, como simultaneidad y como contraposición los que interesan.

La recreación del tiempo constituye una función discursiva deslindada en la interioridad del personaje, en el fluir de su conciencia, en la evocación de su pasado. De ahí que el texto se sostenga en la introspección y haya en él interacción y contraposición de ideas, de posicionamientos éticos y de formas de vivir más que una anécdota general.

---

[5] Arenas (1982a). En adelante, *OVM*. A partir de aquí todas las citas referentes a este texto serán de esta edición.

[6] Mijail Bajtín, «definición sobre cronotopo» (1989: 238).

El segundo fragmento de la novela permite definir a Héctor, único personaje con nombre propio, desde varias perspectivas. Primero, es un burócrata centrado en sí mismo al que poco le importa su familia, un hombre aparentemente inerme, incapaz de asumir su homosexualidad. Sus temores le llevarán a desdoblarse en un intento desesperado por evadir su realidad, por reinventarse. Este recurso no dará como resultado una proyección autocomplaciente, sino varios personajes completamente opuestos: «ella», el bebé de ambos, «el muchacho», la madre del muchacho e incluso el mar.

El *otro*, espejo de sí, le mostrará cómo ha llegado a ser un desconocido para sí mismo. La imposibilidad de no poder representar a ese otro sin borrarlo, sin borrarse, llevará a Héctor a simular ser un padre de familia y a disimular su homosexualidad. La noción de Baudrillard, acerca de que simular es «fingir tener lo que no se tiene»,[7] cobrará fuerza en «ella», lado femenino de su creador y a la vez visión opuesta del espejo. «Ella» es la familia que no tiene y necesita, la mujer que por una parte repudia y, por otra, llega a comprender.

Así, en la narración de «ella», Héctor renuncia a su identidad para obtener los beneficios del sistema, se anula a sí mismo y, además, es un poeta frustrado que no puede escribir su desconsuelo, su decepción por la revolución; así que la segunda parte, en donde domina la voz lírica masculina, estará compuesta en gran medida por los poemas que Héctor no se atreve a mostrar porque sabe que hacerlo le costaría la vida.

Sin embargo, la novela va más allá. Pues si bien Héctor es el referente de la realidad para «ella», cuando él simula diversas experiencias en ese desdoblamiento y se desdobla nuevamente en el joven que le atrae y vive su homosexualidad, o el bebé que está en la más completa orfandad, transmite al lector un simulacro, un proceso reinventado continuamente donde la dualidad Héctor-desdoblamiento nos deja ver que la realidad desapareció en un cúmulo de posibilidades.

La condición dual de Héctor está plasmada en su íntima escisión entre lo que hace (participa en la revolución, se vuelve burócrata y vive cómodamente dentro del sistema) y lo que siente y piensa (es homosexual y está defraudado por los cambios sociales que la revolución trajo consigo). Se encuentra existencialmente dividido porque ha tomado distancia de todo aquello en que creyó y esa escisión no se actualiza como conflicto sino hasta la muerte del muchacho. Ésta es la causa de la aparente inacción de toda la novela.

En la narración de «ella» no hay demasiadas acciones, más bien un monólogo interior donde el discurso es constantemente interrumpido por un recuerdo, un sueño o una alucinación que el personaje femenino experimenta. Posteriormente, la novela se convierte en los escritos de un hombre que ya no se siente ligado a la revolución cubana ni a su patria, porque una y otra se hayan contra-

---

[7] «Disimular es fingir no tener lo que se tiene. Simular es fingir tener lo que no se tiene» (Baudrillard 1998: 11).

puestas a su individualidad. Él vive como un engranaje de la gran maquinaria social y su libertad individual está al margen de la Historia.

Cada puerta una docena de sonrisas hipócritas.
Cada ventana un centenar de reverencias.
El fregadero cuesta no escribir jamás el poema.
El portal guarda bajo sus baldosas la dignidad aplastada.
La pared y el librero son aplausos.
Una copa es un guiño de asentimiento.
Cada silla, una cobardía.
Esta lámpara es algo que no se dijo y urgía decirlo.
En la sala y demás habitaciones está tu alma.
Del fogón no me hables, más que un ojo de la cara nos ha costado todo el rostro (*OVM*, 221).

La narradora de la primera parte, con la frase «vendida el alma aquí está la casa» (*OVM*, 68), glosa la venta de conciencias. La ausencia de libertad, la falta de valor para disentir y la culpa son las condiciones que empujan al personaje principal a crearse dobles; un ideal al cual amar u odiar y una familia que lo acredite como «normal» ante un régimen totalitarista. «Ella» y un joven, que también carece de nombre y al cual se hace referencia en la novela como «el muchacho», le permiten a Héctor crear, complementarse y, también, autodestruirse. Éste sufre ante la disyuntiva entre lo que debe ser y lo que quiere ser; el desdoblamiento en su esposa no es una extensión sublimizada. «Ella», a manera de espejo, devuelve también la imagen de un ser obligado a desempeñar un papel: el de la madre.

Tan insatisfecha con su vida como Héctor, va vinculando sus vivencias al tema de la soledad, la dependencia, la debilidad, el envejecimiento y la fealdad. Temas tratados casi como inherentes al género femenino por una cierta retórica misógina que subyuga tanto a mujeres como a hombres. Héctor no ve en su esposa a una compañera sino a «un mal necesario», un pretexto para encubrir su verdadera orientación sexual. No obstante, él se encuentra más sometido que ella al no poder ni siquiera refugiarse en esos lugares comunes de debilidad reservados al discurso de la mujer.

Y lloro, por él y por mí; pero sobre todo por él, porque es varón, y debe ser terrible ser varón en estos tiempos, porque, en fin, la mujer no cuenta para nada; si la ofenden sólo tiene que echarse a llorar o pedir auxilio. Pero qué puede hacer él cuando lo ofenden. Además, él no es como los otros. Ellos saben defenderse; tienen palabras agresivas a flor de labio, gestos amenazantes que esgrimen constantemente. De ellos hay que cuidarse pues no desaprovechan la menor oportunidad para tocarnos o para decirnos cualquier barbaridad (*OVM*, 45-46).

En su monólogo interior, «ella» se da cuenta de que Héctor la necesita para simular ante los otros e, incluso, ante él mismo. El protagonista puede soportar la realidad que lo oprime, al menos en el sueño, porque puede representar perfectamente el papel que el sistema y la sociedad le exigen: tiene una familia donde es esposo y padre.

> Y ahora, mientras el niño salta en mi vientre, sabiendo ya que ninguna catástrofe va a ocurrir, veo, claramente, que soy sólo una justificación, algo que hay que aceptar para no perecer, una tradición (una obligación) más del sistema implacable [...]. Las ventajas, además, de llegar a la casa y encontrarlo todo preparado, las ventajas de tener a alguien [...] a quien exhibir cuando sea prudente –imprescindible– hacerlo, alguien de quien hablar cuando se está en los círculos de los amigos oficiales y de quien olvidarse cuando se está entre los amigos verdaderos (*OVM*, 112).

Por ello, en la narración de la esposa, Héctor se presenta como un personaje frío que nunca manifiesta sus sentimientos; él exterioriza sus preocupaciones en un mundo que a ella le es ajeno: la literatura. La esposa es lectora de un único libro, *La vida de Helena de Troya* (*OVM*, 23). Los otros libros, incluyendo las poesías de su esposo y algunas narraciones, le pertenecen «al muchacho». También a él pertenece el amor y el deseo de Héctor. Ésta es la causa principal de que su mujer sea infeliz. El placer para «ella» está prohibido. Su existencia se reduce a «la triste condición de ser sólo la que escucha» (*OVM*, 177).

Como Héctor, también la esposa intenta escapar de la opresión en sus sueños. Ella enuncia la frustración de él, y sabe muy bien la angustia que encierran sus silencios:

> Vivimos [...] haciendo un esfuerzo para no provocarnos, para no estallar. Él llega. Sirvo la comida. Nos sentamos. Comemos en silencio, o lo que es peor, hablamos sin decirnos nada; y yo presiento que detrás de sus palabras más simples, detrás de sus silencios, hay como una violencia, como un acento, una sombra de ofensa, como una antigua humillación, como un intento de protesta que se disuelve en monosílabos que afirman (*OVM*, 131).

Para Héctor y su esposa el futuro es desalentador, la vida es una serie de calamidades que se deben soportar porque no hay más opciones. Y en tales circunstancias «ella» se pregunta por el sentido de la procreación, por si será una irresponsabilidad tener un hijo dado el futuro desesperanzador que le aguarda:

> Porque esto que será un hombre [...] también pensará que hay otra realidad, la verdadera, escondida, inalcanzable, tras la aparente... Y esto que late aquí será un nuevo instrumento angustiado, lleno de deseos, de hambres, de inadaptabilidades, de humillaciones, y, por último, también envejecerá y morirá. ¡Dios mío, y yo soy la culpable! Yo seré siempre la culpable. Es como si ahora llevara dentro de mí la prolongación del infierno... Algún día, si él me pidiera cuentas, reclamará su derecho a protestar, a aborrecerme (*OVM*, 132).

La maternidad y lo femenino aparecen tratados y cuestionados también en la madre del muchacho. El odio a la madre y el deseo de aniquilarla es un tema muy recurrente en la Pentagonía. Héctor lo explica como condición inherente a ser: «¿Qué si no ese objetivo, esa intuición, lo hace *hijo*?» (*OVM*, 341). La esposa, al conocer a la madre del muchacho, experimenta por ella un profundo rechazo: su estado de ánimo y su servicial modo de ser la desconcierta, siempre «parece tan feliz» (*OVM*, 66).

La madre es experta en lo que se refiere al cuidado de infantes. En cada oportunidad brinda consejos a la joven esposa –consejos que esta última detesta– sobre cómo atender mejor a su bebé, incluso le hace observaciones acerca del pequeño que para ella habían pasado desapercibidas: «sería bueno que cogiera un poco de sol. No creas que le hace daño –dice, ya tuteándome–. El sol de la mañana, claro. [...] Qué gracioso, dice, parece que le están saliendo los dientes. Sí, digo, aunque en verdad, no me había dado cuenta» (*OVM*, 66-67).

La falta de aspiraciones por parte de la madre del muchacho es otro de los motivos por los que «ella» odia a la madre. No acepta que su vida se resuma en tejer calcetines para su hijo, en inmolarse por él. La madre del muchacho cambia latas de leche por estambre (*OVM*, 73), hecho inconcebible de abnegación materna, dada la dificultad para conseguir alimentos en la isla.

Sin embargo, detrás de ese desprecio que «ella» siente por la madre del muchacho, existe una profunda envidia porque a pesar de no tener aspiraciones, parece ser muy feliz. Dedica su vida al hijo y no se tortura ni por los racionamientos ni por el futuro. Con este personaje, Arenas muestra que los alcances de la libertad y la forma en que cada persona se realiza son diversos. La felicidad de la madre se sostiene porque no problematiza su situación, cumple su papel.

En cambio Héctor y «ella» viven enfurecidos e introyectados. Razonar y disentir no les permite ser felices: «Como envidio a esas mujeres [...] ellas deben tener sus preocupaciones inmediatas, sus costumbres fijas, algo en que fatigarse y por lo tanto no pensar» (*OVM*, 147)

En ese sentido la esposa de Héctor asume su maternidad como algo terrible que únicamente acarrea sacrificios y molestias. Ya se habla de los «pañales y pañales cubiertos de excremento seco» (*OVM*, 98) o del «horrible olor del excremento» que avisa que hay que cambiar al niño (*OVM*, 86). En cambio Héctor, en el trato con su doble infantil, se adjudica el papel de padre responsable y hasta amoroso mientras observa que «no se ha tomado la leche» (*OVM*, 22).

En un segundo plano narrativo, donde Héctor se desdobla en el niño, aparece la regresión como defensa ante el estado inerme del adulto. El desdoblamiento de Héctor en el hijo es también el reflejo de la imperiosa necesidad de éste por sentirse protegido. Encubre el anhelo de no enfrentar su entorno, su realidad, para así no comprometerse con ninguna causa.

> Mientras me cuenta [...] sus indagaciones de pueblo en pueblo [...] veo cómo de nuevo se convierte en un hombre, en un joven, en un muchacho, y cuando finalmente concluye [...] es ya un niño. Y qué inocente, qué indefenso parece ahora, al decir-

me cómo dio con mi paradero, cómo siguió la pista, cuánto se alegró cuando vio mi
nombre en la lista de huéspedes (*OVM*, 145)·

Lo interesante de la dualidad y del desdoblamiento es que Héctor no los realiza para ser feliz en la ensoñación, sino para experimentar «una suplantación de
lo real por los signos de lo real» (Baudrillard 1998: 95). La necesidad de dar a
su vida clandestina una cobertura inofensiva y respetable es la que dio origen a
la familia para la que apenas hay una referencia afectuosa cuando mira a su hijo.
Para la esposa no hay ni el rastro, aunque más no sea, de una preocupación.

En mi opinión, la duplicidad de la realidad ha transformado a Héctor en el
desdoblamiento de quien ya no es ni quiere ser lo que ha sido, pero que continúa
siéndolo por una mezcla de cobardía moral y de comodidad. Se siente insatisfecho, está molesto y desengañado, pero no tiene nada en sí ni en su entorno que le
permita manifestar su malestar y sus energías en una determinada dirección.
Resultado todo ello de esa doble vida en la que se diluyó su identidad a fuerza de
simular siempre lo que no era y de ocultar, a veces por supervivencia y otras por
conveniencia, aquello que sí era. Y sobrevivió, porque hizo justamente aquello
que los que murieron no supieron hacer: esconderse en el interior de otras vidas.
Sólo que esconderse en ellas no significó evidentemente vivirlas. Héctor se dará
cuenta de que el viaje a su interior puede ser tan aterrador como la realidad.

El conflicto al que ya no puede escapar llegará junto con su ideal. El muchacho es libre, vive sin ataduras ni temores. Él hace lo que quiere y su determinación es tal, que a sus escasos diecisiete años es él quien en cada oportunidad
trata de captar la atención de Héctor y toma la iniciativa para conquistarlo:
«Sale del mar, corre por la playa hacia nosotros, ya cerca se detiene, mira directamente a Héctor, y entra nuevamente al agua» (*OVM,* 146).

El adolescente –a diferencia de Héctor– no denota ninguna preocupación por
lo que sucede a su alrededor, así como tampoco por lo que la gente piense al verlo
caminar junto a Héctor. La indolencia del muchacho, su sutil arrogancia, su seguridad y sobre todo su espíritu de libertad es lo que molesta y a la vez atrae a Héctor: «Hoy / no iremos al mar / porque en el mar hay siempre un adolescente /
que exhibe la inminencia de estar vivo / y eso ya no lo podemos tolerar» (*OVM*, 333).

Convencido de que el adolescente es un agente que trabaja para la Seguridad
del Estado, en una cita clandestina, Héctor mata al muchacho. Prefiere no arries-
garse a ser acusado de homosexual y elige traicionar al muchacho antes de
correr el riesgo de sentirse después traicionado; así, deja de ser víctima y se
convierte en victimario.

Sin embargo, el muchacho le hará experimentar después de mucho tiempo,
algo propio, ajeno por completo a su función: la punzada inesperada del deseo,
no simplemente de un cuerpo, sino de pertenecer a y poseerse en otro. Inmediatamente después de reconocerse por primera vez en otro (el muchacho), indaga
con él los motivos de su propio desconsuelo: su homosexualidad. Sólo la participación afectiva con él, que lleva incluso a una verdadera identificación aními-

ca con el otro, le permite superar las antinomias, salvaguardando al mismo tiempo las diferencias. Y por esa vía se puede empezar a revertir la repetición, a romper el mecanismo fatídico de la duplicación.

Con sus otros dobles, Héctor sólo mostraba fisuras de su sensibilidad pero el muchacho es el espejo de lo que él podría ser. Su encuentro le produce tal impacto que desencadena su peripecia interior, ese viraje anímico decisivo que lo lleva a emprender un nuevo rumbo, una búsqueda en la que compromete todo lo que posee: su vida y sus ganas de ser. Para renacer, la condición *sine qua non* es morir primero. El hombre inmerso en las duplicidades se arranca las máscaras cuando va tras el muchacho. Después de su auténtica muerte (la del muchacho) muere otra vez en el mar, cuya luz resulta ser reflejo único e irresistible de la conciencia. Con ello pone fin a todas las dualidades y duplicidades, y abre tal vez la posibilidad de superar los desdoblamientos.

> Salimos a la claridad, aumento la velocidad –Ah, qué difícil fue llegar, partir–. Allá vamos… El chillar se esfuma. Los descomunales alaridos de la madre desaparecen. Aún tengo tiempo de volverme para mirar el asiento vacío, a mi lado. Allá voy yo solo –como siempre– en el auto (*OVM*, 375).

Héctor construyó su propia e inapelable otredad. Al morir, fue finalmente él porque eliminó los roles. En la dualidad, había sobrevivido, pero no había sido: en la interminable manipulación de los desdoblamientos, fue vaciándose de sí hasta que manipular se transformó en el perverso sucedáneo de vivir. Y sólo su suicidio le dejará palpar su libertad de conciencia.

Otra vez el mar alude a un espacio donde la realidad es oscurecida para que lo imaginario pueda ocupar su lugar, lo cual tiene mucho que ver con la simulación inherente a la vida que se desea clandestinamente y con los lugares donde es preciso hacer desaparecer lo real tras su simulacro para poder sobrevivir y actuar eficazmente.

La novela es también un profundo análisis de la revolución burocratizada. Ahí simular es la norma y la dualidad resulta una consecuencia inevitable, sobre todo teniendo en cuenta la rigidez con que se distribuyen los papeles sociales, rigidez que, por otra parte, termina por volverlos intercambiables y transforma todo en un inagotable juego de espejos. Como todos fingen, cualquiera puede desempeñar cualquier papel y cualquier papel puede ser atribuido a cualquiera, sin derecho a apelación e incluso sin que lo sepa. La dualidad y los desdoblamientos son el resultado de la aplicación acrítica de los mismos esquemas ideológicos «las normas canónicas de la traición y la infamia» a situaciones históricas distintas. La interpretación de la Historia ha cedido el paso a la convicción reaccionaria de que nada cambia. La ideología es inmune a la vida individual de quien participa en ella. Esto genera (o degenera, más bien) una mentalidad maniquea, negadora de toda diferencia, que se retroalimenta sin cesar y no admite la revisión de sus conclusiones. Disentir es una equivalencia de morir, pero también de ser realmente uno mismo.

La isla a la deriva, con sus caras y sus culos. Lo tardío transgresor en *El color del verano*[1]

Christopher Winks
Queens College, City University of New York

> Touched by death, the hand of the master sets free the masses
> of material that he used to form: its tears and fissures, witnesses
> to the final powerlessness of the I confronted with the Being, are
> its final work.
>
> THEODOR W. ADORNO

En muchos aspectos, *El color del verano* de Reinaldo Arenas es una novela que al mismo tiempo articula y encarna lo tardío, no sólo porque es su último libro de ficción, terminado bajo las sombras crecientes de la muerte, sino por su decisiva recapitulación y reafirmación de sus preocupaciones temáticas y existenciales, expresadas aquí con incisiva urgencia y llevadas al estallido. Más que un personal ajuste de cuentas –aunque en esta novela hay mucho de la «venganza contra casi todo el género humano» (*AQA*, 16)–[2] con la que el propio Arenas caracterizó su obra), *El color del verano* refleja lo que Edward Said llama «lo tardío no como armonía y resolución, sino como intransigencia, dificultad y contradicción... una especie de productividad deliberadamente improductiva, un ir en contra» (2004). En este contexto, el rencor que le han reprochado muchos detractores incomprensivos parece ya no un resentimiento mezquino inflamado de retórica extravagante, sino una negativa heroica a permitir que su arte abdique de sus derechos a favor de la realidad, para citar las palabras de Said.

La novela de despedida de Arenas, episódica y difusa, se ilumina gracias a la explicación que hace Said, a través de Theodor W. Adorno, de las composiciones finales de Ludwig van Beethoven: «imposibles de recuperar por una síntesis más elevada: no se acomodan a ningún esquema, y no pueden ser reconciliadas ni resueltas, pues su falta de resolución y su naturaleza fragmentaria son constitutivas, no ornamentales, ni simbolizan nada más. Las obras tardías tratan de la "totalidad perdida" y es en este sentido que son catastróficas» (Said, 2004).

Aquí es necesario recordar que *El color del verano* ocupa el penúltimo lugar en la secuencia «pentagónica» de novelas de Arenas, que concluye con *El asalto*, escrita en una etapa más temprana de su carrera. En su secuencia de *Prólo-*

---

[1] Traducción del original en inglés de Adriana González Mateos.
[2] Arenas (1996). En adelante, *AQA*. A partir de aquí todas las citas referentes a este texto serán de esta edición.

gos escritos entre 1973 y 1974 e incluidos en *A la sombra del mar: Jornadas cubanas con Reinaldo* Arenas, Juan Abreu recuerda haber leído *El asalto* en su forma manuscrita, y Arenas confirma en su propio «Prólogo», a la mitad de *El color del verano,* que «ya había sido escrito en la isla en un rapto de furia y la había expedido, con todos los riesgos que esto implica, al exterior» (*ECV*, 259).[3] La última obra antes del fin, aunque no la última del ciclo, *El color del verano* es explícitamente definida por Arenas como una novela que necesitaba ser escrita «para que mi vida cobrase sentido» (*ECV*, 259). No obstante, pese a su vastedad, proliferación estilística y su catastrófico e hilarante final, en el que la isla de Cuba, puesta a la deriva en el Atlántico por las dentelladas de sus habitantes, se hunde bajo las olas abrumada por el peso de la tendencia aparentemente incurable de los cubanos a las querellas ruidosas, la novela evita deliberadamente cualquier «síntesis más elevada». Además, *El color del verano* funciona como una especie de doble carnavalesco del testamento autobiográfico de Arenas, *Antes que anochezca*: ambas fueron compuestas al mismo tiempo, y muchos de los incidentes relatados en la autobiografía reaparecen en la novela, grotescamente transformadas en «literatura».

Al mismo tiempo, sin embargo, Arenas está conciente de que, ya que la novela y la autobiografía comparten en igual medida la experiencia vivida y el ornamento literario (de hecho, ambas están compuestas como series de viñetas de longitud variable), ninguna puede ser considerada como un testimonio más «auténtico» que el otro. Por eso Arenas incluye entre sus epígrafes a *El color del verano* una nota que «exonera a su editor, a sus herederos y a su agente literario» (*ECV*, 11) de cualquier consecuencia que la novela «escrita sin privilegio imperial» pueda acarrear, y en el primer «capítulo», «Al juez», advierte a sus censores o hipócritas lectores (póstumos), «no olvides que estás leyendo una obra de ficción y que por sus personajes son infundios o juegos de la imaginación (figuras literarias, parodias y metáforas) y no personas de la vida real» (*ECV*, 15), sólo para contrarrestar astutamente esta advertencia al declarar que, al tener lugar los hechos de la novela en el año de 1999, diez años después de su escritura, «Sería injusto encausarme por un hecho ficticio que cuando se narró ni siquiera había sucedido». Es como si lo que comprendió durante su encarcelamiento en El Morro, que «parecía estar condenado a vivir en mi propio cuerpo lo que escribía» (*AQA*, 222), pudiera aplicarse a la Cuba cuya historia secreta (del futuro) estaba tratando de representar. La ficción, entonces, se carga de un contenido anticipatorio, si no profético, expresa una realidad que es más «real» que la realidad consensual precisamente porque de sus necesarias distorsiones surge una verdad más profunda, incómoda y desestabilizadora. Como señala Juan Abreu respecto de *Antes que anochezca*, «su aparente alejamiento del

---

[3] Arenas (1999). En adelante, *ECV*. A partir de aquí todas las citas referentes a este texto serán de esta edición.

hecho concreto produce un acercamiento que ilumina dicho hecho y lo expone en su verdadera realidad» (1998: 33).

Si todas las obras abiertamente ficticias de Arenas pueden ser consideradas reinvenciones y variaciones de temas surgidos de su vida,[4] y *Antes que anochezca* como una especie de llave maestra de las novelas y los cuentos, *El color del verano* en particular debe ser considerada como la expresión más paroxística de la crisis resultante del recuerdo de una totalidad perdida; en este caso, «una de las épocas más vitales de mi vida y de la mayoría de los que fuimos jóvenes durante las décadas del sesenta y del setenta» (*ECV*, 262), forjada por una decidida resistencia cotidiana al Estado cubano post-revolucionario, cada vez más represor. De acuerdo con la observación de Said de que «hay en el estilo tardío una insistencia [...] en una sensación de lejanía y exilio y anacronismo» (2004), Arenas dramatiza la melancolía de su propio aislamiento de exiliado, su inminente mortalidad y fragmentación psicológica en una serie de cartas dirigidas a «Reinaldo» por (y en la última carta, desde) sus tres *alter egos*: Gabriel, el niño de mamá procedente de Holguín; Reinaldo, el escritor, y «La Tétrica Mofeta», el ardiente homosexual. El anacronismo, un recurso que Arenas emplea frecuentemente, asume aquí una dimensión tragicómica al invocar y resucitar los fantasmas desapacibles de la literatura cubana decimonónica (entre ellos, La Condesa de Merlín, Luisa Pérez de Zambrana, Julián del Casal, José Martí, y Gertrudis Gómez de Avellaneda). Aunque Arenas se burla de sus excesos retóricos, los transforma en dobles de sí mismo, tal como ya había hecho con Fray Servando Teresa de Mier en *El mundo alucinante*.

Al abrir la novela con una larga opera bufa, «La fuga de La Avellaneda» –que al mismo tiempo es un fárrago de escandalosas parodias de la poesía, los poetas y las figuras políticas cubanas y una glosa del famoso poema de Avellaneda «Al partir» que a menudo incurre en versos deliberadamente malos, con ritmos y metros torpes– Arenas procura rescatar la figura de Avellaneda –desdeñada por Cintio Vitier, el ortodoxo constructor del canon, por no ser auténticamente cubana, acusación que Vitier también lanzaría contra el mentor de Arenas, Virgilio Piñera– y por extensión, todo el siglo XIX cubano, de la deformación y/o momificación oficial, afirmando la continua relevancia de sus preocupaciones temáticas, y por ende la continuidad esencial entre la Cuba colonial y la (supuestamente) poscolonial. El dúo cuasi-operático entre la Avellaneda y José Martí a la mitad del Mar Caribe –ella huyendo de Cuba, él huyendo hacia la isla– articula e historiza el dilema existencial de Arenas: abandonar Cuba equivale a una condena de infelicidad irremediable, pero quedarse o regresar a la isla implica una muerte segura. Significativamente, se concede

---

[4] En *El color del verano*, Arenas mismo, que desde su *alter ego* «La Tétrica Mofeta» escribe a sus otros *alter egos*, declara: «... mis libros conforman una sola y vasta unidad, donde los personajes mueren, resucitan, aparecen, desaparecen, viajan en el tiempo, burlándose de todo y padeciéndolo todo, como hemos hecho nosotros mismos» (358).

gran peso a los argumentos de Martí para luchar y morir en Cuba: «Me voy porque quiero ser yo o al menos parecerme / a lo que quiero ser» (*ECV*, 66). Pero
en estas circunstancias, tal autenticidad sólo puede ser efímera, como él mismo
reconoce: «¿No te das cuenta de que para yo ser / tengo primero que dejar de
vivir?» (*ECV*, 68). Como Constantino Cavafis (cuya influencia es clara en la
poesía de Delfín Prats, amigo cercano de Arenas), poeta citado por Said como
parangón del estilo tardío, Martí/Arenas considera a Cuba como «depositaria de
la promesa sin la que [él] no podría vivir, aun cuando culmine en traición y des-
engaño» (2004).

Aunque Arenas ciertamente fantaseaba con la posibilidad de regresar a Cuba
(dramatizada en su novela *Viaje a La Habana*), estaba totalmente conciente de
la imposibilidad de hacerlo. Vertió en sus escritos sus sentimientos de pérdida y
añoranza, «al menos parecerme / a lo que quiero ser». Como dice en la nota de
su suicidio: «Les dejo pues como legado todos mis terrores, pero también la
esperanza de que pronto Cuba será libre. [...] Pongo fin a mi vida voluntariamente porque no puedo seguir trabajando» (*AQA*, 343). Para Arenas, la muerte
no era la culminación de la obra de su vida, sino el momento en el que esa obra
formaría parte de un legado de terror y esperanza, un «ser» más grande y más
profundo, resultante de su decisión (al estilo de Martí) de «dejar de vivir». La
literatura es un logro que puede ser rescatado del naufragio de la historia y de la
tragedia de la vida individual: «Aunque el poeta perezca, el testimonio de la
escritura que deja es testimonio de su triunfo ante la represión, la violencia y el
crimen. Triunfo que ennoblece y a la vez es patrimonio del género humano...»
(*ECV*, 263). Que Arenas pudiera concebir su obra completa como un regalo para
ese mismo «género humano» del que había jurado vengarse mientras la escribía
testifica la consumación triunfante de esa venganza, un tributo ofrecido a las
Furias que lo habían acompañado durante su vida. La serenidad con que lega la
obra de su vida a la posteridad se deriva precisamente de su conciencia de que,
al terminarla, estaba transformando su guerra contra la humanidad en una creación literaria que reconoce que las Erinias vengativas y las benignas Euménides
son, después de todo, las mismas, negándose a que su tensión interna se anule
en una resolución estética fácil.

Un ejemplo particularmente asombroso de esta transformación de la rabia
visceral en una obra imaginativa ocurre en un momento relativamente temprano
de *El color del verano*, cuando la pintora Clara Mortera, una de las muchas
furias que pueblan las novelas de Arenas, concibe un tríptico a gran escala, a
partir del modelo de *El Jardín de las Delicias*, de Hieronymus Bosch (una pintura que sólo ha visto en reproducciones) para que corone la obra de su vida. En
un monólogo torrencial, describe meticulosamente todos los elementos, figuras
y emociones que va a representar en este lienzo pululante, del que «No habrá
maricón que se me escape, empezando por mi marido; no habrá delatora ni puta
que se me escape, empezando por mí misma; no habrá niño llorón, ni madre
desesperada, ni gente acorralada, ni calamidad alguna que no quede aquí repre-

sentada» (*ECV*, 90). Tras planear la obra, comprende súbitamente que carece de los medios financieros y los materiales necesarios para realizar tal obra maestra, y jura hacer lo que haga falta –prostitución, soborno, robo, traición– con tal de consumar su proyecto, pues «Mi obra, mi obra, eso es lo que importa» (*ECV*, 91). No obstante, la obra nunca es terminada, y como la protagonista epónima de otra novela corta de Arenas, *La vieja Rosa*, se inmola tras regresar a su hogar y encontrar sus pinturas destruidas por la Seguridad estatal cubana. Es precisamente su sueño de una obra de arte imposible, esencialmente tardía, lo que se convierte en núcleo y catalizador de las descripciones literarias del mundo pesadillesco del último carnaval de Fifo; cada una de sus figuras emerge del lienzo (verbal) y puede seguir un desarrollo autónomo en el espacio-tiempo fragmentado de la novela. «En la historia del arte», como dice Adorno en un pasaje citado por Said, «las obras tardías son la catástrofe» (2004). La obra maestra invisible pero articulada de Clara Mortera, que se proyecta espectralmente en el subtítulo de la novela, «Nuevo "Jardín de las Delicias"», es en esta realización negativa tanto una cristalización como un anuncio de la catástrofe de la que es testigo toda la obra de Arenas.

De igual manera, la descripción de Arenas de los «poemas efímeros», de Virgilio Piñera, escritos para ser leídos sólo una vez, con gran efecto, en las tertulias semi-clandestinas celebradas durante los años setenta en casa de Olga Andreu y luego entregados a las llamas para evitar represalias gubernamentales, dramatiza mucho más que el evidente poder de la censura para marginar y aniquilar. Al representar a Piñera destruyendo sus manuscritos en términos casi heroicos, Arenas convierte la evanescencia en elemento central de una contra-estrategia de movilidad casi improvisatoria, en la que la escritura entra en la oralidad y luego en la memoria, y en la que, inversamente –en el caso de los «treinta truculentos trabalenguas» intercalados a lo largo de la novela, libelos imaginados por Arenas como «otras de las armas contra aquellos que me hacían mal» y que, «durante el año 1977, se hicieron famosos en toda La Habana» (*AQA*, 261)–, pasan de ser piezas ocasionales y tópicas memorizadas por su autor a duraderos epitafios, cruelmente humorísticos, de los famosos, infames u oscuros individuos que caricaturizan.

Una práctica de denuncia e inversión igualmente móvil y discontinua está detrás del subtítulo colectivo que Arenas dio a su *Pentagonía*, «una historia secreta de Cuba». Las historias son relegadas al «secreto» cuando las suprimen los autoproclamados dueños de la nación y de su historia hipostasiada y singular, y sólo pueden ser sacadas a la luz y al color del verano por medio de una nivelación de lo que pasa por elevado (Fidel Castro, cuyo primer nombre fálicamente imponente, reverenciado por sus acólitos, es reducido aquí al silbido que suena como un pedo, «Fifo») y una elevación de lo que tiende a ser considerado bajo y obsceno (una palabra originada en el drama griego, en el que se usaba para designar las acciones irrepresentables –por su violencia–, acciones relegadas al ámbito fuera de escena). La incomodidad, irritación, incluso abierta repulsión con que muchos lectores reaccionan ante *El color del verano*, quizá se refleja en la relativa falta de atención crítica que ha recibido esta novela, paradójicamente dan fe del éxito de las provocaciones de Arenas; como él observa en uno de sus «Nuevos pensamientos de Pascal o Pensamientos desde el infierno»: «A un enemigo no se le combate con sus mismas armas, sino con otras peores» (*ECV*, 195). Y el enemigo de Arenas no es sólo Fidel Castro, pese a lo que haya dicho en su carta de despedida, sino la complacencia, el miedo, la conformidad y la traición que, por medio de una contaminación universal de mentes y cuerpos, han demostrado ser tierra fértil para las dictaduras y represiones de toda clase.

En el habla coloquial cubana, el acto de desinflar es también un acto de profanación, nítidamente recogido en la frase usada para describir a alguien cuyas pretensiones han fallado: «se le cayó del altarcito». Arenas, experimentado en las maneras en que las tácticas de disminución pueden ser usadas por los poderosos para aplastar al artista, al homosexual, al disidente –«a la mayoría de los cubanos sólo les ha interesado la belleza para destruirla» (*ECV*, 261), posición expresada también por José Lezama Lima, «…si eres puro, si sientes vaharadas germinativas de la tierra, te rodeamos con nuestras carcajadas» (Ponte 2002: 158)–, aspira a algo más que a una mera reversión de los términos discursivos, pues sin importar la eficacia momentánea ni la risa suscitada por esas inversiones, las relaciones fundamentales, socialmente sancionadas entre «débil» y «fuerte», «poderoso» e «impotente» permanecen intactas. La profanación, o «ir en contra» perpetrada por Arenas implica una subversión minuciosa de la lógica megalomaníaca del poder manifiesta en la historia, literatura y política de Cuba: «…poco a poco… cada habitante de la isla quiso poseer para sí mismo la isla, quiso apoderarse para él solo de las mejores tierras y quiso habitar en las casas más lujosas sin importarle que los demás vivieran en la calle» (*ECV*, 340). Satirizando el acostumbrado discurso de la «cubanidad» con su exaltación casi metafísica del excepcionalismo cubano, Arenas incluye en su texto una serie de meditaciones tituladas «La historia», casi todas las cuales empiezan con la frase: «Ésta es la historia de una isla», y revelan la historia de Cuba no como una teleología liberadora sino como un descenso gradual hacia la ignominia colectiva y la impotencia (y, en último término, hacia el mar que rodea a la isla) enmascarado en una retórica complaciente y triunfalista.

Aún así, bajo este festival del conformismo, bien dramatizado en el carnaval oficial organizado por Fifo para celebrar sus cincuenta (en realidad, cuarenta) años en el poder, existe una fuerza centrífuga anti-autoritaria que tiende a alejarse del centro omnipotente encarnado por él (incluso para roer los cimientos de la isla y dejarla a la deriva), un complejo juego de deseo que articula una profunda rebelión libidinal encaminada a crear, de acuerdo con las palabras de Rafael Rojas, «un territorio de libertad para el deseo, la imaginación y el placer, que bien podría asociarse con otra "metáfora de la nación cubana"» (2000: 70). En el contexto de la Cuba de las décadas de 1960 y 1970, Arenas describe el velo de discreción que ocultaba y estimulaba las relaciones homosexuales: «El placer realizado entre dos hombres era una especie de conspiración; algo que se daba en la sombra o en pleno día, pero clandestinamente; una mirada, un parpadeo, un gesto, un señal, eran suficientes para iniciar el goce total» (*AQA*, 131). Contra la logorrea de los pronunciamientos oficiales, un lenguaje de gestos, contra la colonización del espacio social, una afirmación de la autonomía corporal abierta a las posibilidades de la «topología de la libertad» (Ponte 2002: 158) trazada por la aventura del ligue homosexual.

Prediciblemente, sin embargo, la naturaleza peligrosa de un territorio tan evanescente e incesantemente móvil del deseo presenta, en un contexto totalitario, innumerables posibilidades de traición, como se corrobora repetidamente en *Antes que anochezca*. Mientras esta subcultura paralela del deseo permanezca confinada a la clandestinidad, las reglas del juego sólo pueden muy rara vez subvertir, y sin ninguna trascendencia, la hegemonía de la Mentira Social. Por eso –ya que la literatura tiene el poder de decir lo indecible, de exponer historias «secretas» y, al hacerlo, afirmar no sólo que tales secretos son de hecho conocimiento común, aunque no declarado, sino también cuestionar la definición socialmente sancionada de lo que constituye o no un secreto– el elemento importante del proyecto de Arenas en *El color del verano* es la divulgación de un «secreto» esencial para el mantenimiento del control social no sólo en Cuba sino en el Occidente cristiano: la forzada oposición entre el principio de la realidad y el principio del placer, o, como ha expresado sucintamente Octavio Paz, entre la cara y el culo.

En *Conjunciones y disyunciones*, Paz traza la compleja relación entre estos opuestos corporales ligados entre sí, identificando la figura del sol como el agente de disolución no sólo de la distinción entre cara y culo, sino también entre cuerpo y alma. (Georges Bataille, por su parte, habla de *solar anus*). No obstante, ésta es una unidad consumada sólo en la esfera mística, en lo que respecta a la humanidad; la realización de tal fusión sólo puede ser momentánea, disuelta rápida y fácilmente por la misma risa que la hace posible: «La cara se ríe del culo y así traza de nuevo la raya divisoria entre el cuerpo y el espíritu» (Paz 1991:15). Pero la risa misma tiene sus gradaciones, de la sonrisa a la risotada, y la pura violencia explosiva de los órganos posteriores, que se afirma pese a todos los esfuerzos por mantenerlos fuera de la vista y de la mente, tiene el poder de suprimir la sonrisa y estimular la risotada. «La carcajada es semejante al espasmo físico y psicológico: reventamos de risa… es un regreso a un estado anterior; volvemos al mundo de la infancia, colectiva o individual, al mito y al juego. Vuelta a la unidad del principio, antes del tú y del yo, en un nosotros que abarca a todos los seres, las bestias y los elementos» (Paz 1991: 15-16). En una etapa subsecuente de su argumento, Paz afirma que la perenne fuerza subversiva del sexo consiste en su carencia de rostro, que disuelve la separación entre lo alto y lo bajo, la cual, aunque «nos ha hecho seres humanos, nos condena al trabajo, a la historia y a la construcción de sepulcros […] el sexo nos dice que hubo una edad de oro; para la cara esa edad no es el rayo solar del cíclope sino del excremento» (1991: 32-33). Siguiendo el freudianismo de Norman O. Brown, Paz establece una analogía estructural entre el sol y el excremento, el erotismo fálico y el anal –«...el excremento es el doble del falo como el falo lo es del sol. El excremento es el *otro* falo, el *otro* sol» (1991: 33)–, haciendo especial énfasis en el principio de acumulación (retención del oro excrementicio) por medio del cual la sociedad burguesa ha consolidado su dominio.

Desde el inicio de *El color del verano* está claro que el mundo descrito es conducido por el deseo homosexual masculino y está poblado casi exclusivamente por hombres homosexuales (incluyendo a los personajes femeninos, que con la significativa excepción de la madre de Gabriel/Reinaldo/«La Tétrica Mofeta», tienden a parecer hombres homosexuales o, cuando mucho, travestis). Ya pasada «La fuga de la Avellaneda» y el primer trabalenguas (dirigido a «Zebro Sardoya», por razones que pronto estarán claras), el relato narra la triste historia del último bugarrón de la tierra, que, ya en la senectud, se suicida en la escalera del Palacio Presidencial, incapaz de vivir con la certeza de que Fifo, a quien alguna vez poseyó en la creencia de que Fifo era un bugarrón como él, en realidad ha sido poseído por muchos otros. Se desploma sobre el piso que está encima del cadáver del Presidente de la Real Academia Española, que revive durante el tiempo suficiente para proclamar su propia condición de bugarrón antes de expirar en la última lucha para decidir quién penetrará a quién. Ya desaparecidos los bugarrones (con el dictador Fifo descubierto como otro simple maricón bajo su uniforme verde olivo, sus poses de supermacho y sus pretensiones omnipotentes), Arenas puede dedicar el resto de la novela a toda clase de variaciones entre penetrar y ser penetrado, hasta el punto que, gracias a la (escritural y corpórea) mediación del pene, el culo y el rostro recuperan su antigua conjunción.

Arenas aporta mucho más humor a este proceso que el que Paz parece hallar en el acto sexual. Aunque Paz afirma que «ni el falo ni el culo tienen sentido del humor» (1991:'15) porque son inherentemente agresivos, Arenas demuestra que esto sólo es verdad en un sentido muy limitado. En un ámbito completamente sexualizado, entre más extravagante y descabellada es la situación descrita, más probable es que despierte la clase de risotada orgásmica, infantil y juguetona que Paz asocia con una completa comunión con el mundo y con todas sus manifestaciones. En el mundo de Arenas, el sexo tiene la fuerza necesaria para obliterar, al menos momentáneamente, las diversas caras del poder, como demuestra la escena en la que «La Tétrica Mofeta» y un policía se involucran en una cópula salvaje, que literalmente sacude la tierra: «...la Tétrica se extendió sobre la yerba y boca abajo era taladrada por el joven policía, quien ahora no parecía que poseyese a un cuerpo humano sino a la tierra entera» (*ECV*, 108). Con la consumación de este acto, el policía recupera la posesión de su «rostro» represivo y continúa su acostumbrada persecución de homosexuales. De hecho,

los objetos del deseo homosexual en *El color del verano* –adolescentes, policías, reclutas, negros– se distinguen por su ausencia de rasgos faciales; lo que
cuenta son su juventud y la magnificencia de sus atributos físicos. Las locas
errantes, por su parte, son descritas como grotescas y espantosas, Celestino/
Celestinas que procuran infundir belleza a sus propios cuerpos para así borrar
momentáneamente su propia fealdad física, con la única excepción de la seductora «La Mayoya», quien, en cualquier caso, acaba por consumar un poderoso
encuentro sexual, que evoca al Maldoror de Lautréamont, con el preciado Tiburón Sangriento de Fifo. El sexualmente omnívoro Lázaro González Carriles,
uno de los pocos adolescentes que tienen un nombre, es fervorosamente bauti-
zado por «La Tétrica Mofeta» como «La Llave del Golfo»: «...pues golfo era lo
que ella tenía y sólo aquella monumental llave era capaz de ajustarse a tan
gigantesca cerradura» (*ECV*, 234).

El culo, pues, reclama su poder como órgano que vincula a los individuos
con la tierra, y el paisaje mismo, la naturaleza tal como es contemplada por el
individuo que a la vez es parte de ella (gracias al culo y al falo) e ilusoriamente
(de modo súper-egoísta) retirado de ella (gracias al rostro vuelto hacia el cielo,
que, no obstante, siempre acaba encontrándose con el sol anal).[5] Rafael Rojas
nota perceptivamente que en contraste con Severo Sarduy, «Arenas no asume el
cuerpo como un territorio de descripción y desplazamiento, sino como una cavi-
dad de posesión y goce» (2000: 70). Para Arenas, tratar el cuerpo como Sarduy
lo trata en sus escritos es participar en una forma de hipocresía literaria (o hipócrita literariedad). Por ello, en un gesto característicamente reivindicativo, crea
al monstruoso «Zebro Sardoya», también conocido como «La Chelo» (autén-
co *nom de guerre* de Sarduy), cuyo culo es tan voraz y excesivamente caliente
que, antes de la Revolución, el más poderoso magnate azucarero de Cuba lo
contrata como *central* compuesto por un solo hombre, que analmente exprime
las cañas para extraerles el líquido, una tarea que cumple con magnificencia. El
culo, supuestamente enemigo de la productividad burguesa por su obstinada
resistencia física al proceso económico que metafóricamente lava el excremento para convertirlo en oro que puede ser acumulado y atesorado, se convierte
para La Chelo en un instrumento industrial de provecho personal y promoción
de ambiciones profesionales, en vez de un placer improductivo (y por ello subversivo). «Escribir en el cuerpo», algo que Sarduy a menudo intenta en sus
obras, es para Arenas un pobre e incluso sospechoso sustituto de escribir *en* y
con el cuerpo.

---

[5] Esta perspectiva confiere una dimensión trágica adicional al famoso cuarteto de José Martí,
en el vigésimo tercero de sus *Versos libres*: «No me pongan en lo oscuro / A morir como un traidor:
/ ¡Yo soy bueno, y como bueno / Moriré de cara al sol!» (Martí 1997: 198). Cfr. la conclusión de la
novela de Witold Gombrowicz *Ferdydurke*, traducida por primera vez al español por un colectivo
de escritores que incluía a Virgilio Piñera: el desdichado protagonista comprende que no puede
escapar del Gran Culo que brilla en el cielo y huye escondiendo la cara entre las manos.

Como contrapunto de lo que Arenas considera esteticismo desnaturalizado está el capítulo «La conferencia de Lezama», donde el gran poeta cubano regresa de entre los muertos para participar en la «Gran Conferencia Onírico-teológico-político-filosófico-satírica» celebrada como parte de las festividades del carnaval. Aunque a menudo se parodia la fraseología intrincada e idiosincrática y se prodiga una erudición a veces inventada, la conferencia es ante todo, como señala Rojas, «un manifiesto homoerótico que Arenas escribe dentro del universo simbólico lezamiano» (Rojas 2000: 70). Mucho más abiertamente homosexual en su imagen pública de lo que jamás fue Lezama, la conferencia exalta el paganismo de la Florencia renacentista, atribuyendo su gloria artística a la presencia ubicua de jóvenes bien dotados, inmediatamente dispuestos a excitar y satisfacer los apetitos carnales de los ciudadanos. Lezama narra un rapsódico cuento erótico sobre cómo Miguel Ángel esculpió su famosa estatua del David tras un formidable encuentro sexual con su joven modelo (cuya actitud reposada resulta ser post-eyaculatoria, según el análisis de una reproducción proyectada). Su retórica eufemística contrasta humorísticamente con, e incluso acentúa, la explícita descripción: «Al sentir el maestro que no solamente el tronco conductor del *umbravit*, sino que también las semillas del árbol lo poseían, un dolor, que era un placer inexpresable, lo traspasó...» (*ECV*, 297). La «potencia vital y traspasante» del joven transmite su poder generador a la mano del maestro, que comienza a producir incontables esculturas aún durante su trance erótico.

Contradiciendo a Freud, Arenas afirma que la satisfacción sexual, no la sublimación, es la condición de la creación artística, y que el erotismo anal es menos «una fase infantil, pregenital, de la sexualidad individual que corresponde en la esfera de los mitos sociales, a la edad de oro» (Paz 1991: 33) que una ocasión esplendorosa para conjurar la presencia de lo que Lezama llama «el genio (que suele visitarnos sólo en instantes excepcionales)» (*ECV*, 299). En *Antes que anochezca*, Arenas recuerda que «...el ritmo de mi producción literaria [...] me acompañaba siempre; aun en los momentos de mayor intensidad amorosa o en los momentos de mayor persecución policial» (*AQA*, 135). Al mismo tiempo, sin embargo, tanto la conferencia de Lezama (expuesta por un espectro y dedicada a una mitificada –por irrecuperable– «edad de oro» de desaparecida grandeza artística) y los recuerdos de la juventud perdida de Arenas en la isla conllevan la inconfundible nota melancólica de lo tardío; en lo que lo más hermoso pertenece al pasado y sólo puede ser imaginariamente recordado y reconstruido, pero jamás revivido. Al fin de cuentas, en esto quizá hay una especie de sublimación, aunque insista en la primacía y perdurabilidad de la creación literaria sobre la «simple vida».

Una notable escena relacionada con esto tiene lugar en un gigantesco mingitorio en el que, por órdenes de Fifo y del Departamento de Reforma Urbana, se ha transformado el hogar ancestral de María Mercedes, Condesa de Merlín. Al entrar al edificio, el eternamente lúbrico e insatisfecho, totalmente paranoico y ortodoxo Tedevoro, cuyas incesantes peregrinaciones en busca de satisfacción sexual lo han trasladado de las páginas de *Otra vez el mar* a las de *El color del verano*, se maravilla al ver a cientos de hombres dedicados a aliviarse: «Nunca, se dijo Tedevoro, respirando un perfume que lo embriagaba, la Condesa de Merlín pudo imaginar que su residencia iba a ser destinada a una empresa tan noble» (*ECV*, 86). Ansiosa aunque tentativamente, va en busca de un pene deseoso, y en el mismo instante en que piensa que ha alcanzado el objeto de su búsqueda, es interrumpido por los acordes del aria «Casta diva» procedente de la ópera *Norma*, de Vincenzo Bellini, cantada, resulta ser, por la propia Condesa de Merlín, recién llegada del París decimonónico y muy afectada por la suerte de su casa.

Vale la pena señalar que las cartas en clave que Arenas envió a Delfín Prats fueron escritas en un estilo decimonónico paródico y firmadas con el seudónimo «La Condesa de Merlín». La imagen de la sexualmente precoz y extremadamente promiscua Condesa que emerge de *El color del verano*, aunque sin duda tiene muy poca relación con la verdadera mujer que llevó el mismo nombre, es evidentemente un autorretrato burlesco del propio Arenas. Así pues, cuando la multitud que orina interrumpe su actividad para mirar atónita a la «esquelética dama ya de edad madura» (*ECV*, 153), es difícil no pensar en el moribundo Reinaldo Arenas, consumido por el SIDA, proyectando su propia figura sobre la devastación de La Habana actual para cantar una última canción que quizá la redimiera de su degradación moral y política. En el primer capítulo de *Antes que anochezca*, su intuición inicial del destino ocurre cuando entra a un mingitorio «y no se había producido esa sensación de expectación y complicidad que siempre se había producido. [...] Yo ya no existía. No era joven. Allí mismo pensé que lo mejor era la muerte» (*AQA*, 9). Paz recuerda que «Las letrinas son el lugar infernal por definición. El sitio de la *pudrición* es el de la *perdición*: este mundo. La condenación de este mundo es la condenación de la putrefacción y de la pasión por atesorarla y adorarla: el becerro de oro es excrementicio. Esa condenación alcanza también al *desperdicio*» (1991: 35-36). Al ver el gigantesco mingitorio, Arenas, tanto en su encarnación como La Condesa como en su identidad propia, es atacado por un pesimismo casi quevediano, las imágenes de la mansión abandonada transformada en un excusado, y éste en un *memento mori*, resuenan con «la avidez, la rabia y la gloria de la muerte» que Paz halla en Quevedo. Para La Condesa, «Ante tal espectáculo sólo le quedaban dos alternativas: morir allí mismo o cantar» (*ECV*, 274), una apuesta al poder curativo del arte que honra la intuición de Paz en el sentido de que «Entre atesoramiento y desperdicio no queda otro recurso que la sublimación» (1991: 35).

El sonido de la cascada voz de La Condesa hipnotiza a la multitud que orina hasta hacerla cantar el acompañamiento coral: «Mil hombres, mientras orinaban, coreaban a una vieja Condesa de alta voz de cristal acompañada por una orquesta que sacaba arpegios únicos y producía melodías insospechadas. [...] La magia inundaba todo el palacio; la Condesa de Merlín volvía a triunfar» (*ECV*, 275). Las doradas duchas de orina son transformadas en ondulaciones musicales; lo que inunda el palacio ancestral de La Condesa ya no es desperdicio y muerte sino un momento de epifanía (simultáneamente incongruente y conmovedor) una aparición de un pasado aparentemente borrado en el que toda ruina y sordidez son momentáneamente suspendidos. Tal es el poder de su canción que el agente de la Seguridad del Estado, Tedevoro, que vive dentro del clóset y se siente más cómodo (como sugieren las últimas tres sílabas de su nombre) con la retención anal que con el metafórico gasto de oro en forma de notas musicales y obligado tintineo, prefiere huir del lugar, «hecho una bola roja [...] convertido en un aro de furia» (*ECV*, 275).

«Casta diva» es un aria cantada a la luna, y al final de *Antes que anochezca*, Arenas la apostrofa en una cavatina que abarca un párrafo y, aunque ciertamente no carece de cierta calidad *camp* y melodramática, evoca esfuerzos similares de La Avellaneda, algunos de cuyos poemas son fácilmente adaptables a la secuencia recitativo-cavatina-cabaletta común en las arias operísticas del siglo XIX. Significativamente, es la luna y no el sol lo que está en el centro del cosmos de Arenas. Cuando el sol es mencionado, normalmente es en términos de calor asfixiante; (recuérdese el título de uno de los poemarios de Arenas, *Morir en junio con la lengua afuera*), y cuando José Martí proclama a La Avellaneda que «quiero caer en medio del color / del verano natal», ella replica, «El calor del verano infernal / querrás decir» (*ECV*, 73) (1991: 73). Al insistir que es el «color» y no el «calor del verano» lo que lo atrae hacia su destino, Martí convierte una aparente confusión lingüística en una declaración de fe en el encantamiento de su isla, *a pesar* del calor.

La luna, tradicionalmente identificada como femenina, sirve como contrapeso refrescante al casi exclusivo énfasis de la novela en el ardiente, insaciable deseo homosexual, mitigando también el poder totalitario del sol que «disuelve la dualidad cara y culo, alma y cuerpo, en una sola imagen, deslumbrante y total» (Paz 1991: 14). Tal ojo que todo lo ve es utilizado por Fifo en sus periódicos vuelos sobre la isla: cualquier cosa que ve escapar de su control o fuera de su esfera es destruida inmediatamente y re-edificada de acuerdo con sus instrucciones demenciales. Todos aquellos que revelan una mínima duda son lanzados desde el avión como otros tantos Ícaros. La luna, por otra parte, siempre es presentada bajo un aspecto benigno y protector, y está en el centro de los dos «viajes» descritos en *El color del verano*, ambos desde situaciones carcelarias.

El primero tiene que ver con la frenética reacción de «La Tétrica Mofeta» ante la noticia del aterrizaje en la luna de una nave espacial tripulada. Bajo la luz de la luna llena, en medio del campo de concentración, se mortifica, gritando, «¡Dime que no es cierto! ¡Dime que no es cierto!». El segundo tiene lugar en la prisión de El Morro, donde uno de los presos, atacado de locura criminal, lleva a cabo un extraño ritual cotidiano que consiste en llenar un enorme tanque con agua de un cuentagotas. Todos los intentos hechos por la administración para eliminar ese hábito fallan, y también rechaza el ofrecimiento de ayuda de «La Tétrica Mofeta», que le propone compartir el trabajo, aunque al cabo revela que el propósito del ejercicio es viajar a la luna. Cuando el tanque por fin está lleno, en la noche de luna llena reúne un gran montón de madera de desperdicio, enciende un fuego bajo el tanque, y se mete a él. A la mañana siguiente, «En el rostro del cadáver había la placidez de un niño que, acunado por su madre, se hubiese acabado de dormir. Entonces, la "Tétrica Mofeta" comprendió que aquel hombre se había ido definitivamente para la Luna» (*ECV*, 328).

El contraste entre los dos «viajes» es evidente: uno es un acto de profanación, de violación incluso, a cargo de una humanidad maligna e indiferente, contra la cual el único recurso es un grito angustiado, mientras que el otro es un ritual de veneración que, a pesar de ser llevado a cabo por un loco, posee una lógica mitopoética que «La Tétrica Mofeta» comprende rápidamente. El prisionero, de quien se dice que ha asesinado a toda su familia, ejecuta su propia sentencia de muerte, inmolándose en una mezcla alquímica de fuego y agua que tiene la intención de apaciguar a la luna que ha ofendido. Podría haberse apropiado de las palabras de la última plegaria de Arenas: «...en tu rostro veía una expresión de dolor, de amargura, de compasión hacia mí, tu hijo» (*AQA*, 340).

La luna, pues, es una metáfora de la madre: otro rostro, pero ahora relacionado con el útero, y por ello distinto, aunque cognado, con el dualismo rostroculo. En la obra de Arenas, la madre, como la luna, tiene la doble cara de Jano: al mismo tiempo nutricia y devoradora, leal y traicionera, abnegada y sádica, patética y vengativa, frágil y dictatorial, objeto del amor más indefenso y del más profundo odio de su hijo. La íntima conexión entre las fuerzas maternales gemelas de la luna y el mar cuyas mareas gobierna no necesita explicación, pero vale la pena mencionarla, dada la centralidad del mar en la obra de Arenas, y especialmente debido a su calidad tardía: «Los párrafos se sucedían unos a otros como el oleaje del mar; unas veces más intensos y otras menos; otras veces como ondas gigantescas que cubrían páginas y páginas sin llegar a un punto y aparte» (*AQA*, 134). Un sumergirse, casi ahogarse en el lenguaje. También compara la pérdida del manuscrito de la novela *Otra vez el mar* con los movimientos de las olas. Titula su primer discurso público después de llegar a los Estados Unidos en el *Mariel*: «El mar es nuestra selva y nuestra esperanza». En el último capítulo de *El color del verano*, el mar se traga la isla de Cuba: ¿una bendición o una maldición? Arenas sabe que su fin está próximo cuando el vaso de agua que está junto a su cama estalla en fragmentos, y le parece que es la luna, no el vaso, lo que se ha roto. Le escribe a un amigo, años antes de su muerte, respecto de *Otra vez el mar*: «Cuando nos acercamos a la muerte todos nuestros fantasmas y hasta los seres más amados desaparecen. Siempre se entra solo a la muerte».[6] A punto de ser devorado por Tiburón Sangriento en el penúltimo capítulo de *El color del verano*, «la Tétrica Mofeta comprendió no sólo que perdía la vida, sino que antes de perderla tenía que recomenzar la historia de su nove-

---

6 Carta de Reinaldo Arenas a Juan Abreu, 11 de febrero de 1983 (Abreu 1998: 201).

la» (*ECV*, 454), una *mise en abîme* literal en el que el acto de rescribir, de recrear, existe en un momento fuera del tiempo y más allá de la muerte, en la eternidad de las olas, «al final, completamente conciente, con plena memoria y también (incluso sobrenaturalmente), conciente del presente» (Said 2004).

El asalto. La agonía de un final o el final de una persecución

Julio César Cervantes López/Beatriz Flores/Emiliano Mastache/
Martha E. Patraca Ruiz/Jovita Franco García/Christopher Winks[1]
UNAM/UIA/CUNY

Al llamar Pentagonía a su secuencia de cinco novelas sobre «la historia secreta de Cuba», Reinaldo Arenas rinde tributo a un admirado ancestro literario cubano, Enrique Labrador Ruiz, cuya «tríagonía» de «novelas gaseiformes» (*El laberinto de sí mismo*, *Cresival* y *Anteo*) había revolucionado la narrativa cubana de los años treinta y principios de los cuarenta. Muchos de los personajes de Labrador Ruiz sostienen una relación fluctuante y angustiada con una realidad objetiva frecuentemente hostil o indiferente, y procuran preservar su subjetividad refugiándose en obsesiones privadas, espejismos y extravagancias. Uno de esos personajes es el inválido veterano de la guerra de independencia cubana, el Capitán Mamerto Luis, cuyos monólogos delirantes y lúcidos, efecto de una herida en la cabeza, forman el núcleo del cuento «Mármol maduro». Hacia el final del cuento –es difícil hablar de «clímax» cuando se trata de Labrador Ruiz– el Capitán declara: «Ésta es una tierra proyectiva. Todos proyectamos algo; proyectamos presente, futuro, pasado. Pasado, sí señor. ¿Qué me hago yo tan vacío? Me proyecto. Y lo mejor de todo es como quiera que se mire esto es así» (Labrador 1953: 100).

Es útil tener esto en mente al analizar *El asalto*, la última entrega de la Pentagonía de Arenas, pues el narrador anónimo de *El asalto*, poseído por un vacío existencial y por la obsesión monomaníaca de encontrar y asesinar a su madre, convencido de que «si no la mato rápido seré exactamente igual que ella» (*EA*, 16)[2] sufre precisamente de este tipo de proyección que el Capitán de Labrador Ruiz identifica como específica de la nación cubana. Con un giro característicamente irónico, Arenas muestra que es la habilidad del protagonista para proyectarse y vivir enteramente dentro de sus proyecciones lo que en último término debilita su lealtad, proclamada y demostrada, a la horripilante sociedad distópica cuyos estamentos penetra durante la búsqueda. Teseo, asesino y cargado de odio en busca de un Minotauro hermafrodita que es a la vez padre y madre, ha asimilado tan completamente los mandatos autoritarios y las conductas de su mundo devastado que se convierte (en el nivel inconsciente) en la suprema amenaza al orden mega-totalitario que tanto placer le produce reforzar. Al final, los

---

[1] Julio César Cervantes López, Beatriz Flores, Emiliano Mastache y Jovita Franco García pertenecen a la UNAM; Martha E. Patraca Ruiz a la UIA, y Christopher Winks a la CUNY.

[2] Arenas (2003). En adelante, *EA*. A partir de aquí todas las citas referentes a este texto serán de esta edición.

círculos del infierno social que atraviesa precipitadamente –aunque sin duda Arenas los propone como proyecciones o exageraciones grotescas de los aspectos más siniestros de la dictadura de Fidel Castro– son al mismo tiempo elementos de lo que Labrador Ruiz llamaría «el laberinto de sí mismo», y como tales reinscriben y magnifican, contra los esfuerzos más decididos del narrador, un yo –psicopatológico, sin duda, pero al fin y al cabo un yo– supuestamente expulsado del ambiente bestial del régimen del Reprimerísimo.

El mero acto de proyectar introduce un elemento de desorden, pues atestigua la permanencia del poder subversivo de la imaginación. Numerosos desvíos dentro del texto indican la incapacidad del narrador para abrazar una imposible conformidad. La rabia con que asigna castigos a quienes cometen aparentes infracciones disciplinarias puede considerarse un síntoma de su propia culpabilidad por no ser debidamente obediente dentro del orden reinante: mientras busca a su madre en la «inmensa prisión patria», encuentra a una mujer castigada por decir: «Tengo frío», una inaceptable caída en la primera persona, que denota la imposible posesión de una sensación colectiva. Cuando la oye, «Enfurecido arremeto otra vez contra ella» (*EA*, 81). No obstante, el movimiento narrativo permanece resueltamente en primera persona, y llega a cualquier extremo para probar lógicamente que «…lo primero que debo hacer es evitar que alguien que no sea yo pueda aniquilar a mi madre» (*EA*, 57).

En el nivel más obvio, el hecho de que esté componiendo un relato contradice la estupidización analfabeta e inarticulada promovida por los subordinados del Reprimerísimo, en una serie de escalofriantes y risibles absurdos burocráticos reproducidos en la narración. «…de acuerdo a las orientaciones del primer tambor o cuero, o tumba, o palo hueco, o cajón, o váyase usted a la mierda» (*EA*, 70). A través de sus monólogos interiores, el narrador constantemente lucha con un lenguaje que amenaza escapar de su comprensión, y repetidas veces estalla con exasperación cuando se descubre incapaz de unir debidamente un significante y un significado. Al mismo tiempo, significado y significante coinciden sin problemas en el léxico meticulosamente formulado (con sus negaciones satíricas dignas de Virgilio Piñera) de las ubicuas instituciones represivas: «…puedo entrar y salir en cada celda o semicelda, gran celda, casicelda, nocelda, maxicelda, celdilla y policelda» (*EA*, 77).

Dada la tendencia del régimen megatotalitario a imponer un presente eterno a sus súbditos –reflejada en «las palabras del Reprimerísimo: *La memoria es diversionista y pena exige. Pena máxima*» (*EA*, 32)–, es digno de notar que *El asalto* comience en pretérito, con una reminiscencia del narrador de la última vez que vio –e intentó matar– a su madre. Esta peligrosa (por desestabilizadora) proyección al pasado –no es accidental que el Capitán de Labrador Ruiz enfatice la palabra «pasado»– es aparentemente breve, pues el narrador adopta el presente no histórico a lo largo de la narración. No obstante, los encabezados de todos, excepto los últimos entre los cincuenta y dos capítulos, que parecieran carecer de la más remota conexión con los eventos narrados, sirven como perturbadores

recordatorios de un pasado histórico y cultural que no ha sido enteramente aboli-
do ni siquiera en el futuro radiante y letal representado en la novela. Como en un
espectral *bricolage* practicado en las ruinas de una biblioteca destruida, estos
encabezados de los capítulos se separan de sus fuentes originales (citadas en el
Índice, pero no cuando aparecen en la narración misma) y se ciernen sobre el
áspero relato como comentarios irónicos y como acertijos insolubles. Sólo en el
capítulo final, cuyo título es el mismo que el de la novela, se resuelve esta diso-
nancia entre el tema evidente y el contenido realmente expuesto, por medio de
un acto de violencia alucinante (no necesariamente liberadora) por parte del
narrador, durante el cual el por fin visible Reprimerísimo y la madre se revelan
–en grotesca parodia de la Danza de los Siete Velos de Salomé– como el mismo,
inmediatamente violado y asesinado por el narrador vengativo.

Arenas y sus camaradas escritores que huyeron de Cuba desde Mariel, en
1980, gustaban de señalar a menudo que eran refugiados del futuro. Que *El
asalto* adopte los recursos de una novela de ciencia ficción –describiendo el
futuro del futuro– corresponde ciertamente con esta perspectiva. Pero tal proyección al ámbito distópico no debería interpretarse exclusivamente como alegoría de Cuba; el propio Arenas dijo, en una declaración reproducida en la con-
traportada de la edición de *El asalto* en Tusquets, que el libro era una «árida
fábula sobre el destino del género humano cuando el Estado se impone por encima de sus sueños o proyectos». De hecho, en este desolado retrato de la personalidad autoritaria que asciende sin descanso por la jerarquía opresiva para
satisfacer sus deseos matricidas, pero que, una vez exorcizada esa obsesión,
sólo puede colapsarse en impotente abyección, cerca del mar que no puede ver
(el símbolo de la libertad preferido por Arenas) –«...cansado, abriéndome paso
en medio del estruendo sin que nadie se percate de mí [...], puedo llegar hasta
el extremo de la ciudad. Camino hasta la arena. Y me tiendo» (*EA*, 191)–, *El
asalto* muestra las aterradoras consecuencias de la abdicación individual de la
capacidad de proyectar, imaginar y soñar *conscientemente*, fuera y contra los
parámetros de un orden social opresivo. Otro de los mentores de Arenas, José
Lezama Lima, afirmó, «Deseoso es aquel que huye de su madre» (1988: 58), y
sobre la base de esta intuición, el narrador de *El asalto*, que sufre náuseas ante
el contacto físico, instiga una persecución masiva de todos los que son sorpren-
didos mirando a la bragueta o a las nalgas de alguien.

Fragmentación y animalización del cuerpo con las que Arenas construye una
estética.

> Las orejas de mi madre son largas, ásperas y anchas como las de un murciélago
> gigante, ratón, perro o elefante o qué coño de bicho, siempre alerta; sus ojos redon-
> dos, giratorios y saltones, como de rata o sapo, o qué carajo. Su nariz es como un
> pico de pájaro furioso, su hocico, su trompa, es alargada y a la vez redonda, con
> mucho de perro o de boa o de quién carajo podrá decirlo. Su cuello es corto y girato-
> rio, cuello de búho o de garza aplastada o sabrá el diablo de qué rara bestia. En cuan-
> to a su cuerpo, que cada vez que lo descubro me ha parecido que se infla más, envuel-

to en su monouniformeazul, es voluminoso, potente, barrigudo, ventrudo, abultado, vasto, hediondo, peludo por algunos lados, blancuzco por otros, y totalmente desfachatado; su andar es como de cucaña cabrona, de cosa enfurecida siempre en trance de estar cagándose, molesto, un paso como del que posee urticaria y va reventando, pero nunca cesa de reventar (*EA*, 63).

En *El asalto* los personajes son el centro de una postura estética. Alrededor del narrador aparecen cientos de «alimañas, ratas, víctimas o bestias» fragmentadas, carentes de rostro y, con ello, de una posible articulación e individualidad. La especie de humanos animalizados que habita el Universo libre del Reprimerísimo está representada en descripciones metonímicas e hiperbólicas:

> Tenía que dormir con todo el mundo al lado. Tenía que ver una pierna, un ombligo, un pedazo de jeta, pelos de los otros. A veces mirando la guataca del que estaba a mi lado, oyendo su respiración, mirando su nariz o una de sus garfas, no podía más y tenía que vomitar. Sé claramente que no hay nada más grotesco que la figura humana (*EA*, 18).

Y estas representaciones hacen posible observar la centralidad del cuerpo en la organización del discurso, es decir, éste como una construcción significante donde la mutilación discursiva por parte del narrador transforma a los personajes y los identifica con manadas de animales incapaces de autodeterminarse.

El desfile esperpéntico de personajes, de la misma forma que todas las manifestaciones teratológicas del imaginario universal, aparece como un desdoblamiento o reverso de la apariencia humana. Los «otros» no tienen una fisonomía concreta y son indiferentes a su propio drama esclavizante, incapaces de pensar, abstraídos en su obscena exhibición, absurdos, animalizados, despedazados o deformes, siempre hipertróficos, no sufren, simplemente son así y aunque desinhibidos, asumen una actitud de obediencia absoluta, sin pasiones de ningún tipo, sólo con instintos:

> [...] más abominable es ver cómo a veces, ya en el polifamiliar, naturalmente, luego de haber firmado un convenio y la autorización, se enredan en el acto de procreación patria. [...] Lo insólito es que si alguien intentara, en ese momento en que ambas alimañas soltando la baba se revuelcan, tirarles un ácido corrosivo o prenderles fuego con algo inflamable, no se separarían, ni dejarían de emitir el típico ahogado rezongamiento. Así es aunque parezca increíble. He hecho la prueba (*EA*, 41-42).

A través de esos cuerpos vaciados y sus miembros vanos, de jirones de epidermis, de fragmentos disgregados y de miasma, paradójicamente se expresa la inhumanidad de esas criaturas y su falta de libertad. En este sentido, es paradójico porque la fragmentación podría apoyar la percepción de sensaciones positivas del cuerpo en tanto que se divide lo percibido en el discurso y, más bien, el exceso y la pulverización de lo descrito conforman el odio del narrador-personaje y la impersonalidad de los demás.

La obra en su conjunto afirma el derecho del individuo a desarrollarse según su propia voluntad, pero la escritura –con su continua referencia a fragmentos del cuerpo que se distorsionan o laceran– es un hacer violento que se mueve dentro de la misantropía. La náusea que provocan en el narrador los olores, el tacto y, desde luego, el sexo de los otros personajes, son un ejemplo de esto. «El sol hace ahora que sus pellejos suelten una oleada pestífera que desde luego no perciben. Yo la percibo por no estar siempre entre ellos […]. Un vaho a mierda, orine y sudor me sube a la nariz cuando las alimañas, en uniforme tropel, se acercan, rítmicas, encaminándose a la explanada. Las observo» (*EA*, 32 y 179).

Lo grotesco es la característica más saliente de estos personajes reducidos en los que se reconocen cabellos, bocas, símiles de ojos, de pies y de manos, excrecencias globosas y la nulidad del rostro en medio de las descripciones. Es significativo porque la hiperbolización con que se describe el cuerpo es una apología de la forma que no constituye individualidades, sino una masa de alimañas arremolinadas de apariencia indefinible. Por ello puede afirmarse que «el cuerpo instaura un foco de orientación, un lugar, una posición desde la cual se proyectan las primeras articulaciones de sentido» (Filinich 2002: 166) y que «las figuras más apropiadas para dar cuenta de la experiencia sensible serán aquéllas privilegiadas por los sistemas de significación espaciales, los cuales construyen su objeto como provisto de partes» (Filinich 2002: 166). De ahí que la metonimia, sinécdoque e hipérbole articulen retóricamente una posición estética sobre el cuerpo: «A veces cuando alguien pasa cerca de mi lado siento que hiervo y me abalanzo –esas patas, esa facha, esos pelos en la nariz–, pero me contengo; la lengua me baila, los dientes sueltan una baba caliente, pero me contengo en espera de mi madre» (*EA*, 19).

De ahí que el contrasusurrador persiga ávidamente a su madre; en vez de huir de ella, toda o en fragmentos, al final aniquila el deseo en vez de despertarlo. El resultado es una solitaria muerte simbólica, sobre las arenas estériles.

El fin de la persecución

La novela termina con el protagonista tendido sobre la arena, satisfecho –suponemos– de haber conseguido lo que tanto anhelaba. Este final es simbólico, ya que representa la culminación de todo: de la novela, de la Pentagonía e, incluso quizás, de la obra entera de Arenas y de su vida misma, pues junto con su autobiografía fue lo último que escribió. Pone fin también a la persecución, ya que una vez alcanzada la víctima no hay más qué hacer y puede descansar. Por eso es tan importante para el personaje tener la certeza de que su madre ha muerto y esta certidumbre sólo es posible si él acaba con ella personalmente. De otra manera estaría

> […] condenado a perseguir algo que no existe y que por lo tanto no voy a poder aniquilar, pero que, como en definitiva yo no sé si existe, me estará aniquilando siempre

a mí; pues lo importante no es que mi madre esté muerta, sino saberlo, y más que saberlo, saber que fui yo quien la mató (*EA*, 55).

Al aniquilar a su madre, el contrasusurrador no se libera únicamente de ella, sino de sí mismo, pues desde las primeras páginas es consciente de que él era ella: «Soy ella, soy ella, si no la mato rápido seré exactamente igual a ella» (*EA*, 16).Y todo adquiere mayor importancia al final del texto, cuando está de pie frente al Reprimero:

> Y entonces la veo, la veo, la veo a ella. Es ella, ese rostro que está ante mí es el odiado y espantoso rostro de mi madre. Y ése es también el rostro del Reprimerísimo. Los dos son una misma persona (*EA*, 187).

El deseo de exterminar al monstruo al que mira es inevitable. Con su muerte se acaba al mismo tiempo con la madre aborrecida y con el déspota que todo lo mantiene sometido. La asimilación de la madre con el Reprimero –que es una especie de encarnación del Estado y no una simple parodia de Fidel Castro– da como resultado una figura claramente barroca que podríamos considerar una *matria*:[3] mezcla de patria y madre en la que se confunden algunas de las características atribuidas al Estado y a cierto tipo de madres, pues se trata de un ser todopoderoso –o casi–, represor, vigilante, posesivo, celoso y egoísta, ante el cual el asesinato se vuelve algo urgente.

Aún más por la identificación del protagonista con esta misma figura, puesto que, al acabar con ellos, acaba consigo mismo y así obtiene la liberación absoluta. Por eso todo se termina cuando se tiende –¿muerto?– sobre la playa. Éste es el auténtico final, el descanso absoluto después de la gran faena; es la conclusión después de que la madre –y todo lo que simboliza– ha sido eliminada por su hijo, el Estado por el rebelde y el hombre por sí mismo. En realidad, el juego de desdoblamientos lo que hace es ocultar el suicidio. Al asesinar a su madre, el contrasusurrador se mata a sí mismo, pues ambos son uno solo como lo es la madre y el Reprimero. La necesidad de terminar con su madre es la urgencia que tiene de acabar consigo mismo. Ni la madre, ni el régimen que lo oprime, ni quien lo encabeza pueden sucumbir bajo sus manos, pero sí puede matarse, y al hacerlo termina con todo lo demás, al menos para sí.

La muerte y el suicidio, dos de los temas recurrentes en los textos de Arenas, aparecen en *El asalto* de manera velada, sin embargo, como siempre sucede en sus escritos, terminan por ser el máximo anhelo. Los personajes de Reinaldo Arenas irremediablemente acaban matándose, como él mismo lo hizo. Esta práctica –el suicidio– es explicada de la siguiente manera por Eliseo Alberto:

---

[3] De ninguna manera hacemos alusión al concepto de *matria* que acuñó Luis González para referirse a lo que por lo común se denomina *patria chica*.

En buena parte del mundo el suicidio se considera una cobardía, una debilidad, una claudicación al menos. En Cuba no. De eso nada. Matarse, en Cuba, no es rendirse sino todo lo contrario: matarse en Cuba es vencerse (1997: 55).

Porque de alguna manera es trascender. En otra novela, Arenas escribe:

[...] la muerte voluntaria es el único acto puro, desinteresado, libre, a que puede aspirar el hombre, el único que lo salva, que lo cubre de prestigio, que le otorga, quizá, algún fragmento de eternidad y de heroísmo (*PBM*, 242).

Con razón o sin ella, ésta es una de las conclusiones a las que se llega después de leer cualquier libro de Arenas y *El asalto* no es la excepción. Al asesinar a su madre, que es el doble del Reprimero y a su vez suyo, el contrasusurrador termina con su vida y con todo aquello que le molesta, con todo lo que no puede acabar más que en su imaginación. A veces el último recurso termina por ser el primero.

III

LA ESCRITURA DE LA MEMORIA

La retórica de la autobiografía en *Antes que anochezca*

Beatriz Flores
Universidad Nacional Autónoma de México

Leer una autobiografía implica presenciar un acto de afirmación por parte de quien la escribe. Ante nosotros, el autor revela su identidad a través de una mirada personal. Nos lleva a un mundo íntimo que reconstruye la memoria, a un diálogo que pone de manifiesto lo que el autobiógrafo es en la vida pública y privada.

Sin embargo, en el caso de Reinaldo Arenas, un escritor cuya obra se ha abordado como autorrevelación, como una especie de protesta personal y como el registro de sus padecimientos constantes y obsesivos en torno a la Revolución cubana, la lectura de su autobiografía implicaría además la reflexión sobre las diversas construcciones que él mismo hizo de su identidad a lo largo de toda su obra y su relación con la imagen que proyecta en la lectura de *Antes que anochezca*.

Porque más que referirnos su vida y la interpretación de ella, en esta obra Arenas parece realizar una nueva construcción de sí mismo en un escenario de reminiscencias literarias bien estructuradas, donde personajes, no personas, hacen eco de lo fantástico, de lo perdido, de la felicidad, de lo erótico, del dolor, de la sensualidad, de la carencia y, sobre todo, de su identidad como intelectual y homosexual en Cuba, o más específicamente, en el gobierno socialista cubano.

Pues si bien es cierto que todo texto autobiográfico es producto de una historia personal, también lo es el hecho de que hay detrás de ellos una sólida tradición literaria. En este sentido, es innegable que el ejercicio de la memoria y la fabulación han forjado poco a poco una serie de estrategias genéricas que moldean los discursos autobiográficos: la retórica de la autofiguración que determina la escritura de las autobiografías.

Al poner en entredicho la veracidad de la obra frente a su construcción como texto absolutamente literario, la autobiografía aparentaría ser una novela más del patrón de representaciones en que Arenas habría interpretado su personaje casi autobiográfico. Pero así como *Antes que anochezca* no es completamente la narración global y retrospectiva de la experiencia personal de su autor ni mucho menos la «narración sincera [que se ofrece] a otro» (Starobinski 1974: 70), tampoco es una novela de representaciones de un prototipo de contrarrevolucionario.

El estilo y contenido muestran diferencias notables con las novelas más conocidas de Arenas. *Antes que anochezca* se construye con su testimonio de intelectual homosexual y sus condiciones de existencia en el fenómeno de la revolución cubana, y en el análisis de su posición como intelectual, vida y obra se confunden en una concatenación de lo real y lo ficticio.

Esto sucede por tres motivos: primero, porque dentro de los contenidos de la autobiografía se mezclan la experiencia personal de Arenas-autor en cuanto persona real que narra su vida y tipos de organización tomados de la literatura; segundo, porque casi toda su obra es una constante discrepancia con el gobierno cubano; tercero, porque en su recorrido vital, su memoria visualiza los sucesos dramáticos que acompañaron la revolución no sólo desde su posición de disidente y perseguido político, sino desde su trágica condición como enfermo terminal en el exilio, con todo el rencor que semejantes circunstancias puedan producir.

Como lectores podemos percibir la imbricación de lo real y lo ficticio debido al evidente carácter literario de la autobiografía, su constante referencialidad a «hechos» ya narrados en sus novelas en varias versiones, y sobre todo, al artificio de la memoria como un artefacto que recupera el pasado de un almacén de datos sin, aparentemente, tomar en cuenta que toda autobiografía es una interpretación de la propia vida hecha desde la situación actual.

Así pues, el texto autobiográfico es una ilusión del referente que reconstruye. No se puede discernir lo que en él hay de ficción o realidad. La autobiografía no se trata «en definitiva [...] de resucitar un pasado, sino de darle coherencia y legitimar la propia existencia» (Hernández Rodríguez 1993: 73). Se lee como autobiografía porque está sometida pragmáticamente a un modo determinado de lectura y comprensión en el que el discurso es el factor desencadenante de la ilusión.

Es decir, no hay «ninguna propiedad semántica o sintáctica privativa de la ficcionalidad» (Villanueva 1991: 216). Y sí existe, en cambio, la selección de un tipo particular de género por parte del escritor en relación a lo que desea expresar. Su individualidad y subjetividad no se aplican y adaptan a un género, sino es porque éste moldeará de una forma típica su enunciación individual hacia una forma de expresión inherente que tiene probados sus efectos.

Esto no se aprecia con facilidad porque la autobiografía, como ningún otro género, pugna contra una de sus dimensiones fundamentales, contra la que más ostensiblemente preside su nacimiento: la ficción. El conflicto responde a un afán de verosimilitud. La credibilidad de lo narrado desafía la existencia literaria del texto: mediante indicios de realidad la obra pretende alcanzar la existencia de «documento real» antes que de texto literario. La escritura desencadena la idea de que la obra remite a la realidad.

Sin embargo, los sucesos relatados no son verificables, sino más bien verosímiles, esos que en la vida práctica se definen como los que tienen apariencias de *verdad*, y que en la literatura se crean a partir de una relación entre el discurso que se elabora y el discurso de lo que se cree posible, la opinión común.

En *Antes que anochezca* esto se logra a partir de una compendiosa maquetación y una escritura que da la impresión de estar hecha a salto de mata, sin más irrupciones que las de la fuga y la muerte. No obstante, y aunque muchos críticos –y desde luego el mismo Arenas– reiteraron que el autobiógrafo tuvo que grabar a toda prisa su última obra porque se encontraba en un estado físico tan grave que no le permitió ni mecanografiar su texto, otros críticos más acuciosos han encontrado que «éste pudo leer y editar el manuscrito de su autobiografía antes de su muerte» (Bejel 1996: 40).

Es interesante advertir en la maquetación de la autobiografía, además de los sesenta y nueve capítulos que la conforman, dos textos que se publican conjuntamente: la «Introducción», último texto que escribió Arenas y la «Carta final», agregada por los editores a modo de epílogo. Ambos textos ofrecen giros muy significativos para la lectura de *Antes que anochezca*.

La introducción rompe con las expectativas de lectura del género autobiográfico y de lo que se esperaría para un preámbulo, pues si bien informa las circunstancias de redacción de la obra y las etapas de su génesis, lo más importante en ésta es el sobrecogedor y dramático anuncio de la muerte inminente del autor-narrador y de que el punto final de su obra es el punto final de su vida (Celorio 1998: 14).

> Cuando yo llegué del hospital a mi apartamento, me arrastré hasta una foto que tengo en la pared de Virgilio Piñera, muerto en 1979, y le hablé de este modo: «Óyeme lo que te voy a decir, necesito tres años más de vida para terminar mi obra, que es mi venganza contra casi todo el género humano». Creo que el rostro de Virgilio se ensombreció como si lo que le pedí hubiera sido algo desmesurado. Han pasado ya casi tres años de aquella petición desesperada. Mi fin es inminente. Espero mantener la ecuanimidad hasta el último instante.
>
> Gracias, Virgilio (*AQA*, 16).[1]

La fuerza que contiene este párrafo por la referencia a la enfermedad terminal que lo aniquila y a la búsqueda de unos años más de vida en su maestro y amigo, Virgilio Piñera, muerto casi once años atrás, es conmovedora. Y cuando pensamos que dice «para terminar mi obra, que es mi venganza» aparece súbitamente una constante dolorosa y literal de todo este libro: se cuenta para no morir. De este modo aparecen en ese texto una serie de «datos» que se transforman en constantes de la escritura de *Antes que anochezca* y bajo las cuales se lee toda la obra: el tema de la muerte siempre próxima, la violencia, la soledad, y el cómo contar historias, a la manera de Sherezada, es una forma de no morir y de fugarse.

La carta final también ofrece matices de lectura interesantes que me parece es oportuno analizar más adelante puesto que ésta refuerza un tipo de comunicación que el resto del relato autobiográfico permite.

Ahora bien, dentro de los sesenta y nueve apartados que como ya se ha señalado integran *Antes que anochezca*, los primeros veinte siguen con fidelidad la

---

[1] Arenas (2001a). En adelante, *AQA*. A partir de aquí todas las citas referentes a este texto serán de esta edición.

estructura de una novela de los orígenes.[2] En ella, el autobiógrafo se beneficia ampliamente de una narración preconcebida para explicar «la inexplicable vergüenza de haber tenido baja cuna, escasa herencia y defectuoso amor» (Robert 1973: 40-41). La escritura le devuelve una imagen deformada más tolerable, en donde la grandeza de sus antepasados –lejana y noble– resplandece en él. Por otra parte le ayuda a destacar «una modificación o transformación radical de la existencia anterior: conversión, iniciación de una nueva vida» (Starobinski 1974: 71).

Es verdad que toda la escritura autobiográfica parte de este principio: el de la modificación de la existencia. No habría necesidad de hacer un escrito semejante si al narrador le bastara con definirse en un solo momento. La duración y la movilidad que ofrece una narración autobiográfica son necesarias para destacar un cambio, una irrupción de algo, una transformación.

Así pues, la narración retrospectiva, en este sentido, ofrece la libertad de partir desde cualquier punto de la existencia, a condición de que lo escrito contenga, cronológicamente, ese valor de cambio radical. Se narra desde el *otro* que se fue hasta el *yo* que se es ahora. Se escribe desde cualquier punto útil para reconstruir el cambio que se ha dado. Las etapas de la vida son seleccionadas con base en este criterio, el cual descubre el proyecto de escritura orientado hacia el futuro. El relato de infancia, por tanto, nunca carece de intención. Comúnmente se olvida porque es un fragmento muy agraciado a los ojos del lector. Se observa con simpatía el niño que el autobiógrafo fue. Pocas veces se pone bajo sospecha y «está respaldado por la más elemental y segura de las legalidades, la del certificado de nacimiento» (Molloy 1996: 109).

La estructura de la autobiografía de Arenas dedica la primera parte a una serie de capítulos que trazan la genealogía y la geografía restauradora de los orígenes, y otra que plantea el desarrollo y aprendizaje de distintas capacidades para que el protagonista pueda destacar, sea repudiado y sobreviva en la futura sociedad a la que se integrará en el capítulo veintiuno, «Rebelde», durante los dos últimos años de la revolución cubana.

Así, al advertir el propósito de cada uno, leemos en conjunto, el tránsito diáfano y sucesivo de una etapa de ignorancia, miseria y libertad a otra de intelectualidad y represión. De Fulgencio Batista a Fidel Castro, de la dictadura a la revolución cubana.

---

[2] Al indagar los orígenes de la novela, Marthe Robert postula como novela de los orígenes un texto que en lugar de reproducir un pasado elabora un relato fantasma que no es sólo el inagotable depósito de las futuras historias de sus protagonistas, sino también la única convención cuyos límites aceptan. Es decir, una reproducción que se presenta como la realidad misma y no como una representación de la realidad. De manera que viene a instaurar un juego paradójico entre lo verdadero y lo falso: el despliegue de la ficción originaria (geografía y genealogía) como proyección fabuladora que actúa sobre la realidad para modificarla: se trata de recrear otra vida a partir de lo mismo (1973: 40-41).

La ficcionalización de los orígenes dada por los apartados de «Las piedras», «La arboleda», «El pozo» y «La noche, mi abuela» cuentan la historia familiar de Reinaldo Arenas. Estos pasajes adoptan la retórica de la novela de los orígenes en su modalidad más romántica; el pasado ilumina el presente y la vuelta a los orígenes es el único camino que conduce a la verdad.

> Mi madre era una mujer muy bella, muy sola [...] Mi padre era un aventurero: se enamoró de mi madre, se la «pidió» a mi abuelo y a los tres meses la dejó [...] Cuando yo tenía tres meses, mi madre volvió para la casa de mis abuelos; iba conmigo; el fruto de su fracaso. No recuerdo el lugar donde nací; nunca conocí a la familia de mi padre, pero creo que ese lugar estaba por la parte norte de la provincia de Oriente, en el campo. [...] Un día mi madre y yo íbamos caminando [...] al bajar el río vimos a un hombre que venía hacia nosotros; era un hombre apuesto, alto, trigueño. Mi madre se enfureció súbitamente; empezó a coger piedras del río y a tirárselas en la cabeza a aquel hombre que, a pesar del torrente de piedras, siguió acercándose a nosotros. Llegó hasta donde yo estaba, metió la mano en el bolsillo, me dio dos pesos y salió corriendo [...] cuando llegamos a casa de mi tía, yo me enteré de que aquel hombre era mi padre. No lo volví a ver más; ni tampoco los dos pesos (*AQA*, 17-18).[3]

La unión indisoluble entre la madre y el hijo se impone en el relato por medio de la alusión dolorosa al fruto del fracaso, la soledad y, más adelante, a la abstinencia sexual. Todos estos rasgos de la madre extenderán sus brazos al hijo. El padre será el eterno ausente de la vida cotidiana, relegado a «un reino de fantasía, aún más allá de la familia, [en una narración] que tiene el sentido de un homenaje y, más todavía, de un exilio» (Robert 1973: 45).

El conflicto legendario al que Freud dio el nombre de complejo de Edipo no puede evitar hacerse presente. La canción que repetía Arenas niño: «El muchacho creció y se hizo un hombre [...] y en venganza mató a su padre» (*AQA*, 8) es contundente. En el triángulo familiar que ha organizado para encaminar su espacio afectivo, roza un deseo oculto. Un deseo que de ningún modo creo que sea el motor de la autobiografía –como escribe Jorge Olivares–[4] y si más bien

---

[3] Es interesante la comparación que se puede establecer respecto a esta historia familiar y otro texto pre-autobiográfico, «Cronología (irónica pero cierta)», que habría realizado Arenas en 1982 y que se publicó en la edición de Argos Vergara de *Otra vez el mar*. En él, a usanza de los autobiógrafos inexpertos, narraba su nacimiento dejándose llevar –en términos de Lejeune– por «la autoridad de la evocación». Es decir, recurría a la típica frase «Nació en 1947», a manera de colofón entre el relato retrospectivo y el tiempo referencial. Esta trampa de la escritura autobiográfica no le volvería a sorprender en *Antes que anochezca*. Aquí el autor se desprende del momento de nacimiento y aprovecha su narración como una oportunidad para convertir la presentación de sí mismo en un relato de alcances más personales.

[4] Jorge Olivares opina que «Las piedras es, por así decirlo, la piedra angular de las memorias de Arenas» pues en este capítulo se establece un «triángulo edípico; [la relación con el padre que] evoca una dimensión erótica si tenemos en cuenta las resonancias erótico-anales asociadas con el dinero». La interpretación de este crítico me parece forzada a demostrar como motor de la autobio-

un recurso ingenioso, muy literario y muy humano, de tener un expediente de aceptación que proyecta lo que el niño será.

El modelo perfecto de madre e hijo, probado hasta el cansancio en la literatura areniana, es el depositario de sueños individuales y mitos colectivos que dan origen a la (homo) sexualidad. «El pozo» concreta el tema del Edipo invertido. El abuelo, «un hombre con un sexo prominente» (*AQA*, 31), es el objeto de su deseo. La madre tiene relaciones sexuales con el abuelo en la imaginación del protagonista, y éste no sabe si siente celos de la madre o del abuelo.

Ahora bien, las raíces propiamente familiares, desde mi punto de vista, son simbolizadas por el personaje de la abuela. La amplificación fabulosa de ésta la coloca como «una mamá grande» de la literatura hispanoamericana en cuya figura se cifra el origen de todo.

El centro de la casa era mi abuela, que orinaba de pie y hablaba con Dios [...].
La cocina era el sitio sagrado donde ella oficiaba ante un fogón que alimentaba con leñas secas, que yo le ayudaba a recoger [...] mi infancia fue el momento más literario de toda mi vida. Y eso se lo debo en gran medida a ese personaje mítico que fue mi abuela [...]. La noche entraba en los dominios de mi abuela; ella reinaba en la noche. Mi abuela también conocía canciones tal vez ancestrales; ella me sentaba en sus piernas y me las cantaba; no recuerdo tanta ternura por parte de mi madre [...]. Mi abuela indiscutiblemente era sabia; tenía la sabiduría de una campesina que ha parido catorce hijos [...] por eso conocía la noche y no me hacía preguntas; sabía que nadie es perfecto. Seguramente, alguna vez me vio trasteándole el trasero a alguna puerca [...]. Pero nunca mi abuela me recriminó; sabía que eso en el campo era normal (*AQA*, 20, 23, 45, 46).

El *yo* provengo, el origen de ese *yo*, está instituido desde la literatura. Lo que decide aquí la interpretación es la orientación de la mirada del escritor. La visión del mundo que se ofrece a través de la abuela sabia e inmemorial lleva toda una intención estética e ideológica. La infancia se rige desde la soberanía de la imaginación, en ella se forja un origen mágico, onírico, para el futuro escritor. También, la fantasía del recuerdo menosprecia la realidad, y busca las razones de la libertad, y por extensión, de la sexualidad, en la fe sabia y sobrenatural de la abuela.

El lugar incierto donde nació es remplazado por otro más metafórico y más significativo dentro de la autobiografía. El título de este capítulo, «La noche, mi abuela», da la pauta para la interpretación. Representa la ficción fundacional del itinerario autobiográfico, la síntesis geográfica y genealógica de Reinaldo Arenas. Éste es el tiempo anterior a la caída: el paraíso perdido.

Ahora bien, se hace evidente que la feliz permanencia del autobiógrafo en el seno de la madre naturaleza, donde el niño-héroe es iniciado en los misterios de la

---

grafía un conflicto principalmente homosexual. Yo creo que el tema está muy rebasado por un conflicto más universal: la libertad del individuo (2000: 268-298).

vida, fragua el saber diferenciado con que opera el adulto. Reinaldo Arenas mudado a niño, a partir de un tópico de novela romántica, regresa a una tierra cósmica que le confiere saberes. Su reino natural de veinte capítulos tiene ambiciones prometeicas: dotar al protagonista de los recursos necesarios para sobrevivir.

Es evidente que narrar la niñez del autor no constituye el objetivo primordial. Estos capítulos surgen como una parte indispensable para trazar lo que, desde mi punto de vista, es el núcleo de la escritura autobiográfica: la necesaria libertad del individuo.

A partir de esta «edición» del recuerdo, se filtran los indicios del artificio de la memoria que el autor ha puesto a funcionar en modelos literarios bien establecidos. Como una novela de orígenes, la infancia narrada se somete al proceso de formación hacia la madurez, y por ello, dentro de la autobiografía, es un eslabón necesario para lo que se llegará a ser. No importa lo que el autobiógrafo fue, sino lo que le interesa recrear de aquello que fue en el presente de la escritura. En otras palabras, para la construcción autobiográfica, los efectos determinan las causas.

Arenas está perfectamente consciente de ello al escribir su autobiografía. Esto queda claro desde 1982, cuando en la edición de Argos Vergara de *Otra vez el mar*, aparece un primer esbozo de autobiografía, «Cronología (irónica, pero cierta)», en la que Reinaldo escribiría una frase muy significativa para *Antes que anochezca*: «Como campesino, Arenas está dotado de una gran habilidad para fugas».[5]

En esta frase, el autor revela cómo comprende dentro de su vida su condición de campesino: un aprendizaje que le había proporcionado las cualidades necesarias para escaparse. Los capítulos «La arboleda», «El aguacero», «La violencia», «La tierra» y «El mar» siguen ese esquema con exactitud. Cada apartado va proporcionándole una habilidad que le servirá para fugarse cuando sea perseguido por el Estado cubano.

Todo el relato de los primeros años es «una forma de inversión, un gesto capitalista; la buena administración de los productos del pasado [...] transformados por el recuerdo en actos de poder» (Molloy 1996: 132). La mirada selectiva valida la narración del yo.

Así, «La política» sirve como un aprendizaje más revelador que el dispuesto para la fuga. Contar cómo el abuelo «antirreligioso, liberal y anticomunista» (*AQA*, 15) justo cuando iban a tomarle una foto sacó un cartel enorme con la imagen de Chibás, periodista que denunció la corrupción del gobierno de Fulgencio Batista, no es sólo un recuerdo picaresco. Es una vinculación de tintes claramente ideológicos, lo mismo que la descripción de un abuelo mejor alfabetizado que el resto de los campesinos y gran aficionado a la lectura de *Bohemia*.

---

[5] No he podido consultar el texto directamente. Esta cita la tomé de la reproducción de Roberto Valero que «recoge gran parte de la autobiografía [...] sintetizada y actualizada» (Valero, 1991: 15).

Según Arenas, esta revista constituía la única educación política de la familia, y esa única educación a la que hace referencia resume igualdad de pensamiento entre la familia, un periodista que se suicidó denunciando los atropellos del gobierno y una revista trascendental para el pensamiento liberal de izquierda en la Cuba de esa época.

Tampoco es gratuita la referencia a que su abuelo era anticomunista. Trazado como un campesino que vivía miserablemente y que, sin embargo, rechazaba con vehemencia «el comunismo, a la vez que odiaba también de manera apasionada las dictaduras de derecha» (*AQA*, 15), el abuelo brinda las claves de interpretación. En el mismo nivel de odio apasionado se encuentran las dictaduras y el comunismo. Es indudable que no es del abuelo de quien se escribe.

Ahora bien, un aprendizaje que despierta gran interés dentro de la constitución de la autobiografía es el dedicado a la sexualidad. Reinaldo Arenas concede varios capítulos a su iniciación sexual porque busca describir una trayectoria. La iniciación es recordada como un campo lleno de experiencias diversas, de libertad. Esta imagen cederá su sitio a la represión de los siguientes años.

«El río», «La escuela», «El templo», «El Repello» y «El erotismo» forman el itinerario. De todos estos capítulos, me parece que «El río» es el más emblemático.

> Fue ese río el que me regaló una imagen que nunca podré olvidar; era el día de San Juan, fecha en que todo mundo en el campo debe ir a bañarse al río. [...] Yo iba caminando por la orilla acompañado por mi abuela y otros primos de mi edad cuando descubrí a más de treinta hombres bañándose desnudos. [...] Ver aquellos cuerpos, aquellos sexos, fue para mí una revelación: indiscutiblemente me gustaban los hombres [...], me gustaba ver aquellos cuerpos chorreando, empapados, con los sexos relucientes. [...] Con mis seis años yo los contemplaba embelesado y permanecía extático ante el misterio glorioso de la belleza (*AQA*, 25).

Los «más de treinta hombres bañándose en el río» le revelan la homosexualidad a un niño de seis años. Casi inverosímil, la imagen recuerda a los veintiocho jóvenes descritos en el «Canto a mí mismo» de Walt Whitman.

El poema de Whitman describe un imaginario vuelo desde el Atlántico hasta el Pacífico, en donde un «yo» simbólico, apresado por una sensualidad que le hace amar a todas las personas a su paso, canta la belleza humana y la plena confianza en el valor innato de los individuos. El encuentro con veintiocho jóvenes bañándose en el río, «todos ellos compañeros y amigos», destaca por la ingenuidad con que se recrea.

> Veintiocho jóvenes se bañan en el río,
> veintiocho jóvenes, todos ellos compañeros y amigos;
> ¡y ella, con sus veintiocho años de vida femenina, tan tristemente solitaria! [...]
> Las barbas y los cabellos de los jóvenes relucen con el agua que los empapa;
> una mano invisible se pasea sobre sus cuerpos,

desciende temblorosa de sus sienes y de sus pectorales. [...]
Los jóvenes nadan de espaldas, sus blancos vientres se esponjan al sol; no preguntan
[quien los abraza tan estrechamente,
Ignoran quien suspira y se inclina sobre ellos, suspensa y encorvada como un arco.
¡Los jóvenes no saben a quién salpican con vapor de agua!
(Whitman 1989: 102-103).

Reinaldo Arenas rememora los jóvenes desnudos en el río tratando de recuperar también la mirada ingenua de Whitman en su *yo* de seis años. Sin embargo, el recuerdo difícilmente evoca ingenuidad. El niño se plasma como una representación en potencia del adulto. Es un adulto en miniatura más que un niño precoz.

«La escuela» narra sus primeros aprendizajes sexuales con Dulce Ofelia y Orlando, sus primos. Es un capítulo, como escribe Arenas, de «los típicos retozos de la infancia detrás de los cuales se oculta el deseo, el capricho y a veces hasta el amor» (*AQA*, 28). En la mirada reflexiva del autor sobre sus inicios homosexuales, surgen como ingredientes básicos: la culpa, el miedo y la condenación. Tener relaciones sexuales con Orlando, que debe leerse como el inicio de su vida homosexual, le da la certeza de que se ha condenado para el resto de su vida.

Cuando terminamos, yo me sentía absolutamente culpable, pero no completamente satisfecho; sentía un enorme miedo y me parecía que habíamos hecho algo terrible, que de alguna manera me había condenado para el resto de mi vida. Orlando se tiró en la hierba y a los pocos minutos estábamos de nuevo retozando. «Ahora sí que no tengo escapatoria», pensé o creo que pensé, mientras, agachado, Orlando me cogía por detrás (*AQA*, 29).[6]

La culpa es un aprendizaje amargo para el autobiógrafo, una de las pocas ocasiones en que el narrador se permite dudar de la fidelidad del recuerdo. El tiempo se bifurca entre la evocación y lo evocado. Los mecanismos de la memoria son puestos en evidencia por primera vez. El niño protagonista del relato de infancia cede el lugar al adulto que escribe. No será la única ocasión en que Arenas sienta culpa por su homosexualidad. En capítulos posteriores referirá sus relaciones homosexuales en un tono en que se mezclan, perturbadoramente, la crudeza, la pasión, el lirismo y una perspectiva autocomplaciente.

Los siguientes diez capítulos, por su temática, pueden agruparse como los del ingreso a la revolución. En «Rebelde», «La Revolución», «Un estudiante», «La Habana», «Fidel Castro», «Himnos», «Candela», «El teatro y la granja», «Raúl» y «Adiós a la granja» puede observarse nítidamente el ingreso de Arenas al proceso revolucionario y una primera percepción sobre este proceso, que

---

6 Las cursivas son mías.

trata de rescatar la impresión del adolescente formado y educado *en y por* el socialismo.

De estos capítulos y su organización, es sorprendente el relato de una primera postura ideológica graduada por la esperanza en el cambio, la ejemplificación del cambio en el hombre nuevo en el que se está transformando el autobiógrafo y los comentarios del escritor de cuarenta y seis años, que matizan y dudan de la mítica revolución cubana.

«Rebelde», al mismo tiempo que narra como por aburrimiento y pobreza Arenas se adhiere a los alzados, introduce la historia de Cuco Sánchez, un hombre que tenía a todos sus hermanos alzados por la esperanza de una vida mejor, y que, finalmente, acaba juzgado y además, surgen comentarios intercalados en el recuerdo muy oportunos para sus vivencias de hace más de treinta años. Puede rememorar que cuando se integró a la revolución a finales de 1957, después de casi nueve meses de haberse iniciado ésta y en la Sierra de Gibara, a muchos kilómetros de la Sierra Maestra, nunca pudo ver ningún combate, porque

> [...] esos combates fueron más míticos que reales. La guerra fue más bien de palabras. La prensa y casi todo el pueblo decían que el campo estaba tomado por miles y miles de rebeldes armados hasta los dientes. Era falso [...]. Cuando se divulgó la noticia de que Batista se había marchado, muchos no la creíamos. Hasta el mismo Castro fue uno de los más sorprendidos; había ganado una guerra sin que la misma se hubiese llevado a cabo. [...] Aunque Batista había huido desde el 31 de diciembre de 1958, Castro se tomó bastantes días en bajar de la Sierra Maestra y llegar a La Habana; después vino la leyenda (*AQA,* 67-68).

El apartado de «La Revolución» también combina los recuerdos del adolescente recién integrado con la mención de los primeros juicios contra los militares del régimen de Batista y algunos otros contrarrevolucionarios, que son condenados a muerte después de ser sometidos a procesos espectaculares y absolutamente arbitrarios.

«Un estudiante» y «La Habana» continúan la misma línea. Arenas narra en ellos su ingreso a una de las primeras escuelas del nuevo régimen. Ahí, además de recibir educación, se prepara «sórdidamente» para ser la vanguardia de la revolución.

> A los pocos meses se nos dijo que no éramos simples estudiantes, sino la vanguardia de la Revolución y, por tanto, jóvenes comunistas y soldados del ejército. [...] Nosotros seríamos los encargados de llevar la contabilidad y la administración en las granjas del pueblo; es decir, las granjas estatales, porque jamás pertenecieron al pueblo. Muchos de aquellos compañeros llegaron después a ser dirigentes del régimen de Castro, otros se suicidaron. Recuerdo a uno de mis amigos de Holguín que se descargó su ametralladora en la cabeza. Los que persistíamos éramos los hombres nuevos, los jóvenes comunistas que controlaríamos la economía del país (*AQA,* 72-73).

Entre el recuerdo se filtra la crítica y el descrédito. Esto se hace a partir de un recurso interesante: el *yo* como testigo de la historia. «Todo eso yo lo vi» afirma categórico casi al final del capítulo al cual pertenece este párrafo, antes de agregar que: «Indiscutiblemente nos adoctrinaban, pero también nos alimentaban y estábamos estudiando gratis; el gobierno nos vestía, nos educaba a su modo y disponía de nuestro destino» (*AQA*, 72-73).

La historia personal de Arenas va contando una versión de los años subsecuentes al triunfo de la revolución. Con sus bondades, siempre aparentes, advierte el protagonista, la revolución le ofrece la oportunidad de una vida distinta. «Indiscutiblemente, le habíamos encontrado un sentido a la vida, teníamos un plan, un proyecto, un futuro, bellas amistades, grandes promesas, una inmensa tarea que realizar. Éramos nobles, puros, jóvenes, y no teníamos ningún cargo de conciencia» (*AQA*, 79).

«Himnos» y «La Candela» son la cima de su visión recobrada y su desencanto visto ya desde el exilio. La ruptura va graduándose desde el entusiasmo y las primeras desaprobaciones al autoritarismo y represión del nuevo gobierno.

La madre padeciendo hambre y trabajos, Cuco Sánchez hecho prisionero y las constantes muertes de personas adheridas a la guerrilla que por desilusión en ésta se suicidan funcionan como engranes que van más allá de la vida del protagonista. Por una parte, son proyecciones del futuro de Arenas, formado en el seno de la revolución y después, destruido por ésta. Y por otra parte, son hechos reprobables ocasionados por una vía política que pretendía una mejora social. Todos ellos se reúnen alrededor de la falta de libertad.

> Creía o quería creer que la Revolución era algo noble y bello. No podía pensar que aquella Revolución que me daba una educación gratuita pudiera ser algo siniestro. [...] Pero, si había algo seguro, era que nos estaban adoctrinando [...] es decir, aquella revolución fue comunista desde el principio [...]. Es casi imposible para el ser humano concebir tantas calamidades de golpe; veníamos de incesantes atropellos por parte de los poderosos y ahora era nuestro momento; el momento de los humildes. [...] Habíamos sido adoctrinados en una nueva religión y, una vez graduados, saldríamos a esparcir aquella nueva religión por toda la Isla; éramos los guías ideológicos de una nueva forma de represión [...]. El ambiente de la Revolución no permitía discrepancias (*AQA*, 81 y 83).

La revolución educa e instruye, pero no permite disidencias. La homosexualidad y la libertad individual son discrepancias que van encontrando su lugar en el estudiante de diecisiete años, contador agrícola gracias a la revolución, y también, director de los círculos de estudio marxistas.

Analizar la primera percepción de Reinaldo Arenas sobre la revolución muestra cómo el relato va incluyendo una justificación ética de la posterior ruptura. Lo importante de estos apartados es la deliberación a que conducen. La exposición de los hechos a partir de un bagaje personal es un procedimiento de presentación de una figura ética que inhibe el juicio independiente del lector.

Siguiendo con la estructura de la autobiografía, los siguientes dieciocho capítulos refieren la entrada del narrador-protagonista al mundo intelectual cubano. «La Biblioteca» cuenta el ascenso de Arenas al mundo de las letras cubanas.

> En 1963, la Biblioteca Nacional convocó un concurso para narradores de cuentos. [...] Me presenté a aquel comité y narré mi cuento. [...] Me preguntaron quién era el autor. Y dije que yo [...]. Al otro día recibí un telegrama donde decían que estaban muy interesados en hablar conmigo y que pasase por la Biblioteca Nacional. Lo firmaba un señor llamado Eliseo Diego. Me presenté allí y conocí a Eliseo Diego. También conocí a la viejita que parpadeaba, María Teresa Freyre de Andrade, que era la directora de la Biblioteca Nacional; allí estaban también Cintio Vitier y su esposa Fina García Marruz. Formaban una especie de aristocracia culta. En aquel momento todos ellos (incluso Salvador Bueno) eran personas consideradas un poco desafectas al régimen, y María Teresa, que era una mujer magnánima, los había protegido. [...] Eliseo Diego trataba de orientarme en las lecturas infantiles y Cintio Vitier me decía que tenía que cuidarme mucho de obras como las de Virgilio Piñera y otros autores por el estilo; me hacían una censura culta y delicada. En aquel momento, no aprobaban el régimen y me decían horrores de Fidel Castro [...]. Eliseo Diego decía: «Yo, el día que tenga que escribir una oda elogiando a Fidel Castro o a esta Revolución, dejo de ser escritor». Más adelante, sin embargo, tanto Cintio como Eliseo se convirtieron en voceros del régimen de Fidel Castro. [...] Quizá por eso hayan dejado de ser escritores; pero en aquel momento eran personas sensibles que, indiscutiblemente, influyeron en mi formación literaria (*AQA*, 97 y 99).

Es importante observar el relato teniendo conciencia del Reinaldo Arenas narrador del presente, pues esto confiere el papel de narrador de la autobiografía, no al guajiro casi analfabeto que en ese momento conoce algunos de los intelectuales cubanos más importantes, de quienes ni idea tenía, sino al escritor disidente, famoso, y desde luego, letrado.

La importancia del presente del acto de escribir, en este caso, nos expone con fidelidad el pensamiento de Reinaldo Arenas. La escritura se convierte en una cuidadosa referencia a la personalidad y situación vital del autobiógrafo en el momento de narrar, que cumple con la promesa de darnos a conocer una visión personal de su vida, no por lo que relata, sino por cómo lo relata.

Y ese estilo de la narración como divergencia del Reinaldo Arenas del pasado al del presente, que según Jean Starobinski, da las pistas reveladoras y los rasgos sintomáticos del autor, es irónico, colérico, doloroso, la más de las veces exaltado y, sin duda, vengativo.

Ottmar Ette señala que «la memoria puede funcionar únicamente a través de la actualización de sus "informaciones". De esta forma, el presente y el pasado se entrecruzan, se contaminan, se funden» (1996: 128) hasta hacer de la autobiografía un «conductor de una veracidad por lo menos actual» (Starobinski 1974: 68). En la medida en que la escritura es una imagen auténtica de la personalidad del escritor en una realidad presente, aun cuando todos los hechos relatados sean dudosos.

Arenas menciona en la introducción algo que aquí es oportuno señalar: un escritor en el exilio tiene algo de «dignidad» (14). Obviamente él escribe desde esta postura. Por ello, Eliseo Diego y Cintio Vitier han dejado de ser escritores para él y al actualizar cómo fue que los conoció organiza esos conocimientos con sus experiencias posteriores hasta unificar el autor-narrador actual y modificar su *yo* del pasado.

El Arenas narrador del presente puede afirmarse de esta manera en todas sus prerrogativas. «No sólo narra lo que le ha sucedido en otro tiempo, sino sobre todo, cómo de *otro* que era ha llegado a ser sí mismo» (Starobinski 1974: 68). A diferencia de los demás, él vive con dignidad, en el exilio y de acuerdo con lo que piensa.

La descripción del mundo intelectual traza una ruptura política abierta con el régimen socialista, monstruo poderosísimo que poco a poco va adquiriendo la fisonomía de Fidel Castro. «El "caso" Padilla» es un punto clave de la crítica sobre lo que significa ser intelectual en Cuba. La libertad individual, los límites entre lo que puede decirse, lo que no debe escribirse y el preludio a la feroz persecución y al constante robo de manuscritos, que rehace obsesivamente, aparecen narrados a partir de un proceso de humillación y degradación de quien no está «dentro de la Revolución» (Castro 1972: 406).

En el mundo de la intelectualidad cubana, los capítulos dedicados a Lezama y a Virgilio permiten comprender plenamente la importancia de recuperar un pasado lejano desde el presente de la escritura. Ambos relatos encarnan los ideales del autor por medio de estos dos personajes.

Para Arenas, Lezama y Virgilio están afiliados por su honestidad intelectual y su amor por la literatura y La Habana. Sus discrepancias literarias en *Orígenes* y *Ciclón*, sus discrepancias sexuales y hasta léxicas se resuelven en su amor por la literatura y lo habanero.

> Virgilio y Lezama tenían muchas cosas diferentes, pero había algo que los unía y era su honestidad intelectual. Ninguno de los dos era capaz de dar un voto a un libro por oportunismo político o por cobardía, y se negaron siempre a hacerle propaganda al régimen; fueron sobre todo, honestos con su obra, y con ellos mismos. Los dos naturalmente fueron condenados al ostracismo, y vivieron en la plena censura y en una suerte de exilio interior. […] Lezama tenía su centro vital en su propia casa […] Virgilio prefería desplegar su vitalidad por toda La Habana […] Sus gustos sexuales eran más populares que los de Lezama. A Virgilio le gustaban los hombres rudos, los negros, los camioneros, mientras que Lezama tenía preferencias helénicas (*AQA*, 110).

Por su rigor estético y la envergadura de su obra, para Arenas son los intelectuales más destacados de la Isla (Rojas 2000: 89). Ciertamente, son dos personajes insustituibles en las letras hispanoamericanas del siglo XX. Sin embargo, lo más importante de su filiación con Arenas surge, en mi opinión, a partir de la forma en que viven.

Son intelectuales de primera línea, y a pesar de ello, su vida transcurre en la miseria y en el destierro dentro de las fronteras de Cuba. El exilio interior es para ellos una forma extrema de castigo que conlleva su muerte como escritores. Ser homosexuales y no someter su escritura a lo literariamente revolucionario les ocasiona el aislamiento más atroz.

> María Luisa [...] salía con una vieja cartera de nylon blanco a hacer colas por toda La Habana para conseguirle algo de comer a Lezama. [...] Ella regresaba siempre con algún queso crema, algún yogur; algo para satisfacer el voraz apetito de aquel hombre, [...] La reunión de aquellos tres personajes [María Luisa, Lezama y Virgilio], en aquella casa destartalada, que a veces se inundaba, tenía un carácter simbólico; era el fin de una época, de un estilo de vida, de una manera de ver la realidad y superarla mediante la creación artística y una fidelidad a la obra de arte por encima de cualquier circunstancia. [...] Por esta razón, tanto Lezama como Virgilio terminaron su vida en el ostracismo y abandonados por sus amigos (*AQA*, 112-113).

Virgilio aparece evocado por Arenas desde la introducción. Su aparición inicial forma parte de una de las páginas más sobrecogedoras de la autobiografía. Dentro del mundo intelectual es un hombre que escribe incesantemente, crítico tenaz, homosexual, ateo y anticomunista. El exilio interior en su caso es considerado en la narración como sinónimo de disidencia, un estado previo a la rebelión activa que llevará a cabo el autobiógrafo. Su rebeldía consiste en escribir incesantemente, tener una ética intelectual a prueba del poder y mantener una vida abiertamente homosexual. Lezama y Virgilio son escritores fuera de la revolución. El narrador-protagonista describe con ellos la semblanza completa del mundo intelectual que aún mantiene sus propias opiniones ante la cultura institucionalizada.

Atendiendo nuevamente a la estructura de la obra, los once capítulos posteriores al mundo intelectual cubano refieren un ciclo de persecuciones, prisiones y capturas, que narran los últimos años de Reinaldo Arenas en la isla como un constante deseo de escapar, de fugarse. Las rupturas que enfrenta a lo largo de su vida con las políticas del Estado cubano se organizan en etapas bien definidas. De opresión a opresión, su mayor enemigo es el sistema. El narrador-protagonista va a enfrentársele en toda su ferocidad y proximidad después de publicar un libro en el extranjero, *El mundo alucinante*, y de involucrarse en un escándalo menor de homosexualidad.

En esta sección, compuesta por once apartados, de «El arresto» a «Mariel», Cuba será una enorme prisión de muros de agua. Llena de delatores, de policías disfrazados de amigos, de marginación y humillación a los que disienten, la patria no le dejará más salida que el exilio. En consecuencia, la fuga se transformará en la única alternativa.

Haber hecho referencia al socialismo cubano como el contexto histórico que rige la obra desde un conjunto de circunstancias y un sistema de valores permite al narrador-protagonista plantear la ruptura con el Estado como una consecuencia lógica.

Radical en su postura, el autobiógrafo construye un lugar desde donde rebelarse, y al mismo tiempo, un tipo de recepción. Marginado por una política inmisericorde con el «otro», con el disidente, en su posición política y estética busca la aceptación por parte de los lectores de la necesidad de una libertad sin restricciones.

La fuga, en este sentido, será la hipérbole extrema de la lucha por una libertad absoluta, y se constituirá con el contexto histórico y las aventuras inverosímiles por escapar. La persecución fabricará un discurso sobre la compra venta de conciencias y el protagonista como héroe verosímil. Y la prisión será el discurso sobre el régimen socialista con su ilimitable poder, invisible y en toda su monstruosidad.

Los diez capítulos restantes tratan, aparentemente, la vida del autobiógrafo en el exilio. Sin embargo, temporalmente Arenas omite sus vivencias desde 1987, año en que le diagnostican SIDA. Sólo la carta final alcanzará esa mirada retrospectiva con el presente de la escritura.

El autobiógrafo vuelve a ser una persona, dice él, sólo en el exilio. Su condición de homosexual le es permitida sin ninguna represión. Y, no obstante, la crítica al nuevo sistema en que vive aparece en poco tiempo, la libertad sexual cede lugar al terror de su enfermedad, y su vida, lo único con que contaba al salir de Cuba, se difumina (Hasson 2002).

> Nada de aquello me tomó por sorpresa; yo sabía ya que el sistema capitalista era también un sistema sórdido y mercantilizado. Ya en una de mis primeras declaraciones al salir de Cuba había dicho: «La diferencia entre el sistema comunista y el capitalista es que, aunque los dos nos dan una patada en el culo, en el comunista te la dan y tienes que aplaudir, y en el capitalista te la dan y uno puede gritar; yo vine aquí a gritar» (*AQA*, 309).

Miami es una caricatura de Cuba para Arenas. Nueva York, primero una Habana en todo su esplendor, un sueño y una fiesta que se transforman en enfermedad y muerte. Y si bien su condición de homosexual es permitida, no sucede lo mismo con su condición de escritor. Al exilio cubano no le interesa la literatura. Los escritores cubanos exiliados en los Estados Unidos mueren en hospitales públicos completamente olvidados.

Además, algunos apartados como «Las brujas», «El anuncio» y «Los sueños», más que relatos de vivencias, son una cadena de presagios; introspecciones de un lirismo muy fino. El futuro aparece mostrado por augurios, el destino del héroe verosímil, como en las novelas románticas, finalmente va a cumplirse. No hay nada que pueda oponerse a ese destino. Destino que, por otra parte, no aparecerá propiamente en la autobiografía, sino en la carta final.

«El anuncio» refiere la muerte de un amigo cercano a causa del SIDA. El círculo de presagios que han abundado a lo largo de la autobiografía va a cerrarse en el último capítulo: «Los sueños». En su apartamento de Nueva York, la vieja fórmula de «Me salvé» ocupada en los capítulos de aprendizaje pierde su efecti-

vidad, y tras peligros diversos vividos dentro y fuera de Cuba, el resquebraja-
miento de un vaso con agua le anuncia el fin:

> Estábamos ya en 1986; Lázaro había estado hablando conmigo un rato y se aca-
> baba de marchar; no había salido del edificio, cuando sentí un enorme estallido en el
> cuarto; era una verdadera explosión. [...] el vaso de agua sobre la mesa de noche, sin
> que lo hubiese tocado, había hecho explosión; se había pulverizado. [...] ¿Cómo era
> posible que un vaso de vidrio hubiese estallado haciendo aquella explosión tan des-
> comunal? Al cabo de una semana comprendí que aquello era un aviso, una premoni-
> ción, un mensaje de los dioses infernales, una nueva noticia terrible que me anuncia-
> ba que algo realmente novedoso estaba por ocurrirme; que ya en ese momento me
> estaba ocurriendo. El vaso lleno de agua era quizás una especie de ángel guardián, de
> talismán, algo había encarnado en aquel vaso que durante años me había protegido y
> me había liberado de todos los peligros: enfermedades terribles, caídas de árboles,
> persecuciones, prisiones, disparos en medio de la noche, pérdida en medio del mar
> (*AQA*, 332-338).

El vaso como ángel guardián, como Dios o Diosa de la noche, como la
madre Luna, lo ha abandonado. Finalmente la nostalgia del país perdido se
evoca sólo con dolor, sin furia: «¡Oh Luna! [...] hacia ti en medio del mar; hacia
ti junto a la costa; hacia ti entre las rocas de mi isla desolada, elevaba la mirada
y te miraba [...] Y ahora, súbitamente, Luna, estallas en pedazos delante de mi
cama. Ya estoy sólo. Es de noche» (*AQA*, 340). Al aceptar la pérdida, la palabra
recupera su país en la evocación retrospectiva. Por ello, la mayor parte de la
autobiografía, aún escrita en el exilio, se refiere a Cuba y no a Nueva York. Pues
así, la rememoración de Arenas, hecha en términos profundamente dolorosos,
recupera su país perdido y evita traer a escena la enfermedad y el destierro.

Cada línea sobre Cuba está escrita desde la imposibilidad del retorno. Cada
línea sobre su vida está escrita desde los umbrales de la muerte. Las premoniciones sirven entonces para graduar el presente narrativo. «Como toda autobiografía (en este caso dramáticamente marcada), *Antes que anochezca* es una
obsesión por permanecer vivo, por darle un semblante a lo que ya no lo tiene
(de ahí que se haya dicho que la figura que domina la autobiografía es la proso-
popeya)» (Bejel 1996: 36).

Sobre la «Carta final» resulta interesante observar cómo es que ésta instaura
un colofón igualmente dramático al elaborado por la «Introducción».

Ésta es un puente inmediato al texto introductorio. La memoria y las dupli-
caciones del yo escindidas en la retrospección de un autor que se reconstruye
configuran una estructura cíclica. La carta puede ser leída como la declaración
de una postura vital, un examen de conciencia del intelectual cubano frente a la
situación política de su país, y también, como la carta final de un suicida.

Sólo hasta este punto la temporalidad del género autobiográfico se unifica
con la del momento de la escritura. El *cuándo* del texto se fija en función de un
pacto de lectura: el diálogo con un destinatario al que se le da una visión sobre

el futuro. Una visión ideológica, que da sentido a la ruptura del momento actual y la presenta en perfecta coherencia con todo lo que se ha narrado (Molino 1980: 115). La carta enfatiza las premisas planteadas sobre la necesaria libertad del individuo y desborda la simple retrospectiva para estructurar un doble final autobiográfico que está orientado en todos los niveles. En estas páginas, el lector ya conoce los acontecimientos más importantes de la vida de Reinaldo Arenas, su situación actual, y además, el autor puede mediar una comunicación directa, fuertemente emotiva, porque forma parte del acto de comunicación de la epístola.

La enunciación se convierte en acción. El yo de este texto invoca una cierta imagen de sí mismo desde la mirada del presente:

> En los últimos años, aunque me sentía muy enfermo, he podido terminar mi obra literaria, en la cual he trabajado por casi treinta años. Les dejo pues como legado todos mis terrores, pero también la esperanza de que pronto Cuba será libre. Me siento satisfecho con haber podido contribuir aunque modestamente al triunfo de esa libertad. Pongo fin a mi vida voluntariamente porque no puedo seguir trabajando. Ninguna de las personas que me rodean están comprometidas en esta decisión. Sólo hay un culpable: Fidel Castro. Los sufrimientos del exilio, las penas del destierro, la soledad y las enfermedades que haya podido contraer en el destierro seguramente no las hubiera sufrido de haber vivido libre en mi país (*AQA*, 343).

Por memorización e introspección, su pasado y su futuro expuestos en unas cuantas líneas plantean lo esencial de su obra: la búsqueda de la libertad. El mundo descrito por Reinaldo Arenas, un intelectual cubano exiliado y enfermo terminal, es el del terror a un poder que no deja salidas. Y desde esa perspectiva, la carta cifra una intención que es revelada al ser escrita para publicarse. Dar a conocer el texto es necesario para conferirle pleno valor a los actos de habla.

La libertad es una necesidad para cualquier ser humano. Ésa es la conjetura de Reinaldo Arenas. Sin embargo, el señalamiento de Fidel Castro como culpable de todo, deja una sensación de exceso y de disgusto. Siempre hiperbólico, Arenas culpa a Fidel de estar enfermo de SIDA. Es un comentario excesivo, que duele al que lo escribe porque se encuentra en el umbral de la muerte, acosado por sus Erinias, las vengativas diosas hijas de la noche; una noche que para Arenas comienza.

Nocturno cubano

Celina Manzoni
Universidad de Buenos Aires

> El privilegio de la autobiografía consiste en que nos muestra el
> esfuerzo de un creador para dotar de sentido a su propia leyenda.
>
> GEORGES GUSDORF

> Recuerda que la única salvación que tenemos es por la palabra;
> escribe.
>
> JOSÉ LEZAMA LIMA (según Reinaldo Arenas)

Algunas supersticiones

La publicación en 1992 de *Antes que anochezca*, autobiografía de Reinaldo
Arenas, a menos de dos años de su suicidio en Nueva York, reinstaló en términos que parecían ya superados la discusión sobre la relación vida-obra de larga
tradición en la crítica literaria.[1] La tentación de explicar la obra por la vida se
conformó en general con la melancólica y acrítica aceptación de que su existencia fue atormentada; a Mario Vargas Llosa en cambio le sirvió para abundar en
el argumento político, casi desconociendo que la pasión por la escritura, tan
intensa en *Antes que anochezca*, remitía a un territorio literario abierto ya en
1967 con *Celestino antes del alba*. «Pájaro tropical», el título de su comentario,
es suficientemente expresivo además de una operación crítica reductora en
varios sentidos; al tiempo que minimiza la trayectoria literaria de Arenas para
utilizarlo en la lucha política, se obsesiona con el desenfado del gesto hiperbólico y lo que éste irónicamente subraya, para extraviarse hasta el punto que termina confundiendo el hado del autor con el destino del texto: un «verdadero y
espléndido suicidio».[2]

Casi diez años después, en un estudio de una investigadora cubana, vuelve a
aparecer la relación vida-obra bajo una fórmula que hace del ademán autobiográfico –en la narrativa y la poesía de Arenas– una coartada útil para negar la
corrosiva cualidad de su escritura atribuyéndola a desórdenes de conducta

---

[1] Arenas (1992). En adelante, *AQA*. A partir de aquí todas las citas referentes a este texto serán
de esta edición.

[2] «Pájaro tropical», prólogo a Reinaldo Arenas, *Adiós a mamá* (*De La Habana a Nueva York*).
Originalmente reseña de *Antes que anochezca* [1992].

(Arencibia 2001). En el marco de la corrección política (que desde afuera no se impute a los cubanos «la callada»), la lectura de Lourdes Arencibia atribuye a los textos de Arenas el carácter de un testimonio de los delirios que lo dominan, hipótesis que la faculta para convertir al autor en objeto de un análisis seudo psicoanalítico. Para no abundar en los criterios sobre los que trabaja, quizás alcance la transcripción de sus reflexiones a partir de una cita de la novela *Celestino antes del alba* según la versión publicada en Buenos Aires en 1972:

> ¡Qué haremos ahora que ya todos saben quiénes somos! Es casi seguro que nos estarán buscando debajo de las camas y cuando no nos encuentren allí nos buscarán detrás del armario, y si no estamos allí, se subirán al techo y buscarán. Y registrarán. Y lo revolverán todo. Y nos hallarán. No hay escapatorias... ¡Y todavía tú sigues escribiendo!

Concluye Arencibia:

> Una visión tan alucinante y desgarrada de lo externo no puede generar más que un interno alucinado. La historia de ese interno, vale decir de su vida, que va cobrando fuerza dramática a medida que transcurren sus relatos, no es sino el recuento protagónico de su demoledora pelea consigo mismo y con sus demonios intramuros [...] –los nombres que les da importa poco–, eran los fantasmas amurallados que llevaba adentro y que encontró afuera, los reales y los creados, hasta el punto de no tener cómo distinguirlos, sino a golpes de magia (2001: 18).[3]

Es probable que equívocos de la misma índole, instalados eventualmente en la persistente ilusión de verdad que el género autobiográfico arrastra desde que Dilthey, a finales del siglo XIX, propuso su importancia para la comprensión de la historia, incidan en la lectura de la autobiografía de Arenas. Si, por el contrario, el horizonte de lectura se amplía a las complejas conexiones entre experiencia y escritura de la experiencia, en menoscabo de la petición de objetividad o de la ilusión de realidad, se produce un desplazamiento en la antes matemática identificación entre autor-narrador-personaje principal. Aun sin ánimo de indagar en todos los problemas que plantea la escritura autobiográfica ni en su larga tradición en la cultura latinoamericana, parece necesario señalar que la complejidad genérica se acentúa en el texto de un escritor, que al borde de la muerte y en el exilio político, *dicta* parte de esta autobiografía, doblemente marcada así por la figura de la ausencia. La serie voz-grabación-desgrabación-escritura-reescritura escamotea el cuerpo del autor y el cuerpo de la letra en la dramatización del espacio autobiográfico; las mediaciones desusadas e infrecuentes, que

---

[3] La cita es estrictamente textual. Es probable que Arencibia se esté refiriendo, entre otras cosas, a los famosos demonios teorizados en su momento por Mario Vargas Llosa y objeto de una memorable polémica con Ángel Rama.

en general no parecen afectar la inteligibilidad del texto, sí explican tanto desigualdades como ocasionales desmayos.[4]

El trazado de la autobiografía

Deudora de la paradoja implícita en toda narración de la propia vida que, entre
otras cuestiones sólo puede comenzar cuando se acerca su final, la de Reinaldo
Arenas, que en su desarrollo se mantiene fiel a la cronología (aunque desdeñan-
do el gesto paródico de *Tristam Shandy*), se abre en el dramatismo de una escritura que mientras gambetea a la muerte instala de manera oblicua la perspectiva
de una doble lectura. La reunión, casi amalgama irónica de dos términos literarios tradicionales pero contrapuestos: «Introducción. El fin», funda y en el
mismo acto clausura metafóricamente un espacio acotado genéricamente en el
subtítulo de la obra. Firmada en Nueva York en agosto de 1990, unos cuatro
meses antes del suicidio, narra sus tres años de lucha contra el SIDA a partir del
invierno de 1987, y se constituye en un relato por momentos melodramático, y
no es peyorativo, de la voluntad de sobrevivir a través de la escritura y a todo
trance. No sólo puede leerse como una prueba de la resistencia lúcida en un
combate desigual, y de antemano perdido, contra la enfermedad a la que considera «un mal perfecto», sino también como un modo de imaginar la función crítica del intelectual, esta vez constituida a contrapelo (casi como contraescritu-
ra), de las ilusiones predominantes en los sesenta, y en ese sentido, los ejercicios
de futurología de Arenas en relación con el desarrollo del proceso cubano podrían leerse no al margen sino en continuidad con una poética de la rebeldía estética y política que hizo de Fray Servando uno de sus personajes memorables. En
ese sentido se podría decir que entre *El mundo alucinante* y esta autobiografía
existen lazos que van mucho más allá de la imagen de Virgilio Piñera invocada
antes como modelo de honradez intelectual y ahora casi con ritmo incantatorio,
como divinidad otorgadora de la salud y la prolongación de la vida para el cumplimiento de un proyecto. Una admiración, casi idolatría, que se sintetiza en la
memoria del ruego pronunciado ante su retrato cuando los dados ya están echa-
dos: «Óyeme lo que te voy a decir, necesito tres años más de vida para terminar
mi obra, que es mi venganza contra casi todo el género humano». Porque Piñera lo ha escuchado, una vez más, el texto se cierra con un escueto «Gracias, Virgilio» que retoma el sentido de la dedicatoria de *El mundo alucinante*.[5]

---

[4] Es posible que la consulta de los manuscritos de Arenas, en custodia en la Universidad de
Princeton, posibilite el análisis de algunos problemas que ahora apenas se insinúan.

[5] «A Camila Henríquez Ureña, a Virgilio Piñera, por la honradez intelectual de ambos», en
Arenas 1982b. Ambos serán recordados en el cuerpo del texto en relación con los avatares de los
premios otorgados a *Celestino antes del alba* y *El mundo alucinante*. El jurado que intervino en la
convocatoria a la que presentó este último estuvo integrado por Alejo Carpentier y José Antonio

La tensión entre poética y política que articula las páginas de la presentación privilegia el carácter testamentario –distribución de bienes y de males– en un tono diverso del que despliega en los capítulos escritos, perdidos y reescritos a lo largo de los años, antes del exilio pero también en los meses previos a la muerte:

> Como no tenía fuerzas para sentarme a la máquina, comencé a dictar en una gra- badora la historia de mi propia vida. Hablaba un rato, descansaba y seguía. Había empezado ya, como se verá más adelante, mi autobiografía en Cuba. La había titula- do *Antes que anochezca*, pues la tenía que escribir antes de que llegara la noche ya que vivía prófugo en un bosque. Ahora la noche avanzaba de nuevo en forma más inminente. Era la noche de la muerte.

Además de cumplimentar el agradecimiento a los amigos, los médicos, los transcriptores y los traductores de su obra, esas pocas páginas preliminares escritas cuando el libro ya está terminado condensan la intensidad de un mundo afectivo en el que el odio casi desesperado a Fidel Castro se articula con la ambigüedad de los sentimientos hacia su madre, recordada por la levedad de su presencia y por «ese encanto secreto» (*AQA,* 220) que le ayudó a sostener, en tiempos despiadados, la ilusión de una niñez casi eterna, pero también por el deseo, a veces muy intenso, de separación, de ser otro. Imaginada como ven- ganza, también funciona como balance del cumplimiento de un proyecto de escritura en el que destaca la terminación de la Pentagonía. A los títulos ya apa- recidos con anterioridad: *Celestino antes del alba* (1967), *El palacio de las blanquísimas mofetas* (1980) y *Otra vez el mar* (1982), ha agregado en los últi- mos años *El asalto* y *El color del verano* que se publicarían respectivamente y de manera póstuma, en 1991 y 1999.

En otro sentido, si la narración de la propia vida puede funcionar metafóri- camente como un nuevo nacimiento, en la medida que la introducción recoloca el contexto de su escritura, es como si descreyera del gesto del adiós subrayado por la muerte ineludible, para desplazarlo luego a la «Carta de despedida», en la que prefigura además un probable epitafio: «Cuba será libre. Yo ya lo soy» (*AQA,* 343). De otro modo, en ese repliegue asimilado a un nacimiento por la escritura, a un segundo nacimiento en el que la palabra, como puesta en escena de un discurso, en un mismo movimiento cubre y descubre la construcción de la intimidad de un yo, resulta sugerente que la escenificación de la escritura de esta autobiografía se ubique en un momento de alto riesgo, en sus días de fuga cuando empujado a la marginalidad, tras el fracaso de la huida y de un intento de suicidio, se refugia en el parque Lenin de La Habana:

Portuondo (que votaron en contra) además de Virgilio Piñera y Félix Pita Rodríguez que lo hicieron a favor. Fue casi el mismo jurado que premió *Celestino antes del alba* en el que había estado Cami- la Henríquez Ureña.

Allí comencé a escribir mis memorias, en las libretas que Juan me traía antes de la caída de la noche. Bajo el apropiado título de *Antes que anochezca*, escribía hasta que llegaba la noche, y en espera de la otra noche que me aguardaba cuando fuera encontrado por la policía. Tenía que apurarme en hacerlo antes de que oscureciera, definitivamente, para mí; antes de que fuera a parar a una celda. Desde luego, aquel manuscrito se perdió como casi todos los que hasta aquel momento yo había escrito en Cuba y no había logrado sacar del país, pero en aquel momento era un consuelo escribirlo todo; era un modo de quedarme entre mis amigos cuando ya no estuviera con ellos (*AQA*, 198).

Autobiografía como espectáculo

Si uno de los posibles ejes que articula el texto puede hallarse en el espectáculo de la escritura como riesgo –que Michel Leiris metaforizó como tauromaquia–, el gesto, básico en todo intento de re-presentación de la propia vida, se realiza aquí de manera tan intensa, que sobrepasa a veces los límites del exceso, de la hipérbole que como figura retórica subraya lo que se dice con la intención de trascender el verosímil. La intensidad de la representación como centro productor de escritura se condensa en la escena titulada «El espectáculo» donde la memoria del narrador sugiere que la serenidad, siempre anhelada y desplazada, sólo se alcanza en la dimensión espectacular, después de concebir y cantar entre los árboles lo que a falta de otro nombre llama «canciones operáticas»: piezas teatrales, escenografías solitarias de las que es autor, actor y público, pero cuyo efecto alarmante provoca la huida de quienes casualmente escuchan; casi como una revelación del ademán que domina la escritura de esta autobiografía.

Entre las estrategias de montaje del espectáculo, la articulación de la voz diseña la confluencia de varios tonos en ocasiones des-armónicos; el tono elegíaco, casi un clásico, útil para reponer la felicidad de un tiempo superado, suele estar atravesado por la angustia; no existe casi la entonación condescendiente e incluso compasiva con la que habitualmente se recuperan las debilidades del pasado, pero sí estallidos de humor y desenfado o, cuando ingresa en la zona de la picaresca, inflexiones de provocación y de rabia.[6]

A su vez, la escenificación de las relaciones entre lo activo y lo pasivo, que si bien tienen en el texto muy obvias connotaciones sexuales, pueden ser pensadas también como modos de diseñar el escenario de la adquisición de saberes, presentado como narración de las aventuras y desventuras del héroe intelectual, al tiempo que constituyen, a veces en un movimiento frenético, al propio héroe y al propio relato. Si en *Celestino antes del alba* el personaje es el

---

[6] El llamado «realismo sucio» de Pedro Juan Gutiérrez, algunos años después, parece proyectar algunas de esas modulaciones a las formas más crudas del cinismo.

niño que en su desesperación por comunicarse escribe en las hojas de las plantas, y en *El mundo alucinante* Fray Servando clama en su encierro por papel y pluma, aquí la actividad se crispa en un gesto que compromete la escritura y el espacio mismo de la escritura. En otro nivel, la espectacularidad que connota la narración de los actos revolucionarios, por el mismo gesto ironiza y desmitifica; sea en las grandes manifestaciones en la Plaza de la Revolución, como la que disfruta en su primer viaje a La Habana donde la multitud, el calor, la agitación y los movimientos de los cuerpos erotizan a los manifestantes, sea en los juicios revolucionarios rodeados de un aparato intimidatorio y teatral lo mismo que las grandilocuentes apariciones televisadas e incluso personales de Fidel Castro.

En las sesenta y nueve escenas con las que re-presenta su vida se narran los progresos realizados a partir de la más absoluta de las carencias, cual es la del linaje conocido, y las innumerables estrategias dirigidas a derrotar las dificultades económicas, sociales y culturales, y en ese sentido sería una autobiografía ejemplar.[7] La insistencia en el festejo del triunfo sobre la muerte durante la niñez, la adolescencia y la juventud confirma, por una parte, un movimiento característico en el sentido de que se escribe desde la perspectiva de un tiempo más o menos cumplido, pero también refracta inevitablemente sobre un desenlace aunque previsible, en este caso, demasiado inminente.

La primera escena, «Las piedras», que engañosamente parece tener como referente el mundo natural, recupera un espacio de dignidad en lo que sería el esbozo de una novela de los orígenes (el hombre alto, elegante, que le da dinero y aparece imprevistamente, resulta ser el padre); en un contexto de pobreza y de desposesión acentuado por la falta, la madre expulsa a pedradas al hombre que la abandonó, restituyendo así de alguna manera las fantasías parricidas del hijo alentadas por una canción popular de venganza que el niño canta ante la arrobada familia materna. El espectáculo compensatorio de la representación infantil justifica las formas de la infelicidad, la frustración, la inseguridad de los orígenes y la violencia, que lo lleva a rememorar en ese contexto las secuelas provocadas por una sucesión de golpes y caídas.

El mundo campesino, cimiento del texto, se va articulando a partir de un contrapunteo entre el extremo desorden y la quietud; mientras que la escena titulada «La violencia» despliega las alternativas de una brutalidad circular y casi infinita: de los hombres sobre los animales, y de los animales entre sí, sea en el combate sexual o en la lucha por la vida, la siguiente evoca las madrugadas de neblina que al difuminar los contornos demasiado conocidos, afantasma las figuras vulgares y cotidianas otorgándoles un prestigio inefable e intenso. Como parte del mismo movimiento compensatorio, en medio del trabajo embru-

---

[7] He elegido la denominación de escenas para lo que más tradicionalmente podrían llamarse capítulos.

tecedor de la zafra, aparece la magia cuando el paisaje se presenta también rodeado de neblina:

> Era un paisaje aéreo con una brisa leve y fina, como nunca yo la había disfrutado en Oriente [...]. Sí, indiscutiblemente, a pesar de tanto horror, era un consuelo mirar aquellas montañas aéreas, envueltas en una neblina azul (*AQA*, 155 y 156).

Un modo que también impregna el trazado de las relaciones personales: a la debilidad de la madre o de las tías –un mundo de mujeres abandonadas– se opone la vitalidad y la energía de la abuela que ya en la primera escena es la figura todopoderosa que orina de pie y habla con Dios en un gesto exasperado de increpación y de reclamo más que de súplica, pero sin resultados: «siempre estaba cayendo de rodillas en medio del campo y pidiéndole alguna gracia al cielo; gracia que, generalmente no se le concedía» (*AQA*, 21).

La retórica de la miseria campesina se superpone a la del imaginario esplendor de una absoluta libertad; la posibilidad de vivir entre los árboles, quizás como Cósimo, el personaje de Italo Calvino, lejos del ruido y de la cotidiana chatura de la superficie, descubre en la memoria «todo un mundo único, rítmico, mágico y armonioso» (*AQA*, 22) vinculado con lo sobrenatural. A diferencia de otras autobiografías, la de Paul Bowles, por ejemplo, en la que el proceso de autoanálisis se va construyendo en la rigidez de un ambiente controlado por el orden familiar estricto y el puritanismo, en la de Arenas, la soledad creadora, las figuras de su imaginación unidas a los miedos alimentados por los mitos populares nutren ese reino de la libertad en un escenario marcado por el peligro y en el que la tematización del riesgo mortal se vuelve casi obsesivo: «La muerte siempre ha estado muy cerca de mí; ha sido siempre para mí una compañera tan fiel, que a veces lamento morirme solamente porque entonces tal vez la muerte me abandone» (*AQA*, 23). En ese largo combate con la muerte, la memoria se jacta de la capacidad de supervivencia, en la niñez, de graves enfermedades y accidentes; en la juventud, de los peligros de la lucha política; ya en La Habana recuerda el destino trágico de una de las expediciones a Santo Domingo contra la dictadura de Trujillo:

> Me escapé de esa muerte, como había escapado también de la posibilidad de ser asesinado cuando me acerqué con un cuchillo a un casquito. [...] Me escapé también cuando estaba con los rebeldes y las tropas de Sosa Blanco rondaban aquella zona. Hasta cierto punto, hasta ahora, siempre me he escapado de la muerte, digamos que por unos pocos milímetros; ahora la cosa es diferente (*AQA*, 77-78).

Si en sus fantasías, alguna vez, como todos, se soñó inmortal, en el presente de la escritura, «*hasta ahora*», «*ahora*» (los subrayados son míos), la autobiografía construida como el progreso del autor en el tiempo y en la derrota de las dificultades, principalmente de la muerte, pasa a reconocer los síntomas de un fracaso.

En ese ámbito rural en el que la casa figura la opresión y los árboles el espacio de la libertad, el río funciona como metáfora del desafío, también como límite y frontera de conocimiento, como el borde en el que se construye la relación entre la experiencia y la narración de la experiencia: «Con el tiempo el río se transformó para mí en el lugar de los misterios mayores» (*AQA*, 25). Espacio de placer y zona de peligro, allí se revela la belleza de los cuerpos masculinos desnudos y el incipiente goce y la sorpresa del sexo. Esas imágenes del mundo natural se proyectan en la reflexión acerca de la inevitable fluencia de los ríos hacia el mar y a la de sus violentas metamorfosis en épocas de temporal, una imagen sobre la que vuelve en «El aguacero». En la exaltación a que lo arrastra la violencia de la tormenta tropical, la memoria del estruendo de la lluvia y la fuerza de la corriente desbordada reconoce la incitación al viaje definitivo: «algo me decía que yo tenía que irme también con aquel estruendo, que yo tenía que lanzarme también a aquellas aguas y perderme. [...] ¡Cuántas cosas pudieron haberse evitado si lo hubiera hecho!». La tentación del suicidio, aun en el marco de la retórica del tardío arrepentimiento, vuelve a perturbarlo cuando más adelante habla de su generación: «Ahora veo la historia política de mi país como aquel río de mi infancia que lo arrastraba todo con un estruendo ensordecedor; ese río de aguas revueltas nos ha ido aniquilando, poco a poco, a todos» (*AQA*, 116). Más adelante, cuando fracase en un desesperado intento de huida hacia la base de Guantánamo, el río, ya no sólo como metáfora, volverá a imponerse como límite entre la vida y la muerte.

Los saberes del pobre

En una secuencia que articula tres escenas sucesivas, esta autofiguración de un intelectual despliega una de las modalidades de la adquisición de saberes sobre la que se constituye lo que Sylvia Molloy denominaría «la escena de la lectura» (1996). Momento fundamental de toda autobiografía, en la de Arenas gira en torno a una figura femenina; en «La noche, mi abuela» y en las subsiguientes, «La tierra» y «El mar», proyecta la imagen de la abuela materna en la de una imaginaria oficiante de la noche. La serie abuela-magia-noche se constituye así en el núcleo emocional –pensamiento sentido y sentimiento pensado– desde el cual parece dispararse el relato de una vida arraigada en la memoria de la nocturnidad campesina, espacio sonoro, misterioso y esplendente en el que domina la abuela: «La noche entraba en los dominios de mi abuela; ella reinaba en la noche» (*AQA*, 45). Un cuerpo que parece frágil condensa la desmesura: la capacidad de predecir el estado del tiempo y la pretensión de conjurar los devastadores huracanes del trópico, la lectura de los mensajes de las estrellas, de las hojas, de los comportamientos de los animales y del agua; las artes de la curación con hierbas y las artes de la narración: relata aventuras, historias de aparecidos y de brujas, canta viejas canciones o las inventa, conoce la posición y los nombres familiares de las estrellas en el cielo. Sabedora de los secretos del monte y del dominio de lo sagrado, es por encima de todo la iniciadora en el arte de lo primordial, el poder sobre los cuatro elementos: guardiana del fuego del hogar, interprete de la escritura de las constelaciones, guía en el conocimiento del mar, labradora de la tierra a la que arranca los frutos y los secretos.

Esa condensación de saberes, traspasados por la magia y el misterio, conforman una escena de lectura atípica en la que se asienta la fábula del origen del escritor: «Y eso se lo debo en gran medida a ese personaje mítico que fue mi abuela, quien interrumpía sus labores domésticas y tiraba el mazo de leña en el monte para ponerse a conversar con Dios» (*AQA*, 45). Ella representa una forma de la sabiduría que se desplaza entre el cielo y la tierra y sustenta una concepción vitalista en la que el ciclo de la vida y el de la muerte se complementan y se enriquecen mutuamente. Poderosa y entrañable, la abuela suple su única carencia, la de la escritura, con los saberes que despliega en el amor sin culpas y sin recriminación al nieto, y en la transmisión de las artes de la supervivencia en un mundo abrumado por el desasosiego y el abandono de un Dios al que se increpa con impotencia y se sustituye con la magia: el mundo de la brujería del que se entra y se sale sin conflicto.

El aprendizaje de la escritura viene de la mano de otra mujer: «Fue mi madre quien realmente me enseñó a escribir: debajo del quinqué ella escribía largas oraciones con letra muy suave; yo las repasaba con letra más fuerte» (*AQA*, 46). Aunque la primera escena de escritura se constituye en el espacio de lo íntimo por el método de la copia y de la imitación, la diferencia que no puede expresarse en el trazo se realiza por la intensidad; la impronta del discípulo es más vigorosa que la del maestro. Más adelante, otras escenas de escritura y de lectura tendrán como ámbito casas abandonadas, parques y playas, una situación de intemperie, que, más que una circunstancia, en esta memoria enconada expresaría las condiciones de existencia de toda una generación:

> ¿Y qué ha sido de mí? Luego de haber vivido treinta y siete años en Cuba, ahora en el exilio, padeciendo todas las calamidades del destierro y esperando además una muerte inminente. ¿Por qué ese encarnizamiento con nosotros? ¿Por qué ese encarnizamiento con todos los que una vez quisimos apartarnos de la tradición chata y de la ramplonería cotidiana que ha caracterizado a nuestra Isla? (*AQA*, 115)

Con otros recuerdos, la historia familiar y la historia política del periodo republicano se entrelazan de manera a veces grotesca al tiempo que construyen saberes diversos a través de la imagen del abuelo quien, asiduo radioescucha de las noticias políticas que retransmite, es también lector y comentador en el ámbito familiar de la popular revista *Bohemia*, con lo que adquiere una categoría cercana a la de un típico mentor masculino. Si bien la dimensión política no parece alcanzar dentro del cauce cronológico que adopta el texto la complejidad del mundo de la abuela, con la irrupción del proceso revolucionario va adquiriendo una importancia acorde con el carácter decisivo de los acontecimientos públicos que caracterizaron la época.

La radio amplía el horizonte de los saberes del pobre; las alternativas de las novelas que estremecen a los radioescuchas se combinan con las del cine de aventuras en «un pueblo sin mar, sin ríos, ni praderas, ni bosques, ni nada que pudiera ofrecerme algún interés» (*AQA*, 56-57), disparando el deseo de la escritura. Una interrogación retórica: «quién sabe por qué, comencé a escribir novelas», imagina como determinante el influjo de esas novelas radiales en un contexto favorecido por el préstamo de una máquina de escribir y en la soledad de la noche, aunque no el silencio, roto por la irrupción del sexo en la figuración de los escandalosos combates de los abuelos.

El relato de las experiencias políticas iniciales retoma en el nivel autobiográfico situaciones ficcionalizadas en «Comienza el desfile» (1972).[8] Pese a que el entusiasmo de ese y otros cuentos se haya desplazado ahora hacia el escepticismo, la recuperación de su brevísima participación en la lucha cuando apenas tenía quince años mantiene un tono exaltado y gozoso, aunque en «Pascuas» y «Rebelde», que reviven el clima político de los últimos meses del año 1958 en que se define el triunfo de la revolución, superpone al recuerdo posteriores argumentos orientados a desmitificar el absoluto protagonismo de la guerrilla en la caída de Batista. Arenas, mucho más joven y con menor experiencia política, repite los análisis de Carlos Franqui en *Retrato de familia con Fidel*, así como la ácida y provocadora lectura de Guillermo Cabrera Infante sobre el suicidio como una institución decisiva en la historia cubana, mientras que por su cuenta propone interpretaciones ingenuas y simultáneamente maliciosas acerca del proceso.

Los saberes en la revolución

La revolución que estremece al mundo campesino, instala la aventura en la vida cotidiana y con ella la adquisición de nuevas competencias. El narrador, abusando del tópico de la franqueza o quizás en un oblicuo intento de *captatio benevolentiae*, reconoce: «En aquel momento yo estaba integrado a la Revolución; no tenía nada que perder, y entonces parecía que había mucho que ganar; podía estudiar, salir de mi casa en Holguín, comenzar otra vida» (*AQA*, 70). A partir del bosquejo del niño feo y cabezón que come tierra –«y no es realismo mágico» (*AQA*, 28)–, pasa al recuento de las experiencias del joven guajiro en La Habana, un recorrido de todos los aprendizajes, en el que el de la sexualidad se proyectará como dominante. Las revelaciones se suceden acuerde a la cronología: becario en una escuela que antes fue cuartel, equipara las características

---

[8] También en Reinaldo Arenas, *Termina el desfile*.

de la institución educativa a las de una nueva iglesia en la que se imparte una nueva religión (una imagen que reaparece cuando critica la «conversión de Cintio Vitier» (*AQA*, 153); reconoce las trampas y disfruta de las ventajas dibujando el retrato del joven estudiante que lee los manuales, canta los himnos y cumple con las periódicas peregrinaciones a la Sierra Maestra, es movilizado contra la invasión a Playa Girón y festeja la derrota del enemigo y el nacimiento de un mundo nuevo con la definición socialista de la revolución. En un gesto que reclama la persistente vocación por la escritura de poemas y canciones que recoge en cuadernos luego perdidos, se diferencia de un ambiente altamente politizado en esos años, y en el balance de sus lecturas suma a los libros técnicos y políticos, un título de Virgilio Piñera.

En su primer viaje a La Habana en 1960, adopta a la ciudad como suya para siempre: «fue mi primer contacto con otro mundo; un mundo hasta cierto punto multitudinario, inmenso, fascinante. Yo sentí que aquella ciudad era mi ciudad y que de alguna manera tenía que arreglármelas para volver a ella» (*AQA*, 76). Plegaria atendida, la autobiografía despliega con minuciosidad las tensiones de su inserción en el proceso revolucionario; si, por una parte, no puede dejar de reconocerse como producto de los grandes cambios que le facilitaron el acceso a una educación superior, la vida en una gran ciudad, el privilegio de compartir las tertulias de la culta minoría tradicional que se reunía en la hospitalidad de la Biblioteca Nacional, por otra, el relato va punteando una trayectoria, primero del desencanto, luego de las diferencias y más adelante de la absoluta enemistad. Al rechazo de la política agraria suma con agravantes la denuncia de la política hacia la homosexualidad convertida en estigma y cuestión de Estado y aplicada con manifiesta arbitrariedad.

En la lucha cada vez más global y desesperada contra ese proyecto, además de los saberes del pobre, se despliegan las nuevas competencias adquiridas en las lecturas de la biblioteca y en las conversaciones con la sofisticada intelectualidad habanera de los sesenta: textos excepcionales, rica circulación de libros y de autores, confluencia de músicos y pintores en la explosión de los primeros años y en el contexto de una de las más sólidas tradiciones culturales del continente. La autobiografía proyecta así en toda su ejemplaridad, la posibilidad de apropiación, reapropiación y transformación de la denominada alta cultura por parte de un joven pobre.

Sexualidad y saber

Aunque en algún momento de la aventura educativa el temor a perder las ventajas recientemente adquiridas pueda promover la represión sexual en un ambiente objetiva o subjetivamente erotizado, la relación solidaria entre sexualidad y saber parece emblemática en la composición de esta autobiografía. La asociación de las primeras experiencias infantiles a la memoria de la escuela y el recitado de las poesías de Martí, lo mismo que la recuperación de las ceremonias familiares y sociales, apuntalan la construcción de una sensualidad que luego de sorprender por la abundancia y variedad de los colores y los frutos, hojas y manjares, se desata en formas de voracidad sexual que una racionalización posterior justifica por la cercanía con la naturaleza, un mundo erótico, según este argumento, dominado por el deseo y la satisfacción del deseo que encuentra su objeto en frutos, tallos blandos, cuadrúpedos, bípedos terrestres y bípedos voladores, sin excluir moscas ni lagartijas, jóvenes y adultos. La desmesura de la enumeración responde a un procedimiento hiperbólico que además de legalizar las fantasías adolescentes sirve para sostener la imagen que transforma el campo «en un lugar mágico»; así, mundo natural parece oponerse no sólo a convención social sino también a espacio urbano, un encomio que el relato de las aventuras eróticas en las ciudades más bien juega a desmentir.

En una autobiografía que va concertándose como novela de aprendizaje, la iniciación en el intercambio de sexo por dinero en el ambiente del burdel no logra disolver la ambigüedad en la que se debate el personaje hasta que la palabra del otro confirma lo que parece difícil expresar en un ambiente cerradamente homofóbico: «Mira, Reinaldo, tú eres pájaro. ¿Tú sabes lo que es un pájaro? Es un hombre al que le gustan los otros hombres. Pájaro; eso es lo que tú eres» (*AQA*, 61). Una definición que en la ciudad servirá para sustentar y expandir las relaciones entre sexualidad y saber a través de la vinculación con personajes que le abren las puertas de nuevos mundos.

Guías y mentores

Con el auspicio del mentor ideal –amante, padre y maestro– ingresan también la fascinación de la Biblioteca Nacional, la superación de los prejuicios de virilidad y la consumación del amor homosexual. Es cuando, en el hechizo de la ciudad de La Habana, recupera la magia y el misterio de las noches campesinas descifradas por la abuela. Sigue escribiendo hasta que, como en los cuentos infantiles y en las novelas radiales, se cumple la fantasía del descubrimiento en la figura clásica de la anagnórisis: en 1963 impresiona al jurado de un concurso de narradores y se inicia como escritor:

> Pasar a trabajar en aquel lugar fue decisivo para mi formación literaria. [...] Por otra parte, [...] disfrutaba del placer mágico de escoger cualquier libro al azar. Mientras caminaba por entre todos aquellos estantes, yo veía cómo destellaba desde cada libro la promesa de un misterio único (*AQA*, 98).

Se registra un cambio fundamental en la escena de lectura y escritura que en esta edad dorada, a diferencia del escenario de escándalo en la casa de los abuelos, o del posterior ámbito de derrumbe, se desarrolla en un espacio casi monacal: no sólo lee casi todos los libros, también es leído por los cultos maestros, los grandes nombres de la cultura cubana de los años sesenta: Eliseo Diego, Cintio Vitier y Fina García Marruz, reunidos bajo el amparo de la directora de la Biblioteca, María Teresa Freyre de Andrade.

Allí escribe *Celestino antes del alba* y conoce a Virgilio Piñera, fundamental en su historia intelectual. Narra el proceso de escritura de *El mundo alucinante*, su segunda novela, bajo el signo de una urgencia que ya nunca lo abandonará: «[...] la fecha del concurso vencía y yo, con el trabajo de ocho horas en la Biblioteca, apenas tenía tiempo; me encerraba en mi cuarto y escribía de un tirón treinta o cuarenta páginas» (*AQA*, 101). Obtiene una mención y Piñera se ofrece para ayudarlo a corregir: «Fue muy importante para un escritor delirante, como lo he sido yo, pero que carecía de una buena formación universitaria. Fue mi profesor universitario, además de mi amigo».

Con Virgilio Piñera y luego con José Lezama Lima completa el «mudo magisterio de los libros» –del que se quejaba y al mismo tiempo vanagloriaba Sor Juana–, en una conjunción que lo habilita para ir configurando el campo intelectual cubano a partir de la personalidad, la historia intelectual, y las fobias y debilidades de cada uno de ellos en las dos escenas que les dedica y en las que consigue eludir la tentación de escribir en la tradición de las vidas paralelas, difícil después de las brillantes páginas de Guillermo Cabrera Infante.[9] De Virgilio, quien «tenía que pagar muy alto el precio de ser maricón» (*AQA*, 105), destaca la laboriosidad y la honestidad intelectual; casi como parodiando a Valle Inclán en su retrato del Marqués de Bradomín: «feo, católico y sentimental», su héroe adorado será «homosexual, ateo y anticomunista», pero también, feo, flaco, desgarbado y antirromántico. El magisterio de Lezama asume otras formas: «era esa persona que tenía el extraño privilegio de irradiar una vitalidad creadora; luego de conversar con él [...] era imposible [...] no inspirarse. En él la sabiduría se combinaba con la inocencia. Tenía el don de darle sentido a la vida de los demás» (*AQA*, 109).

En el espíritu del ensayo de Cabrera Infante quien construye desde las similitudes y las diferencias el paralelismo de ambas vidas (y con el uso de algunas de sus anécdotas, que pueden ser también las que circulan en el exilio), Arenas va reuniendo los hilos de las biografías en torno a las oblicuas formas del heroísmo intelectual que los dos ejercieron en tiempos difíciles, en el amor compartido por la ciudad de La Habana, en el mutuo reconocimiento: recuerda el elogio público de Virgilio Piñera a *Paradiso*, anterior al de Cortázar, y el poema de homenaje de Lezama: «Virgilio Piñera cumple sesenta años». Las tertulias en la casa donde Lezama «oficiaba como un mago, como un extraño sacerdote» (*AQA*, 111), recuperan el espacio de las lecturas, la risa y el chisme, don criollo del que habría disfrutado Lezama, y en la memoria de Arenas dignifican una historia en la que la

---

[9] Un contrapunto biográfico publicado bajo el título general de *Vidas para leerlas*.

melancolía acrece los placeres más simples: una taza de té, una broma, la narración a hurtadillas de aventuras sigilosas. La muerte de Lezama en el mismo año en que muere la abuela lo afecta hasta el punto de creer que ya «no volvería a ser jamás la misma persona» (*AQA*, 225), del mismo modo que en la muerte de Virgilio presiente su propia desaparición: «Cuando llegué a mi cuarto, me esperaba mi propio cadáver mirándome desde el espejo» (*AQA*, 294).

La imagen de Lydia Cabrera se articula como complementaria de la de los dos maestros y en el mismo nivel de admiración: en el desamparo del exilio en Miami –«firmaba a la intemperie, debajo de una mata de mango» (*AQA*, 312)–, Arenas siente que expande su fulgor aún entre quienes la desconocen; la condición extraordinaria de los tres escritores unida a la maldición de la dispersión refracta sobre el autor de la autobiografía en una ambición igualadora. Con el exilio descubre la paradoja de que Enrique Labrador Ruiz y Carlos Montenegro, otros dos grandes escritores cubanos, sufran junto con las penas del destierro el desinterés de una sociedad atravesada por el mercantilismo. Si Miami resulta «una especie de fantasma de la isla», el escritor es siempre un extranjero: «En realidad, al exilio cubano no le interesaba mucho la literatura; el escritor es mirado como algo extraño, como alguien anormal» (*AQA*, 311). Una observación que recuerda la amarga reflexión puesta a fines de los sesenta, en boca de Fray Servando sobre los intelectuales disidentes que en todo tiempo son desechables:

> «Y qué somos», dijo la voz del fraile, interrumpiendo el poema y el pensamiento de Heredia, «qué somos en este Palacio sino cosas inútiles, reliquias de museo, prostitutas rehabilitadas. De nada sirve lo que hemos hecho si no danzamos al son de la última cornetilla. De nada sirve. Y si pretendes rectificar los errores no eres más que un traidor, y si pretendes modificar las bestialidades no eres más que un cínico revisionista, y si luchas por la verdadera libertad estás a punto de dar con la misma muerte...» (*EMA*, 293).

Entre Virgilio Piñera y Lezama Lima, el tercero en discordia será siempre Alejo Carpentier. Parodiado por Cabrera Infante en *Tres tristes tigres* y por Arenas en *El mundo alucinante*, la opinión desdeñosa de la autobiografía no es muy distante de la que había formulado José María Arguedas en *El zorro de arriba y el zorro de abajo*; la sensación de frialdad que le provoca Carpentier se convierte para Arenas en «una experiencia desoladora ante aquella persona que manejaba datos, fechas, estilos y cifras como una computadora refinada pero, desde luego, deshumanizada» (Arenas 1982b: 109).

El chisme

Narración de la propia experiencia pero también difusión de anécdotas, rumores, escándalos y trascendidos que se deslizan en la zona brumosa entre el saber y el no saber, el chisme sería otra de las estrategias de construcción de esta autobiografía que recupera, sobre todo a partir de la progresiva marginación del personaje, el mecanismo de las medias palabras, de las atribuciones de difícil comprobación: las diversas formas en que se expresan el rumor y la murmuración, aquello que se transmite en la intimidad del cuchicheo, en voz baja, en la oscuridad inverificable del pasillo o de la alcoba.

La circulación del chisme que desata la malevolencia y el placer de la venganza por su falta de compasión instala también el espacio del castigo y autoriza una redistribución de méritos y deméritos en el campo cultural cubano en torno a una línea divisoria que, dejando a salvo las altas cumbres que son Virgilio Piñera y José Lezama Lima, reordena el canon oficial en una escritura empecinada que no por subjetiva parece desechable en tanto de algún modo puede leerse como contracanon.

Si se considera que además se presenta como un recurso directamente vinculado con la reivindicación de un origen campesino que puede hacer del guajiro en la ciudad alguien inocente pero no confiado, el chisme en *Antes que anochezca* recorre varios circuitos; si recoge atribuciones de lesbianismo o de homosexualidad es para solidarizarse con las víctimas y denigrar a quienes usufructúan simultáneamente odiosos privilegios, lo mismo que si arriesga una clasificación: «Las cuatro categorías de locas», que a diferencia de otras famosas como la de Salvador Novo o la de Gore Vidal, escandalizan por el desenfado y el humor grotesco (Novo 1979 y Vidal 1999). Si denuncia el cumplimiento de funciones policíacas por parte de varios intelectuales, también puede compadecerlos y eventualmente perdonarlos, o por el contrario expulsarlos de manera definitiva del espacio de lo que denomina una y otra vez «honestidad intelectual». Un gesto contradictorio pero que finalmente reconoce, de manera más o menos explícita, que en las anchas veredas de un exilio que dura casi cincuenta años, alguna vez podrán encontrarse, como de hecho ha sucedido, el denunciado y el arrepentido denunciante.

De alguna manera el chisme se beneficia con el anonimato; si en el reencuentro con Lezama Lima y Virgilio Piñera después de la experiencia de la cárcel puede mostrar una dimensión amable y familiar, en general suele funcionar como un arma de doble filo; igual que la delación, también es un boca a boca y también instala la dimensión de la peligrosidad: se sabe quién lo transmite pero nunca se está seguro de la identidad del que escucha. En la construcción del clima paranoico que sigue a su salida de la cárcel, los anónimos que por serlo pueden ser a su vez trucados, los trabalenguas burlescos y otras formas degradadas de la escritura llevan al episodio que llama «Guerra de los Anónimos»: una forma exacerbada del rumor convertido en arma de desprestigio.

Picaresca y marginalidad

El pasaje del ambiente más o menos literario de la bohemia al de la marginalidad flexiona sobre el enclave decisivo de la cárcel como zona de la degradación. Prisionero del ruido y del calor, las anécdotas con las ratas y el calabozo inundado recuperan, con un toque de humor negro, algunas de las vicisitudes de Fray Servando:

> En *El mundo alucinante* yo hablaba de un fraile que había pasado por varias prisiones sórdidas (incluyendo el Morro). Yo, al entrar allí, decidí que en lo adelante tendría más cuidado con lo que escribiera, porque parecía estar condenado a vivir en mi propio cuerpo lo que escribía (*AQA*, 222).

El chisme, ahora en el mundo cerrado y hasta cierto punto autosuficiente de la prisión, incide en las estrategias de supervivencia: el chismorreo de los mismos presos o las calculadas infidencias de los guardias pueden establecer la frontera entre la vida y la muerte. Pero la cárcel es también el lugar donde se produce una redistribución de saberes: a cambio de sus lecciones de francés «en medio de aquella gritería» (208) y de la escritura de cartas por encargo, adquiere las astucias que evitan sucumbir al hambre, la violencia, las humillaciones, la locura, los suicidios y los aparentes suicidios, y aprende que la función de los libros se trastoca: de objetos de lectura pasan a ser valorados como mero papel en el que la materialidad de la letra se ausenta.

En el tránsito del Castillo del Morro, cárcel medieval, a la Villa Marista, sede de la Seguridad del Estado, después del paso por los interrogatorios, la firma de la confesión se convierte en un acto autobiográfico en el interior de la autobiografía. Una *mise en abîme* que muestra la propia imagen reflejada en el espejo de la degradación:

> Mi confesión fue larga; hablaba de mi vida y de mi condición homosexual, de la cual renegaba, del hecho de haberme convertido en un contrarrevolucionario, de mis debilidades ideológicas y de mis libros malditos que nunca volvería a escribir; en realidad, renegaba de toda mi vida y sólo salvaba en ella la posibilidad futura de integrarme al carro de la Revolución y de trabajar día y noche para ella. Yo pedía, lógicamente, la rehabilitación, es decir, ir para un campo de trabajo, y me comprometía a trabajar para el gobierno y escribir novelas optimistas (*AQA*, 299).

Perdidos el orgullo y la dignidad –«Ahora estaba solo con mi miseria; nadie podía contemplar mi desgracia en aquella celda» (*AQA,* 231)–, consciente de que el deseo de sobrevivir ha sido más fuerte que su cobardía, culmina el ciclo de las prisiones en el encuentro simbólico con la humillación; una *coincidencia* que le permite una evocación imprecisa y dolorosa aunque compasiva:

> Cuando llegamos a la esquina de la calle 20 y la Quinta Avenida de Miramar, vi junto a uno de los grandes árboles que allí crecían a Heberto Padilla, que venía caminando por la acera; blanco, rechoncho y desolado, era la imagen de la destrucción. A él también habían logrado «rehabilitarlo»; ahora se paseaba entre aquellos árboles como un fantasma (*AQA*, 241).

Con el pasaje a un espacio fronterizo dominado por personajes que viven al margen de la ley, las condiciones de vida se degradan y se desata el relato de una picaresca que puede leerse como una sucesión de naufragios personales y sociales: escándalos, robos, transacciones ilegales, formas clandestinas de apropiación o de usufructo en las que de nuevo la escritura pasa a constituirse como valor de cambio. Si en la cárcel de El Morro, cuando simulaba creer que la población carcelaria estaba compuesta sólo por retrasados mentales, aún existía la dignidad de personajes como «Camagüey», el pescador de pájaros, maestro de la paciencia y de la persistencia incluso en el fracaso, en los bordes de la marginalidad urbana todo parece perdido.

La picaresca se va deslizando hacia formas de lo grotesco también en su sentido de oculto: las construcciones clandestinas en el interior de edificios cochambrosos funcionan como metáfora de una relación entre interior y fachada que tiñe a toda la sociedad; lo que está a la vista, como el telón de un escenario, esconde la vida que bulle en las sombras y en la precariedad. Los intercambios sexuales pierden el espíritu gozoso, las aventuras a veces trágicas, muchas veces violentas de un submundo clandestino, se despliegan en los más variados escenarios: cuartos, casetas en la playa, el mar, los árboles, los ómnibus, los trenes, cuarteles, universidades, albergues universitarios; de día, de noche. Como una hipérbole del desencanto, la rebeldía erótica articula una confusa relación entre represión y liberación, para acentuar la crítica a una rigidez estatal que proyecta, en grados diversos, toda una sociedad al desafuero: «Toda dictadura es casta y antivital; toda manifestación de vida es en sí un enemigo de cualquier régimen dogmático» (*AQA*, 119).

Robo y escritura

Entre los riesgos que acechan a este escritor que escribe su vida, uno de los más intensos es el del robo. Se roba aquello de lo que se carece, se es robado de lo que se posee; en este sentido esta autobiografía también construye un arco que vincula la casi más absoluta desposesión en los orígenes con la posesión garantizada por ese único papel en el bolsillo del hombre que se siente morir: el testamento. «Yo pensaba morirme en el invierno de 1987 [...]. Lo único que tenía en el bolsillo era la copia del testamento...» (*AQA*, 9-10). El robo en la forma del plagio no parece con todo tan temible como una modalidad más primitiva o contundente, en la medida que afecta al prestigioso objeto que la mecánica del siglo XIX consiguió imponer como soporte de la actividad del escritor: la máquina de escribir. La autobiografía establece con las viejas y pesadas máquinas relaciones casi fetichistas; en el recuento va hilvanando la relación de propiedad o de no propiedad sobre el instrumento, los préstamos y eventualmente las apropiaciones; después de un robo lo atornilla a la mesa de trabajo, así como se atornilla a la mesa, en sentido figurado, quien escribe:

Sentarme a escribir era, y aun lo sigue siendo, algo extraordinario; yo me inspiraba (como un pianista) en el ritmo de aquellas teclas y ellas mismas me llevaban. Los párrafos se sucedían unos a otros como el oleaje del mar; unas veces más intensos y otras menos; otras veces como ondas gigantescas que cubrían páginas y páginas sin llegar a un punto y aparte (*AQA*, 134).

Una inflexión mucho más dramática e intensa del robo alude al producto del trabajo en su pura materialidad: las páginas mecanografiadas que encerradas en bolsas de plástico son trasladadas por la ciudad, escondidas en falsas paredes o en el tejado, sustraídas a la mirada destructora del otro, en la figura del inquisidor-lector. Las escenas de lectura entre amigos revierten la angustia y a veces apuntalan formas de la solidaridad que suelen ser ocasión de historias curiosas y de no fácil comprobación, como las que se atribuyen al cuidador infiel, o enigmáticas como las que convierten en guardiana de los manuscritos a Nelly Felipe, quizás un nombre falso. Ya en el exilio, reclamará por otra forma de sustracción: la negación del usufructo de los derechos de autor, tantas veces escamoteado y no sólo en términos de bienes simbólicos.

Memoria de la noche

Porque parece que la nocturnidad fuera el centro productor de la escritura y estuviera en el origen del texto, es posible relacionar esta autobiografía con una memoria de la noche, o vincularla con los *Himnos a la noche* de Novalis en los que Gusdorf lee una crónica de la experiencia de la muerte (1991). Como una memoria de la furia que le pudo servir de antídoto de la nostalgia para disolverse muy pronto en la pena sin nombre del exilio y de la muerte en el exilio que recupera en «Final de un cuento» (Arenas 1995a), también se inscribe en una larga tradición de la cultura cubana en la que brillan los nombres de Heredia, Martí o Cirilo Villaverde. Atravesada por una imagen de la patria tan alejada de la versión glamorosa del cosmopolitismo del siglo XIX, al estilo de algunos modernistas como Enrique Gómez Carrillo, como de la de los transterrados económicos y políticos de la era de la globalización, el sentimiento de desesperanza quizás sea equiparable al de los emigrados españoles de los treinta, quienes relacionaron el concepto de desarraigo con el de desgarro:

> […] me doy cuenta de que para un desterrado no hay ningún sitio donde se pueda vivir; que no existe sitio, porque aquél donde soñamos, donde descubrimos un paisaje, leímos el primer libro, tuvimos la primera aventura amorosa, sigue siendo el lugar soñado; en el exilio uno no es más que un fantasma, una sombra de alguien que nunca llega a alcanzar su completa realidad; yo no existo desde que llegué al exilio; desde entonces comencé a huir de mí mismo (*AQA*, 314).

Es la amarga conclusión de quien recupera la exaltación del primer amor en la noche cerrada de una carretera, el disfrute de la vida en los espacios de la noche habanera, la nocturnidad de la magia y de las brujas benéficas («la más amada del mundo: mi madre»), y las maléficas: los traidores a la amistad y la confianza. Si la noche es también la fiesta de Nueva York durante 1981 y 1982 y antes de la llegada de la plaga, ya sobre el final del texto el estallido de un vaso en una noche toda llena de pesadillas y premoniciones, revive en la memoria las asechanzas a las que sobrevivió para terminar invocando a la luna, diosa protectora que ahora sí lo ha abandonado definitivamente, cerrando el ciclo de desamparo abierto con la muerte de la abuela.

En los largos meses de errancia hasta que llega el momento de la salida infamante por el puerto de Mariel, en verdad una huida marcada por el estigma de la homosexualidad, por el disfraz: «salí como una loca más, no como un escritor», y por la deformación del propio nombre: «Arinas» por «Arenas», la oscuridad del parque vuelve a ser como en la infancia, un refugio de la intemperie. En el sigilo de los disfraces, los cambios de identidad, las tácticas de la clandestinidad y la resistencia, escribe el «Comunicado a la Cruz Roja Internacional, a la ONU y a la UNESCO» del 15 de noviembre de 1974.[10] En la penumbra inicia sus memorias y se empecina en el armado de una biblioteca: *Del Orinoco al Amazonas, La montaña mágica, El castillo, La Ilíada*, el texto que lo acompaña a la cárcel. La escena de la captura es una escena de lectura, pero interrumpida; cuenta que lo atrapan en medio del encanto de «un momento único en toda la literatura», el instante en que los dioses se apiadan y Aquiles le entrega a Príamo el cadáver de Héctor: una derrota memorable por la incierta escritura de un oscuro poeta. *Antes que anochezca*, aún lejos de la grandiosidad del canto clásico, se propone también como una *memorabilia* sustentada en la desenfadada conciencia de sí de un oscuro escritor latinoamericano que no se resigna a la muerte de la historia, y que piensa que sus combates públicos y privados merecen un lugar en sus páginas.

---

[10] Publicado en *Necesidad de libertad. Mariel: testimonio de un intelectual disidente.*

Epílogo. Arenas desde Sartre

Karl Kohut
Katholischen Universität Eichstätt-Ingolstadt

En 1952, Sartre publicó su ensayo *Saint Genet, comédien et martyr* en forma de introducción a las *Obras completas* de Jean Genet. Sartre describe a este autor homosexual y con pasado criminal como un expulsado, un paria, de una sociedad de justos que lo convirtió en su chivo expiatorio. Los justos proyectaron en él el Mal que no querían reconocer en sí mismos. En esta situación aparentemente sin salida, Genet asume conscientemente su condición de expulsado. Puesto que la sociedad de los justos le ha cerrado el camino hacia el Bien, elige el Mal porque sólo así estará libre. Con esto juega el juego de «quien pierde gana» (*qui perd gagne*), porque es precisamente la elección de perder y fracasar la que lo lleva finalmente a su liberación. Ahora bien, la peor forma del Mal es la traición. Sin embargo, en la traición el Mal se vuelve contra sí mismo, lo que lleva a Genet a una contradicción interna: quiere el mundo tal como es y, al mismo tiempo, quiere destruirlo. Para Sartre, ambas actitudes son imaginarias: «uno no puede rechazar el mundo ni aceptarlo salvo en el sueño».[1] Al elegir el Mal, Genet se pone fuera de la realidad:

> Genet desea hacer el Mal, fracasa y decide querer este fracaso; de golpe se convierte en traidor, sus actos se convierten en gestos y su ser en apariencia. No obstante, la ley de las apariencias y de los gestos es la Belleza. Hemos llegado al corazón de esta curiosa tentativa, a este lugar secreto donde el Mal, engendrando su propia traición, se metamorfosea en Belleza.[2]

Genet llega del Mal al Imaginario, y del Imaginario a la Belleza. Con esto, se convierte implícitamente en esteta. Finalmente, reconoce concientemente esta vuelta y asume su condición de esteta y de poeta. De este modo, la poesía llega a ser el instrumento de su liberación. Si la sociedad de los justos había proyectado su Mal en él, Genet le devuelve ahora el reflejo de esta imagen, y la sociedad de los justos tiene que reconocer que el Mal que había proyectado en él es su propio Mal, el de los justos. Al final de este largo proceso interior, Genet

---

[1] «On ne peut refuser le monde ni l'accepter sauf en rêve» (Sartre 1952: 318). Las traducciones del francés son mías.

[2] «Genet veut faire le Mal, échoue, décide de vouloir cet échec; du coup il se change en traître, ses actes se changent en gestes et l'être en apparence. Or, la loi des apparences et des gestes c'est la Beauté. Nous sommes parvenus au cœur de cette étrange tentative, en ce lieu secret où le Mal, engendrant sa propre trahison, se métamorphose en Beauté» (1952: 183).

se convierte de objeto de la sociedad en sujeto libre. Al jugar al *qui perd gagne*, ha ganado.

Hasta aquí un resumen sumamente escueto de la visión de Sartre sobre Jean Genet. Desde entonces ha pasado más de medio siglo. En estas décadas, la percepción de la homosexualidad en las sociedades occidentales ha cambiado radicalmente. De un vicio (o pecado) contra natura, la homosexualidad ha llegado a ser considerada como una variante aceptada de la sexualidad humana, lo que no excluye problemas individuales. Este cambio es más visible en las letras en las que la literatura *gay* casi se ha convertido en *mainstream*, lo que atestigua el sinnúmero de publicaciones correspondientes;[3] y no faltan trabajos dedicados a Reinaldo Arenas en este contexto.[4] Sin embargo, si lo anteriormente dicho vale con ciertos matices para las sociedades occidentales, no vale para Cuba. Esta particularidad cubana, extraña conjunción de moral revolucionaria y moral tradicional, está en el fondo del destino trágico de Reinaldo Arenas, mismo que comparte con otros compatriotas suyos menos conocidos. Esta particularidad hace comparable su caso con el de Genet, a pesar de las distancias temporal y espacial; el análisis de Sartre nos puede ayudar a penetrar más hondo en la problemática de su vida y obra.

Reconocemos en el análisis sartreano de la vida de Genet varios tópicos que son centrales para la vida y la obra del escritor cubano. Ambos eran homosexuales, ambos reconocieron públicamente su homosexualidad y ambos la convirtieron en literatura. Ambos eran considerados criminales por su sociedad, Genet por sus latrocinios, Arenas por su homosexualidad considerada como infracción de la moral revolucionaria, y ambos debieron pagar por sus delitos con años de cárcel. Ambos buscaron y alcanzaron una liberación simbólica de su existencia en la literatura. Pero aquí terminan las similitudes y los paralelismos. Jean Genet fue recibido por la sociedad letrada francesa; sus obras fueron publicadas por Gallimard, una de las editoriales más prestigiosas del país, y sus piezas teatrales fueron estrenadas por los teatros de su país y del extranjero. El ensayo monumental de Sartre era algo como la canonización de este paria. Arenas, por el contrario, nunca fue reconocido por el gobierno revolucionario de su país. Su única salida era el exilio donde encontró una muerte miserable. Al fin y al cabo, el gobierno revolucionario se mostró más inmisericorde e inquisitorial que la tan aborrecida burguesía francesa.

En la concepción sartreana, la traición es la punta extrema del Mal en tanto que subvierte los valores de la sociedad. Transferida de la vida real a la literatura, la traición convierte la obra literaria en un arma social. Tal como Genet subvirtió los valores de la sociedad burguesa, Arenas lo hace con los de la Revolución

---

[3] Para más información, remito a una de las publicaciones más recientes sobre el tema: Ingenschay 2006.

[4] Me limito a citar algunos trabajos recientes: Young 1981; Ortiz 1998: 92-111; Sánchez-Eppler 2000: 154-182. Por su parte, Rebecca E. Biron analiza la violencia de género en el contexto político en *El asalto* (2000).

cubana. O, mejor dicho, no subvierte los valores de la Revolución cubana sino del gobierno que ha salido de ella y que, por su parte, ha traicionado sus valores iniciales. Tal como en las matemáticas la negación multiplicada por la negación da un resultado positivo, así, en la obra de Arenas, se da la traición de la revolución traicionada. Su traición aparente es, en realidad, la confirmación de los valores auténticos de la revolución. Desde luego, el gobierno revolucionario no puede aceptar esta subversión de su base política real y debe perseguir a su autor: de ahí que Reinaldo Arenas se convierte en perseguido y su vida, en huida.

El recurso literario más efectivo para realizar la traición es el parasitismo. Así se explica que las obras de Arenas se nutren de otras obras. *La Loma del Ángel* se superpone a este clásico de la literatura cubana, *Cecilia Valdés o La Loma del Ángel*, de Cirilo Villaverde; *El mundo alucinante* usurpa las *Memorias* de Fray Servando Teresa de Mier; *El Cometa Halley* es una continuación paródica de *La casa de Bernarda Alba*, de Federico García Lorca; su última obra de ficción, *El color del verano o Nuevo «Jardín de las Delicias»*, se nutre del famoso cuadro del Bosco, y hasta la *Pentagonía* puede considerarse como un tributo secreto a la *Triagonía* de Enrique Labrador Ruiz.[5] Arenas reescribe estas obras, las parodia, las carnavaliza, pero no las mata, en contraste con los parásitos reales que matan al ser del que viven y con esto se autodestinan a la muerte. En las obras de Arenas, se traslucen los originales y sospecho que, quien la haya leído, nunca más podrá leer la obra original inocentemente. Con esto, la obra de Arenas recobra importancia en otro contexto intelectual de la época, es decir, en la llamada posmodernidad. Se ha sostenido muchas veces que un rasgo fundamental de la literatura posmoderna es el hecho de que no se refiere directamente a hechos extraliterarios, sino a otros textos anteriores que, por su parte, remiten a otros textos y así *ad infinitum*.[6] Sin embargo, si la actitud típicamente posmoderna sería, pues, la referencia a otros textos en vez de un acceso directo a la realidad, la obra de Reinaldo Arenas sería posmoderna sólo a medias. Porque, si bien es cierto que su obra se nutre de otras obras, también es cierto que nunca pierde de vista ni la realidad pasada ni la contemporánea. La obra de Arenas es parásita de la historia, y si el «Reprimerísimo» –parodia de Fidel Castro– considera la memoria como diversionista que exige la pena máxima (véase Winks, Cervantes, Flores, Franco: 122), Arenas recrea en su obra –tal vez de modo particular en *El mundo alucinante*– la historia del subcontinente latinoamericano, «inventando» de paso un nuevo modo de escribir novelas históricas que hoy conocemos como «nuevas novelas históricas».[7] Más aún que del pasa-

---

[5] Véanse las interpretaciones de esas obras en este volumen. Para *El cometa Halley* véase Olivares 2002: 1188-1206.

[6] Véase la obra de uno de los más importantes teóricos de la posmodernidad, Man 1971: 165.

[7] Parece que el término fue usado por primera vez en 1985 por Juan José Barrientos en su artículo «Reinaldo Arenas, Alejo Carpentier y la nueva novela histórica hispanoamericana» (Barrientos 1985: 16-24).

do, su obra se nutre de la realidad contemporánea de Cuba. Así llama a la *Pentagonía*, este conjunto de cinco novelas, «una historia secreta de Cuba». Es ésta la cara política de la traición. «Fifo» o el «Reprimerísimo» son parodias del máximo líder, quien destruye todo lo que se escapa a su poder. Arenas lleva la parodia a la cima cuando imagina que Fifo organiza un carnaval oficial para celebrar sus cincuenta años en el poder (véase Winks: 111). Ahora falta sólo un año para que esta conmemoración se convierta en realidad. La obra de arte anticipa la realidad.

Arenas carnavaliza la carnavalización. Este concepto desarrollado por Mijail Bajtín está omnipresente en las interpretaciones de este volumen y es cierto que la obra areniana se presta de modo particular a él. Sin embargo, cabe distinguir los lados literario y político de la carnavalización. Para ello, tenemos que regresar al carnaval medieval, punto de partida de la teoría de Bajtín. El carnaval real era y es temporal. En el carnaval se invierten las jerarquías; el señor se convierte en sirviente, y el sirviente, en señor. El sirviente juega a ser señor parodiando al señor real, y el público se divierte porque reconoce el modelo real en la parodia. Pero el Miércoles de Ceniza termina el espectáculo, y cada uno vuelve a su papel: el señor será otra vez señor, y el sirviente, sirviente. Por eso, las jerarquías ?sean seculares o eclesiásticas? podían tolerar el carnaval: porque sabían que era transitorio. En efecto, el carnaval tenía un papel de purificación y también de válvula de escape que reducía las tensiones sociales al permitir su expresión pública por algunos días. El carnaval literario, por el contrario, no tiene limitación temporal. La sociedad, el gobierno, el partido político y la persona carnavalizados siguen siéndolo en tanto que existe la obra. La única solución para los parodiados es su aniquilación, su quema, practicadas por la Inquisición y los diversos regímenes totalitarios del siglo pasado. La reacción del gobierno de Cuba a la obra de Arenas (y de tantos otros) continúa esta tradición nefasta al encarcelar al carnavalizador y, más tarde, al expulsarlo, tratando de aniquilar de este modo su persona y su obra. Pero, al igual que la Inquisición y los regímenes totalitarios mencionados anteriormente, tampoco el régimen revolucionario de Cuba logró su meta o la logró sólo a medias. Pudo aniquilar a Reinaldo Arenas en tanto que ciudadano de Cuba (a pesar de que su obra circulara en la isla), pero no pudo impedir que éste se convirtiera en un autor reconocido internacionalmente.

Sin embargo, no por ello Reinaldo Arenas encontró una nueva familia política en el exilio cubano. El sexo, el homoerotismo, la carnavalización, las hipérboles recurrentes, lo grotesco (que relaciona a Arenas al concepto del «neobarroco» acuñado por otro exiliado cubano, Severo Sarduy) como instrumentos de la subversión política, llevan al doble rechazo de su autor: por el gobierno cubano y por sus disidentes, irritados éstos por la homosexualidad y el exceso de la parodia. Su obra irrita incluso a los que, por lo demás, simpatizarían con él. Así, *El color del verano* suscitó en muchos lectores «incomodidad, irritación, incluso abierta repulsión», tal como escribe Winks (110). La observación puede

generalizarse. La carnavalización cada vez más extrema y la instrumentaliza-
ción del sexo para la subversión del régimen incomodan a muchos. «El señalamiento de Fidel Castro como culpable de todo deja una sensación de exceso y
de disgusto», escribe Beatriz Flores (147). En efecto, la carnavalización política
de la obra hace de su autor un marginado doblemente, por el régimen revolucionario y por el exilio. Pero esta segunda marginación es también una autoexclu-
sión, porque Arenas no podía ni quería aceptar su ideología antirrevolucionaria.

Por otra parte, esta doble marginalización significa también libertad por la
cual, sin embargo, tuvo que pagar un precio muy alto. La libertad se acopla en
él con una profunda soledad que podría convertirlo en otro héroe de Sartre,
quien se caracteriza por su libertad, responsabilidad y soledad. Pero al final de
su vida, Arenas elige un camino que lo aleja de los héroes de Sartre cuando
decide terminar su vida con sus propias manos. Para el existencialista y volunta-
rista Sartre, el suicidio no es una solución, como lo expuso en la famosa escena
en el parque de *La Nausée*. En esta escena, el protagonista Roquentin tiene la
iluminación de la absurdidad del ser en tanto que injustificado. No hay Dios ni
otra instancia que pudiera justificar la existencia: cada hombre, cada cosa está
de trop, está demás. El suicidio no es una solución porque también sería *de trop*,
de modo que Roquentin tiene que reconocer que es y será *de trop pour l'éterni-
té*, demasiado e injustificado para la eternidad. Es cierto que, al final de la obra,
Roquentin encuentra un *Ersatz*, una justificación indirecta por medio del arte.[8]
De modo igual, Arenas busca y encuentra la justificación de su existencia en su
obra literaria. Cara a cara con la muerte, despide a la ficción y vuelve a la realidad. En su «Carta de despedida», que es como un epílogo a su autobiografía,
revela los motivos más íntimos de su vida, de su obra, de su suicidio inminente:

> Queridos amigos: debido al estado precario de mi salud y a la terrible depresión
> sentimental que siento al no poder seguir escribiendo y luchando por la libertad de
> Cuba, pongo fin a mi vida. En los últimos años, aunque me sentía muy enfermo, he
> podido terminar mi obra literaria, en la cual he trabajado por casi treinta años. Les
> dejo pues como legado todos mis terrores, pero también la esperanza de que pronto
> Cuba será libre. Me siento satisfecho con haber podido contribuir aunque modesta-
> mente al triunfo de esa libertad. Pongo fin a mi vida voluntariamente porque no
> puedo seguir trabajando (*AQA*, 343).[9]

En oposición al protagonista sartreano, Arenas considera la justificación por
la literatura como algo absoluto. Es cierto que había instrumentalizado su obra
para luchar por la libertad de Cuba, lo cual permitiría clasificar su obra como

---

[8] Es una coincidencia más que curiosa que Sartre localice esta escena en un departamento de
Nueva York, y que Arenas escriba su autobiografía en un miserable cuarto de la misma ciudad. Vale
la pena mencionar que Ernesto Sábato retomó esta escena de *La Nausée* al final de *Abaddón, el
exterminador*.

[9] Véase Flores: 147.

comprometida en el sentido de Sartre. Pero su obra es, más que instrumento, un fin en sí misma. Una vez más, nos encontramos con un tópico de Sartre, quien ha demostrado, en *Saint Genet*, que la poesía puede obrar en un sentido político, no a pesar de, sino precisamente porque es un fin en sí mismo. Pero Arenas es un héroe sartreano –sea Roquentin o Genet– y no lo es. Su compromiso con la literatura va más lejos. Al poner la literatura como absoluto, sólo le queda elegir la muerte porque, cuando el SIDA ya no le permite escribir, su existencia carece de sentido.

Arenas ha prefigurado su suicidio real en las ficciones de sus obras. En éstas, hay un constante vaivén entre la ficción y la realidad vivida. Así, se pudo escribir que sus obras ficcionales son, en realidad, su autobiografía ficcionalizada. Ficción y autoficción se reflejan mutuamente. Esta dualidad se reproduce en los desdoblamientos que constituyen un rasgo esencial de su obra. Un ejemplo particularmente significativo es el juego de los dobles en *El asalto*. Según la interpretación de Winks, Cervantes, Flores y Franco, el contrasusurrador, que es un doble del autor, es un doble del Reprimero que es un doble de Fidel, que es un doble de su madre (127). Al asesinar a su madre, el contrasusurrador mata al dictador y, al mismo tiempo, a sí mismo. Asesinato y suicidio se identifican. En este desdoblamiento encontramos uno de los núcleos escondidos de su obra. Arenas es el enemigo de Fidel, pero a la vez, su doble. Al luchar contra el dictador lucha también contra sí mismo. Al carnavalizar al régimen revolucionario y, sobre todo, a su líder, se carnavaliza también a sí mismo. Esto explica, tal vez, que hiperbolice la parodia hasta lo grotesco. En el fondo de la carnavalización se esconde un dolor profundo. Arenas es él y es otro; citando a Rimbaud podríamos decir que *«je est un autre»*. La autobiografía es un último intento para acabar con este juego de desdoblamientos y encontrarse a sí mismo en su *yo* real, pero otra vez lo logra sólo a medias, porque su yo autobiográfico es real y a la vez ficticio.

Visto desde hoy, el ensayo de Sartre sobre Genet puede parecer *démodé*, y la aplicación de sus conceptos a la vida y obra de Reinaldo Arenas, algo extravagante. Sin embargo, es precisamente esta obra la que nos da una última clave para la comprensión de la del autor cubano. Sartre puso como subtítulo a su obra «Comédien et martyr»; ¿cómo resumir mejor la vida de Arenas en dos palabras? Su obra es una gran comedia, exagerada, desgarrada, desgarradora, grotesca, triste, pero, a pesar de todo, comedia, y Arenas es su máximo comediante. Al mismo tiempo es mártir en tanto que asumió con una voluntad admirable su ser como homosexual y como defensor de la libertad, a pesar de la persecución que esta elección le costó por parte del gobierno revolucionario.

Bibliografía

1. Obras citadas de Reinaldo Arenas

ARENAS, Reinaldo (1969): *El mundo alucinante*. México: Diógenes.
— (1972): «Comienza el desfile», en: *Con los ojos cerrados*. Montevideo: Arca.
— (1981): *Termina el desfile*. Barcelona: Seix Barral.
— (1982a): *Otra vez el mar.* Barcelona: Argos Vergara.
— (1982b): *El mundo alucinante*. Caracas: Monte Ávila.
— (1992): *Antes que anochezca. Autobiografía*. Barcelona: Tusquets (colección andanzas, 165).
— (1995a): *Adiós a mamá (De La Habana a Nueva York)*. Barcelona: Áltera.
— (1995b): *La Loma del Ángel*. Miami: Ediciones Universal (colección Caniquí).
— (1996): *Antes que anochezca. Autobiografía*. Barcelona: Tusquets (colección andanzas, 165; 1.ª reimp.).
— (1997): *El mundo alucinante*. Barcelona: Tusquets (colección andanzas, 314).
— (1999): *El color del verano o Nuevo «Jardín de las Delicias»: novela escrita y publicada sin privilegio imperial*. Barcelona: Tusquets (colección andanzas, 357).
— (2000): *Celestino antes del alba*. Barcelona: Tusquets (colección andanzas, 395).
— (2001a): *Antes que anochezca. Autobiografía*. Barcelona: Tusquets (colección andanzas, 165; 2.ª reimp.).
— (2001b): *El palacio de las blanquísimas mofetas*. Barcelona: Tusquets (colección andanzas, 428).
— (2003): *El asalto*. Barcelona: Tusquets (colección andanzas, 497).

2. Entrevistas a Reinaldo Arenas

SANTI, Enrico Mario (1980): «Entrevista con Reinaldo Arenas», *Vuelta,* 47, pp. 18-25.
ROZENCVAIG, Perla (1981): «Entrevista a Reinaldo Arenas», *Hispamérica,* X, 28, p. 43.

3. Trabajo críticos citados sobre la obra de Reinaldo Arenas

ABREU, Juan (1998): *A la sombra del mar: Jornadas cubanas con Reinaldo Arenas*. Barcelona: Casiopea.
ÁLVAREZ AMELL, Diana (2000): «Las dos caras de *Cecilia Valdés*: entre el romanticismo y el nacionalismo cubano», *Hispania*, 83, 1, pp. 1-10.
ARENCIBIA RODRÍGUEZ, Lourdes (2001): *Reinaldo Arenas entre Eros y Tánatos*. Bogotá: Soporte Editorial.

BARQUET, Jesús J. (1992): «Del gato Félix al sentimiento trágico de la vida», en: Ette, Ottmar (ed.): *La escritura de la memoria de Reinaldo Arenas. Textos, estudios y documentación*. Frankfurt am Main: Vervuert, pp. 65-74.

BARRIENTOS, Juan José (1985): «Reinaldo Arenas, Alejo Carpentier y la nueva novela histórica hispanoamericana», *Revista de la Universidad de México*, 416, pp. 16-24; reimpresión en BARRIENTOS, J. J. (2006): *Ficción-historia. La nueva novela histórica hispanoamericana*. México: Universidad Nacional Autónoma de México, pp. 133-161.

BEJEL, Emilio (1996): «*Antes que anochezca*: autobiografía de un disidente cubano homosexual», *Hispanomérica*, 74, pp. 29-46.

CASTRILLÓN, Carlos A. (1999): «El humor alucinante de Reinaldo Arenas», *Sonorilo. Revista literaria*, en: <http://www.geocities.com/SoHo/Village/4759/rarenas.html>.

ETTE, Ottmar (ed.) (1992 [1996]): *La escritura de la memoria. Reinaldo Arenas: Textos, estudios y documentación*. Frankfurt am Main/Madrid: Vervuert/Iberoamericana (Americana Eystettensia: Serie B, Monografías, estudios, ensayos, 3).

JARA, René (1979): «Aspectos de la intertextualidad en *El mundo alucinante*», *Texto crítico*, 13, pp. 219-235.

HASSON, Liliana (1992): «Memorias de un exiliado. París, primavera 1985», en: Ette, Ottmar (ed.): *La escritura de la memoria. Reinaldo Arenas: Textos, estudios y documentación*. Frankfurt am Main: Vervuert, pp. 35-63.

— (1992): «*Antes que anochezca (Autobiografía)*: Una lectura distinta de la obra de Reinaldo Arenas», en: Ette, Ottmar (ed.): *La escritura de la memoria. Reinaldo Arenas: Textos, estudios y documentación*. Frankfurt am Main: Vervuert, pp. 165-173.

— (2002): «Reinaldo Arenas: New York era una fiesta», en: <http://www.hispanocubana. org/revistahc/paginas/revista8910/REVISTA7/ensayos/reinaldo.html>.

MANZONI, Celina (1992): «Los intelectuales y el poder. Biografía, autobiografía e historia en *El mundo alucinante* de Reinaldo Arenas», *Revista de la Universidad*, 494, pp. 26-29.

— (1996): «Memoria de la noche. La Autobiografía de Reinaldo Arenas», en: *Fronteras literarias en la literatura latinoamericana. Actas de las XI Jornadas de investigación*. Buenos Aires: Instituto de Literatura Hispanoamericana, pp. 343-351.

MIAJA DE LA PEÑA, María Teresa (1981): "La hipérbole como figura generadora de un texto literario: *El mundo alucinante* de Reinaldo Arenas". Tesis doctoral. México: El Colegio de México.

MOLINA, Marcos (2002): «Sobre el humor y la hipérbole en Reinaldo Arenas», en Domenella, Ana Rosa (coord.): *(Re)escribir la historia desde la novela de fin de siglo. Argentina, Caribe, México*. México: UAM-Iztapalapa/Miguel Ángel Porrúa (Biblioteca Signos, 17), pp. 195-212.

OLIVARES, Jorge (1994): «Otra vez *Cecilia Valdés*: Arenas con(tra) Villaverde», *Hispanic Review*, 62, 2, pp. 169-184.

— (2002): «A Twice-Told Tail: Reinaldo Arenas's "El Cometa Halley"», *PMLA*, 117, pp. 1188-1206.

ORTIZ, Ricardo (1998): «Pleasure's Exile: Reinaldo Arena's Last Writing», en: Elazar Barkan, Marie-Denise Shellon (eds.): *Borders, Exiles, Diasporas*. Stanford: Stanford University Press, pp. 92-111.

PAGNI, Andrea (1992): «Palabra y reversión en *El mundo alucinante*», en: Ette, Ottmar (ed.): *La escritura de la memoria. Reinaldo Arenas: Textos, estudios y documentación*. Frankfurt am Main: Vervuert, pp. 139-148.

SÁNCHEZ-EPPLER, Benigno (2000): «Reinaldo Arenas. Re-writer Revenant, and the Re-patriation of Cuban Homoerotic Desire», en: Patton, Cindy y Sánchez-Eppler, Benigno (eds.): *Queer Diasporas*. Durham: Duke University Press, pp. 154-182.

VALERO, Roberto (1991): *El desamparado humor de Reinaldo Arenas*. Miami: University of Miami Press.

— (1992): «"Ay, qué lindo tienes el pelo". Un testimonio de los últimos tiempos de Arenas», en: Ette, Ottmar (ed.): *La escritura de la memoria. Reinaldo Arenas: Textos, estudios y documentación*. Frankfurt am Main: Vervuert, pp. 29- 32.

4. Bibliografía indirecta

BACHELARD, Gaston (1965): *La poética del espacio*. México: Fondo de Cultura Económica.

— (1993): *El agua y los sueños*. Bogotá: Fondo de Cultura Económica.

— (2000): *La poética de la ensoñación*. México: Fondo de Cultura Económica.

BAJTÍN, Mijail M. (1971): *La cultura popular en la Edad Media y el Renacimiento*. Barcelona: Seix Barral.

— (1986): *Problemas de la poética de Dostoievski*. México: Fondo de Cultura Económica

— (1987): «Introducción» a *La obra de François Rabelais y la cultura popular en la Edad Media y el Renacimiento*. Madrid: Alianza.

— (1989): *Teoría y estética de la novela: trabajos de investigación*. Madrid: Taurus.

BARGALLÓ CARRATÉ, Juan (1994): «Hacia una tipología del doble: el «doble» por fusión, por fisión y por metamorfosis», en: *Identidad y alteridad: aproximación al tema del doble*. Sevilla: Alfar, pp. 11-26.

BATAILLE, Georges (2002): *El erotismo*. 3ª ed. Barcelona: Tusquets (Ensayo, 34).

BAUDRILLARD, Jean (1998): *Cultura y simulacro*. Barcelona: Kairós.

BERISTÁIN, Helena (1985): *Diccionario de retórica y poética*. México: Porrúa.

BIRON, Rebecca E. (2000): *Murder and Masculinity. Violent Fictions of Twentieth-Century Latin America*. Nashville: Vanderbilt University Press.

BOURNEUF, Roland y ROBBE-GRILLET, Alain (1975): *La novela*. Barcelona: Ariel.

CABRERA INFANTE, Guillermo (1993): «Entre la historia y la nada», en: *Mea Cuba*. México: Vuelta.

— (1993): «Vidas para leerlas», en: *Mea Cuba*. México: Vuelta.

CASTRO, Fidel (1972): «La libertad del arte y la revolución», en: Sánchez Vázquez, Adolfo: *Estética y marxismo*. México: Era, t. II.

CELORIO, Gonzalo (1998): «La triple insularidad», *La Jornada semanal*, 1428, 2.

DE MAN, Paul (1971): *Blindness & Insight. Essays in the Rhetoric of Contemporary Criticism*. New York: Oxford University Press.

ELISEO, Alberto (1997): *Informe contra mí mismo*. Madrid: Alfaguara.

ETTE, Ottmar (2001): *Literatura de viaje. De Humboldt a Baudrillard*. México: UNAM/Servicio Alemán de Intercambio Académico.

FILINICH, María Isabel (2002): «Sujeto sensible y estrategias retóricas», en: Beristáin, Helena (comp.): *El abismo del lenguaje*. México: UNAM.

FRANQUI, Carlos (1981): *Retrato de familia con Fidel*. Barcelona: Seix Barral.

GENETTE, Gerard (1989): *Palimsestos*. Madrid: Taurus.

GREIMAS, Algirdas Julien y COURTÉS, Joseph (1990): *Semiótica. Diccionario racionalizado de la teoría del lenguaje*. Madrid: Gredos.

GRESS, Elsa (1976): «El arte de traducir», *Revista Sur. Problemas de la traducción*, 338-339 (enero-diciembre), pp. 22-35.

GUSDORF, Georges (1991): «Condiciones y límites de la autobiografía», en: Loureiro, Ángel G. (intr.): *La autobiografía y sus problemas teóricos*. Barcelona: Anthropos.

HERNÁNDEZ RODRÍGUEZ, Francisco Javier (1993): *Y ese hombre seré yo: la autobiografía en la literatura francesa*. Murcia: Universidad de Murcia.

INGENSCHAY, Dieter (ed.) (2006): *Desde aceras opuestas. Literatura/cultura gay y lesbiana en Latinoamérica*. Frankfurt am Main/Madrid: Vervuert/Iberoamericana.

KANT, Emmanuel (1995): *Crítica de la razón práctica* (trad. E. Miñana y Villagrasa y Manuel García Morente). Salamanca: Ediciones Sígueme.

KEPPLER, Carl F. (1972): *The literature of the second self*. Tucson: The University of Arizona Press.

LABRADOR RUIZ, Enrique (1953): *El gallo en el espejo*. La Habana: Primer Festival del Libro Cubano.

LEZAMA LIMA, José (1975): «La expresión americana», en: *Obras completas*. Tomo II: *Ensayos/cuentos*. México: Aguilar.

— (1988): «Llamado del deseoso», en: *Muerte de Narciso: Antología poética* (selección y prólogo de David Huerta). México: Era.

MARTÍ, José (1997): *Ismaelillo. Versos libres. Versos sencillos*. Madrid: Cátedra.

MOLINO, Jean (1980): «Stratégies de l'autobiographie au Siècle d'Or», en *L'Autobiographie dans le monde hispanique: Actes du Colloque international de la Baume-les-Aix*. Aix-en-Provence: Université de Provence.

MOLLOY, Sylvia (1996): *Acto de presencia. La escritura autobiográfica en Hispanoamérica* (traducción de José Esteban Calderón, revisada y corregida por la autora con la asistencia de Jessica Chalmers y Ernesto Grosman). México: El Colegio de México/Fondo de Cultura Económica.

NIETZSCHE, Friedrich (2000): *Sobre verdad y mentira*. Madrid: Tecnos.

NOVO, Salvador (1979): *Las locas, el sexo y los burdeles*. México: Diana.

PAZ, Octavio (1991): *Conjunciones y disyunciones*. México: Joaquín Mortiz.

PIMENTEL, Luz Aurora (1998): *El relato en perspectiva. Estudio de teoría narrativa*. México: Siglo XXI (Lingüística y teoría literaria).

PONTE, Antonio José (2002): *El libro perdido de los Origenistas*. México: Aldus.

RICŒUR, Paul (1995): *Teoría de la interpretación. Discurso y excedente de sentido*. México: Siglo XXI.

ROBERT, Marthe (1973): *Novela de los orígenes y orígenes de la novel*. Madrid: Taurus.

RODRÍGUEZ-NAVAS, Manuel (s.f.): *Diccionario completo de la lengua española*. Madrid: Casa Editorial Calleja.

ROJAS, Rafael (2000): *Un banquete canónico*. México: Fondo de Cultura Económica.

SAID, Edward W. (2004): «Thoughts on Late Style», *London Review of Books*, 26, 4, 5, en: <http://www.lrb.co.uk>.

SARDUY, Severo (1989): «El barroco y el neobarroco», en: Fernández Moreno, César (coord.): *América Latina en su literatura*. México: Siglo XXI, pp. 167-184.

SARTRE, Jean-Paul (1952): *Saint Genet, comédien et martyr*. Paris: Gallimard.

STAROBINSKI, Jean (1974): *La relación crítica*. Madrid: Taurus.

TODOROV, Tzvetan (1972): *Introducción a la literatura fantástica*. Buenos Aires: Tiempo Contemporáneo (Trabajo Crítico).

VIDAL, Gore (1999): *La ciudad y el pilar de sal*. Barcelona: Mondadori.

VILLANUEVA, Darío (1991): «Para una pragmática de la autobiografía», en: *La autobiografía en lengua española en el siglo XX*. Lausanne: Sociedad Suiza de Estudios Hispánicos.

WATZLAWICK, Paul (1999): «La construcción de "realidades" clínicas», en: Watzlawick, Paul y Nardote, Giorgio (comps.): *Terapia breve estratégica. Pasos hacia un cambio de percepción de la realidad*. Barcelona: Paidós (Terapia Familiar, 78), pp. 27-38.

WHITMAN, Walt (1989): *Hojas de hierba*. México: Fontamara.

YOUNG, Allen (1981): *Gays under the Cuban Revolution*. San Francisco: Gay Fox Press.

Índice onomástico

americana eystettensia
Publicaciones del Centro de Estudios Latinoamericanos
de la Universidad Católica de Eichstätt-Ingolstadt

A. ACTAS

1. D.W.Benecke/K. Kohut/G. Mertins/J. Schneider/A. Schrader (eds.): *Desarrollo demográfico, migraciones y urbanización en América Latina.* 1986 (publicado por la editorial F. Pustet de Ratisbona como vol. 17 de *Eichstätter Beiträge*).
2. Karl Kohut (ed.): *Die Metropolen in Lateinamerika — Hoffnung und Bedrohung für den Menschen.* 1986 (publicado por la editorial F. Pustet de Ratisbona como vol. 18 de *Eichstätter Beiträge*).
3. Jürgen Wilke/Siegfried Quandt (eds.): *Deutschland und Lateinamerika. Imagebildung und Informationslage.* 1987.
4. Karl Kohut/Albert Meyers (eds.): *Religiosidad popular en América Latina.* 1988.
5. Karl Kohut (ed.): *Rasse, Klasse und Kultur in der Karibik.* 1989.
6. Karl Kohut/Andrea Pagni (eds.): *Literatura argentina hoy. De la dictadura a la democracia.* 1989. 2ª ed. 1993.
7. Karl Kohut (ed.) en colaboración con Jürgen Bähr, Ernesto Garzón Valdés, Sabine Horl Groenewold y Horst Pietschmann: *Der eroberte Kontinent. Historische Realität, Rechtfertigung und literarische Darstellung der Kolonisation Amerikas.* 1991.
7a. Karl Kohut (ed.) en colaboración con Jürgen Bähr, Ernesto Garzón Valdés, Sabine Horl Groenewold y Horst Pietschmann: *De conquistadores y conquistados. Realidad, justificación, representación.* 1992.
8. Karl Kohut (ed.): *Palavra e poder. Os intelectuais na sociedade brasileira.* 1991.
9. Karl Kohut (ed.): *Literatura mexicana hoy. Del 68 al ocaso de la revolución.* 1991. 2ª ed. 1995.
10. Karl Kohut (ed.): *Literatura mexicana hoy II. Los de fin de siglo.* 1993.
11. Wilfried Floeck/Karl Kohut (eds.): *Das moderne Theater Lateinamerikas.* 1993.
12. Karl Kohut/Patrik von zur Mühlen (eds.) *Alternative Lateinamerika. Das deutsche Exil in der Zeit des Nationalsozialismus.* 1994.
13. Karl Kohut (ed.): *Literatura colombiana hoy. Imaginación y barbarie.* 1994.
14. Karl Kohut (ed.): *Von der Weltkarte zum Kuriositätenkabinett. Amerika im deutschen Humanismus und Barock.* 1995.
15. Karl Kohut (ed.): *Literaturas del Río de la Plata hoy. De las utopías al desencanto.* 1996.

16. Karl Kohut (ed.): *La invención del pasado. La novela histórica en el marco de la posmodernidad*. 1997.
17. Karl Kohut/José Morales Saravia/Sonia V. Rose (eds.): *Literatura peruana hoy. Crisis y creación*. 1998.
18. Hans-Joachim König (ed.) en colaboración con Christian Gros, Karl Kohut y France-Marie Renard-Casevitz: *El indio como sujeto y objeto de la historia latinoamericana. Pasado y presente*. 1998.
19. Barbara Potthast/Karl Kohut/Gerd Kohlhepp (eds.): *El espacio interior de América del Sur. Geografía, historia, política, cultura*. 1999.
20. Karl Kohut (ed.): *Literatura venezolana hoy. Historia nacional y presente urbano*. 1999.

    Karl Kohut/José Morales Saravia (eds.): *Literatura chilena hoy. La difícil transición*. 2002.

    Sonja M. Steckbauer/Günther Maihold (eds.): *Literatura – Historia – Política. Articulando las relaciones entre Europa y América Latina*. 2004.

    Karl Kohut/Werner Mackenbach (eds.): *Literaturas centroamericanas hoy. Desde la dolorosa cintura de América*. 2005.

B. MONOGRAFIAS, ESTUDIOS, ENSAYOS

1. Karl Kohut: *Un universo cargado de violencia. Presentación, aproximación y documentación de la obra de Mempo Giardinelli*. 1990.
2. Jürgen Wilke (ed.): *Massenmedien in Lateinamerika. Erster Band: Argentinien – Brasilien – Guatemala – Kolumbien – Mexiko*. 1991.
3. Ottmar Ette (ed.): *La escritura de la memoria. Reinaldo Arenas: Textos, estudios y documentación*. 1992. 2ª ed. 1995.
4. José Morales Saravia (ed.): *Die schwierige Modernität Lateinamerikas. Beiträge der Berliner Gruppe zur Sozialgeschichte lateinamerikanischer Literatur*. 1993.
5. Jürgen Wilke (ed.): *Massenmedien in Lateinamerika. Zweiter Band: Chile – Costa Rica – Ecuador – Paraguay*. 1994.
6. Michael Riekenberg: *Nationbildung, Sozialer Wandel und Geschichtsbewußtsein am Río de la Plata (1810-1916)*. 1995.
7. Karl Kohut/Dietrich Briesemeister/Gustav Siebenmann (eds.): *Deutsche in Lateinamerika — Lateinamerika in Deutschland*. 1996.
8. Jürgen Wilke (ed.): *Massenmedien in Lateinamerika. Dritter Band: Bolivien – Nicaragua – Peru – Uruguay – Venezuela*. 1996.
9. Christiano German: *Politik und Kirche in Lateinamerika. Zur Rolle der Bischofskonferenzen im Demokratisierungsprozeß Brasiliens und Chiles*. 1999.
10. Inge Buisson-Wolff: *Staat, Gesellschaft und Nation in Hispanoamerika. Problemskizzierung, Ergebnisse und Forschungsstrategien. Ausgewählte Aufsätze*. Edición e introducción de Hans-Joachim König. 1999.

11. Franz Obermeier: *Brasilien in Illustrationen des 16. Jahrhunderts*. En colaboración con Roswitha Kramer. 2000.

Sonja M. Steckbauer: *Perú: ¿educación bilingüe en un país plurilingüe?* 2000.

María Teresa Miaja de la Peña (ed.): *Del alba al anochecer. La escritura en Reinaldo Arenas* (en colaboración con la Universidad Nacional Autónoma de México, Facultad de Filosofía y Letras y la Cátedra Guillermo y Alejandro Humboldt (El Colegio de México – UNAM). 2008.

C. TEXTOS

1. José Morales Saravia: *La luna escarlata. Berlin Weddingplatz*. 1991.
2. Carl Richard: *Briefe aus Columbien von einem hannoverischen Officier an seine Freunde*. Reeditado y comentado por Hans-Joachim König. 1992.
3. Sebastian Englert, OFMCap: *Das erste christliche Jahrhundert der Osterinsel 1864-1964*. Edición de Karl Kohut. 1996.
3a. Sebastian Englert, OFMCap: *Primer siglo cristiano de la Isla de Pascua. 1864-1964*. Edición de Karl Kohut. 1996.

   Denzil Romero: *Recurrencia equinoccial*. Novela. Edición de Karl Kohut. Prólogo de Antonio M. Isea. 2002.
5. Carmen Arellano Hoffmann/Hermann Holzbauer/Roswitha Kramer (eds.): *En la Araucanía. El padre Sigifredo de Frauenhäusl y el Parlamento mapuche de Coz Coz de 1907*. 2006.

D. POESIA

1. Emilio Adolpho Westphalen: *"Abschaffung des Todes" und andere frühe Gedichte*. Edición de José Morales Saravia. 1995.
2. Yolanda Pantin: *Enemiga mía. Selección poética (1981-1997)*. Prólogo de Verónica Jaffé. 1998.